KB203456

다윗
실록

믿음이란 한 알의 밀알이 땅에 떨어져 죽음으로 많은 열매를 맺음과 같이 진리의 열매를 위하여 스스로 죽는 것을 뜻합니다. 눈으로 볼 수는 없으나 영원히 살아 있는 진리와 목숨을 맞바꾸는 자들을 우리는 믿는 이라고 부릅니다. 「믿음의 글들」은 평생, 혹은 가장 귀한 순간에 진리를 위하여 죽거나 죽기를 결단하는 참 믿는 이들의, 참 믿는 이들을 위한, 참 믿음의 글들입니다.

BIBLE IN TIMES 3

다
윗
실
록

구약의 기록들이 노래하는 다윗 일대기

고영길 엮음

홍성사.

그가 자기 사신을 보내 나를 내 아버지의 양떼에서 이끌어
내어, 자신의 그리스도의 기름을 내게 부으셨다.

시편 151:4, 70인역

내가 헤매고 다니는 것을 주께서 헤아려 보셨으니, 내 눈물을 주님의
병에 담으소서. 내가 처한 사정이 주님의 책에 적혀 있지 않습니까.

시편 56:8

나를 우슬초로 정결하게 하소서. 내가 깨끗하게 될 것입니다.
나를 씻기소서. 내가 눈보다 더 희게 될 것입니다.

시편 51:7

부와 존귀도 주님에게서 나오며, 모든 것을 주님이 다스리십니다. 힘과 능력이
주님의 손에 있으니, 주님의 손은 누구든지 위대하고 강하게 하실 수 있습니다.

역대상 29:12

더 가까이 만나는 다윗의 삶

성경에서 내용상 연대별 배열이 필요한 세 곳이 있다면, 그것은 예수 그리스도의 생애, 사도 바울의 활동 그리고 이스라엘 남북 왕조의 역사일 것이다. 저자 고영길 선생은 지금까지 십여 년에 걸쳐, 이들 세 가지 주제를 중심으로 끈질기고 사명감 넘치는 성경 연구를 계속해 왔고,《예수 전기》와《바울 행전》이후 가장 최근의 시도가 이렇게《다윗 실록》으로 결실을 맺었다.《다윗 실록》은 통일 왕국을 역사적으로 실현하고 이스라엘의 사직을 든든한 기반 위에 세운 다윗의 일생을, 성경의 증거에 기초하여 연대별로 정리한 기록서다.

이 책을 처음부터 끝까지 읽으면서, 나도 한 명의 독자로 누리게 된 몇 가지 유익을 언급하고자 한다. 첫째, 이 책은 사무엘상부터 시작하여 역대상까지(열왕기하는 제외)의 역사를 우리 마음의 눈앞에 한편의 대하드라마처럼 생생히 펼쳐 보이고 있다. 여기에는 다윗이란 인물의 생애뿐 아니라 그의 가문-아버지와 형들 및 그의 자녀들-에 대한 형편도 비교적 상세히 묘사되어 있다. 또 이스라엘이 사사시대 말기와 왕국 형성 초기를 지내며 어떤 역사적 과정을 거쳤는지에 대해서도 자세히 설명하고 있다.

둘째, 이 책의 가독성이 높은 것은 과거의 《예수 전기》와 《바울 행전》과 마찬가지다. 아니 어쩌면 《다윗 실록》의 가독성은 그보다 더 높다고 해야 할 것이다. 그 이유는 《다윗 실록》의 핵심을 구성한 성경의 문학적 형식이 주로 내러티브라는 데 있기 때문이다. 물론 《다윗 실록》이 과거의 두 권처럼 대화체로 구성되어 있고, 사건 발생 시기에 따라 배열되어 있다는 점 또한 간과할 수 없다.

내러티브의 중간 중간에 연관된 내용의 시편이 삽입되어 있어, 주인공의 개인적 처지를 좀더 심층적으로 이해할 수 있게 해주기도 한다. 특히 사울 왕 시대 다윗의 경험을 중심으로 표제가 형성된 시편의 경우에는 둘 사이의 밀접성이 더 확연히 드러난다. 그런 시편의 내용은 특정한 역사적 정황을 겪고 있던 다윗의 내면세계를 정확하고도 세밀히 나타내고 있기 때문이다.

셋째, 적재적소에 배치된 각주와 내용 설명은 성경의 내용을 제대로 파악하는 데 중요한 힌트를 준다. 이러한 각주와 내용 설명은 주로 지명과 인명, 나이 등에 대한 것이지만, 그 외에도 역사적·문

화적·신학적 배경 지식을 풍부히 제공한다. 성경, 특히 구약의 역사
서 경우에는 당시의 생활환경이 오늘날과 많이 다르기 때문에, 성
경의 내용을 읽으면서 부지중에 오해와 편견이 쌓일 수도 있는데,
이 책에 마련된 장치들은 그러한 지적 고착화를 방지할 수 있게 도
와준다.

　고영길 선생의《다윗 실록》은 이전의 두 작품처럼 우리의 지성을
일깨움과 동시에 우리의 심령을 경건으로 불붙인다. 그리하여 우리
는 이 책을 통해 인간으로서의 다윗, 통치자로서의 다윗, 그리고 무
엇보다도 신앙인으로서의 다윗을 배우게 된다. 다윗이 자기 시대에
하나님을 섬긴 것처럼(행 13:36), 우리도 이 책을 통해 우리 시대에
하나님을 제대로 섬기게 된다면 더 바랄 것이 없겠다.

다윗의 고뇌와 참회가 절절히 느껴지는 기록의 산실

　성경에 소개된 인물들 가운데 다윗은 여러 측면에서 매우 독특한 인물이다. 그는 시골 목동 출신으로 왕이 되어, 400년 이상 존속한 왕조의 창시자가 되었다. 그는 전장에서는 적들을 떨게 만드는 용맹스러운 용사였고, 백성들에게는 공의를 시행한 지혜로운 통치자였다. 그는 언제나 하나님의 뜻을 구하고 그 뜻에 믿음으로 순종한 사람이다.

　다윗이 이처럼 '하나님의 마음에 맞는 사람'이었기에, 하나님은 그에게 영원히 지속할 왕위를 약속해 주셨다. 구약의 성도들은 나라가 망하고 성전이 파괴되는 위기를 겪으면서도 다윗에게 주어진 이 약속을 상기하며 미래에 나타날 새로운 다윗을 고대하였다. 이 기다

림의 역사가 지난 후 신약의 성도들은 다윗의 후손으로 오신 예수 그리스도 안에서 새로운 다윗, 곧 그들의 메시아 왕을 발견하였다.

다윗이 이처럼 중요한 인물이기에 그를 빼놓고는 그리스도 안에서 성취된 구원의 의미를 제대로 이해할 수 없을 뿐 아니라, 그리스도의 구속 사역을 통해 도래한 하나님 나라의 실상을 온전히 파악해 낼 수도 없다. 구약에 소개된 다윗의 역사는 하나님께서 자기 백성에게 주시려는 구원과 하나님 나라의 축복을 이해하기 위한 배경을 제공한다.

이런 유익과 함께 다윗의 역사는 오늘을 살아가는 성도들이 어떻게 하나님 나라의 백성으로 살아가야 할지, 어떻게 믿음과 순종으로 마음과 뜻과 힘을 다해 하나님께 충성하여야 할지를 생동감 있게 실재적으로 교훈해 준다. 그러므로 성도들은 구약에 기록된 다윗의 역사를 항상 돌이켜보고 그 깊은 진리의 샘에서 오늘의 삶을 위한 생명의 샘물을 정성껏 길어 올려야 한다.

이런 점에서 《다윗 실록》은 매우 유용하고 가치 있는 책이다. '실록'이란 말에서 알 수 있듯 이 책은 다윗 왕과 관련된 여러 가지 사실들을 시대순으로 정리하여 기록한 책이다. 저자는 이 귀한 작업을 하면서 사무엘서, 열왕기, 역대기, 시편에서 다윗과 관계된 다양한 본문들을 찾아내고 그것들을 서로 연결하여 하나의 통일된 다윗 역사를 구성해 낸다.

예컨대 저자는 다윗이 법궤를 예루살렘으로 메어 올린 일을 소개하되, 사무엘서와 역대기 및 시편의 내용을 함께 소개함으로써 독자들로 하여금 당시의 상황을 한눈에 볼 수 있도록 하였다. 이를 통해 독자들은 다윗이 법궤를 메어 올린 일, 찬양대를 조직한 일, 제사장들로 하여금 제사를 드리게 한 일 등을 함께 읽고, 하나님을 섬기고자 한 다윗의 열심을 포괄적으로 이해할 수 있게 된다.

특히 이 책에서 돋보이는 점은 사무엘서와 역대기에 소개된 다윗의 행적들을 시편에 수록된 다윗의 시들과 연결하여, 그 둘을 함께 읽을 수 있도록 해준다는 점이다. 이를 통해 저자는 독자들로 하여금 다윗이 쓴 영감 어린 노래들을 그 구체적인 역사적 사건을 배경으로 읽게 해주며, 사무엘서와 역대기에 묘사된 다윗의 역사를 시편에 표현된 다윗의 슬픔과 탄식, 고뇌와 참회, 믿음과 소망, 감사와 기쁨의 빛 아래서 읽을 수 있도록 해준다.

저자는 시편에서 모두 열아홉 편의 시들을 선택하고, 이 시들을 헬라어 번역본인 70인경으로부터 다시 한글로 옮기는 수고를 기울였다. 70인경은 예수님과 사도들이 주로 사용한 것으로 알려져 있으며, 구약이 후세대 하나님의 백성들에게 어떻게 읽혀졌는지를 보여 주는 예를 제시하기에, 저자의 이런 노력은 무척 값진 것이라 할 수 있다.

이 책은 저자가 성경을 바탕으로 하여 나름대로 서술한 다윗 이야기가 아니다. 처음부터 끝까지 성경에 기록된 다윗 이야기를 시간순으로 가감 없이 그대로 옮긴 것이다. 그러므로 독자들은 이 책에서 다윗의 역사에 대한 주해나 설명 대신, 성경 말씀 자체를 읽고 묵상하는 유익을 얻는다. 물론 독자의 이해를 돕기 위해 각 장과 책의 끝부분에 난해한 용어나 개념에 대한 해설이 있다. 또한 성경의 내용을 그대로 옮기되 오늘날의 독자들이 읽기 쉽도록 일상적인 언어로 풀어 옮긴 것도 이 책의 장점이라 하겠다.

부디 많은 독자들이 이 책을 통해 다윗을 새롭게 만나고, 그의 행적을 통해 드러난 하나님 나라의 비밀을 발견하며, 다윗처럼 "마음과 뜻과 힘을 다해 하나님을 사랑하고 하나님의 영광을 위한 열정이 넘치는" 하나님의 마음에 맞는 사람으로 세워지기를 바란다.

머리말

다윗을 본받아

다윗 이야기는 구약성경에서 가장 많은 페이지를 차지한다. 그
만큼 중요하다. 다윗은 하나님의 마음에 합한 사람이었으므로 이상
적인 통치자로 선택받고 기름 부음을 받았으며, 10년 동안 사울 왕
의 박해를 겪은 후 유다 왕이 되었다. 7년이 지나 이스라엘 통일 왕
국의 왕이 된 뒤에는 하나님이 주신 능력으로 블레셋, 모압, 암몬,
에돔, 아말렉, 아람 등 주변국을 모두 제압하여 이스라엘을 당시 세
계 최강국으로 일으켜 세웠다. 더욱이 그는 예루살렘 성전 시대를
열고 그의 후손을 통한 메시아 대망 사상을 만들어 낸 위인이다.

그런데 신약시대에 이르러 예수님께서 다윗을 위대한 왕이라 부
르셨을 때, 다윗의 그 위대함이란 무엇일까? 예수님은 다윗의 어떤

점을 보고 위대하다고 평가하셨나?

나는 이것을 깨닫고 본받고자 사무엘서와 열왕기, 역대기, 시편에서 다윗과 관련한 성경 구절을 시간순으로 종합하여, 하나의 스토리로 만들어 읽고 묵상했다. 그 결과 예수께서 다윗의 '큰 믿음'을 보고 그를 위대하다고 평가하셨음을 알게 되었다.

다윗의 믿음은 과연 어떠하였나?

다윗은 하나님에 대한 사랑과 하나님의 영광을 위한 열정이 넘쳐 마음과 뜻과 힘과 목숨을 다 바친 삶을 살았다. 그는 하나님을 경외하였으므로, 하나님의 이름을 모욕하며 하나님의 백성을 조롱하는 골리앗을 하나님이 주신 능력으로 쓰러뜨렸다. 그는 사울의 박해를 피하며 고난을 견디다가 사울을 죽일 수 있는 결정적인 기회를 두 번이나 얻었음에도 그를 죽이지 않고 믿음으로 하나님의 심판에 맡겼다. 또 그일라를 구하기 위해 블레셋을 공격하여 무찌르기도 하고, 믿음으로 그일라를 떠나기도 했다.

사울 왕이 블레셋과의 전쟁에서 죽고 이스라엘 나라가 멸망했을 때, 다윗은 헤브론으로 올라가 유다 왕이 되었고 7년 뒤에는 이스라엘 왕이 되었다. 그는 예루살렘을 정복하고 영원한 다윗 성으로 만들었다. 그리고 이스라엘을 침략하는 모든 적을 무찔러 하나님의 백성을 보호했다.

그는 하나님의 영광을 무엇보다 중요하게 여겼다. 하나님이 행하신 기적을 보관한 법궤가 72년 동안 기럇여아림에 방치되어 있는 것을 안타깝게 생각해 법궤를 예루살렘 성막 안으로 회복시켰다. 자신은 백향목으로 지은 왕궁에 살면서 하나님의 성막은 천막인 것을 송구스럽게 여겼다. 이런 가운데 성전 건축 비전을 보았고 성전 건축 설계도를 계시로 받아, 수많은 금은보석과 건축 자재를 들여 건축 준비에 여생을 바쳤다. 그리고 하나님의 뜻대로 솔로몬에게 성전 건축을 완공하게 하여 예루살렘 성전 시대를 열게 했다. 그는 하나님의 영광과 위대하심을 높이는 찬양과 시편을 남기고, 찬양대 및 성전 제사를 맡는 제사장과 레위인을 조직하여 예루살렘 성전 시대를 준비했다.

한때 다윗은 음욕과 탐욕을 품었으며 살인죄를 지었다. 그러나 자기 죄를 깨닫고서 하나님이 용서해 주실 것을 믿고 회개했다. 그 죄의 벌로 아들 압살롬에게 쫓기는 신세가 되지만 하나님의 절대주권 속에서 결국 다시 돌아오게 된다. 또 헛된 영광을 추구하여 인구를 조사하는 죄도 지었지만 역시나 회개하고 벌을 달게 받음으로 죄를 용서받았다.

다윗이 하나님의 마음에 합한 사람이 된 것은, 그가 하나님을 두려워하면서도 온 마음과 뜻과 힘을 다해 하나님을 사랑했고 하나님의 영광을 위한 열정이 넘쳤기 때문이다. 새로운 상황이 닥칠 때마다 하나님께 기도드려 하나님의 음성을 듣고 그 뜻을 깨달은 뒤 믿음으로 순종한 다윗. 한마디로 그는 믿음의 영웅이었다.

다윗은 유년 시절 풀밭에서 양떼를 치던 평범한 소년이었지만 성령 충만을 받고 청년기부터 믿음을 키워 나갔다. 하나님은 그런 다윗의 후손을 통해 영원한 왕조를 세울 것을 약속하셨고, 이스라엘 백성은 메시아 대망 사상을 지니게 되었다. 다윗이 솔로몬을 왕위 계승자로 세우고 죽은 뒤 구약성경은 다윗 이후의 왕들을 평가할 때 다윗의 길을 따랐느냐 따르지 않았느냐에 의해 의로운 왕이었는지 불의한 왕이었는지 평가하고 있다.

다윗의 또 하나의 위대성은 그의 생애와 사상이 그리스도를 계시하는 특별한 그릇으로 사용되었다는 점이다. '주의 영이 나를 통하여 말씀하시니 그의 말씀이 내 혀에 있도다'(삼하 23:2). 이 고백을 남긴 다윗의 생애와 사상은 그리스도에 관한 지식을 풍부하게 담고 있고, 예수님이 그리스도이심을 증언하고 있다. 예수님은 이런 다윗의 말을 인용하며 자신이 그리스도임을 입증하셨고, 십자가에서 돌아가시면서까지 시편의 언어로 말씀하셨다. 초대교회 사도들도 다윗의 말을 인용하며 예수가 그리스도이심을 증거했다.

나는 70인역을 주로 참고했다. 70인역은 우리 주 예수 그리스도께서 사용하셨고 사도 바울과 초대교회 성도들이 사용한 성경 역본이기 때문이다. 그래서 70인역의 표현대로 '여호와' 대신 '주님'이란 표현을 썼다. 특별히 이 책에 인용된 다윗의 생애와 관련한 열아홉 편의 시편은 70인역을 번역한 것이다.

40년 동안 왕 노릇한 사울과 잠시 왕이 되었던 압살롬은 자기 영광을 추구하다가 비참하게 최후를 맞이한 반면, 하나님의 영광을 추구한 다윗은 일평생 믿음의 본으로 복된 인생을 누렸다. 그 삶의 자취를 독자분들이 피부로 느끼며, 하나님이 주신 소명을 이루기 위해 일상 가운데 하나님께 반응하는 삶의 모델을 다윗에게서 본받을 수 있기를 간절히 바란다.

2013년 7월 8일

고영길

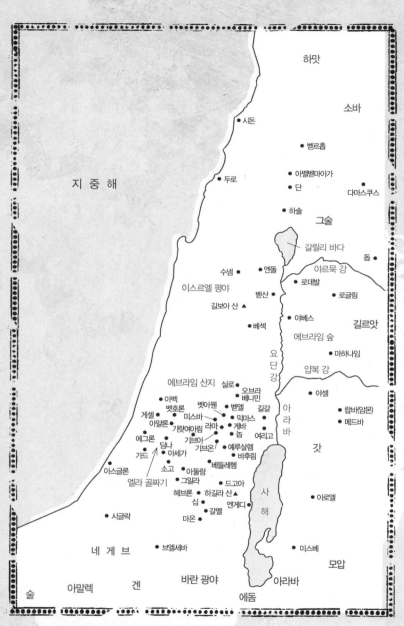

하맛

소바

시돈

벧르홉

아벨벧마아가
단
다마스쿠스

두로

하솔

그술

갈릴리 바다

지중해

돕

수넴
엔돌
야르묵 강

이스르엘 평야
벧산
로드발
로글림

길보아 산 ▲
야베스

베섹
길르앗

에브라임 숲

마하나임

요단 강

얍복 강

에브라임 산지
실로

오브라
아셀

아벡
베냐민

벧호론
벧엘

게셀
벧아웬
벧엘
길갈
랍바(암몬)

미스바
믹마스
메드바

아얄론
라마
게바

기럇여아림
놉

에그론
기브아
여리고

딤나
기브온
예루살렘
갓

가드
아세가
바후림

아스글론
소고
아둘람
베들레헴

엘라 골짜기
그일라
드고아

헤브론
하길라 산 ▲
아로엘

십
엔게디

시글락
마온
갈멜

사 해

아라바

브엘세바
미스베

네 게 브
모압

아말렉
겐
바란 광야
아라바

술
에돔

다윗 시대의 팔레스타인

차례

일러두기

1

사울이
왕이 되다

이스라엘 백성이 왕을 세워 달라고 요구하다 (삼상 8:1-22)

　사무엘이 늙었을 때, 자기 아들들을 이스라엘의 재판관으로 세웠다. 맏아들의 이름은 요엘이고, 둘째 아들의 이름은 아비야이다. 그들은 브엘세바에서 재판 일을 했다. 그런데 아버지의 길을 따르지 않고 이익만을 추구하여 뇌물을 받고 잘못된 재판을 했다. 그래서 이스라엘의 모든 장로들이 모여, 라마에 있는 사무엘에게 가서 말했다.

　"이제 당신은 늙었고 당신의 아들들은 당신의 길을 따르지 않으니, 모든 이방 나라처럼 우리를 지도할 왕을 우리 위에 세워 주십시오."

　사무엘은 '우리를 지도할 왕을 우리 위에 세워 달라'는 장로들의 말을 듣고 근심이 되어 주님께 기도드렸다. 주님이 사무엘에게 말씀하셨다.

　"백성이 네게 한 말을 다 들어주어라. 그들이 너를 버린 것이 아니라, 나를 버려서 자기들을 다스리지 못하게 하려는 것이다. 내가 그들을 이집트에서 데리고 올라온 날부터 오늘까지, 그들이 하는 일마다 나를 버리고 다른 신들을 섬기더니, 네게도 그렇게 하고 있는 것이다. 그러니 너는 이제 그들의 말을 들어주되 엄히 경고하여, 그들을 다스릴 왕의 제도를 설명해 주어라."

사무엘은 왕을 요구하는 백성들에게 주님이 하신 말씀을 모두 전했다.

"여러분을 지도할 왕의 제도는 이렇습니다. 왕은 여러분의 아들들을 데려가서 자기 전차병과 기병으로 삼을 것이므로 그들이 그의 전차 앞에서 달릴 것입니다. 그는 여러분의 아들들을 천부장과 오십부장으로 삼기도 하고, 자기 밭을 갈게도 하고, 자기 곡식을 추수하게도 하고, 자기 무기와 전차의 장비도 만들게 할 것입니다. 또 여러분의 딸들을 데려다가 향료를 만들게 하고 요리도 시키고 빵도 굽게 할 것입니다. 그는 여러분의 밭과 포도원과 올리브 밭에서 가장 좋은 것을 가져다가 자기 신하들에게 줄 것이며, 여러분의 곡식과 포도 수확물에서 10분의 1을 거두어 자기 관리들과 신하들에게 줄 것입니다. 또 여러분의 남종들과 여종들과 가장 뛰어난 젊은이들과 나귀들을 끌고 가서 자기 일을 시킬 것입니다. 그리고 여러분의 양 떼 가운데서 10분의 1을 거두어 갈 것이므로, 마침내 여러분은 그의 종이 될 것입니다. 그때에야 여러분은 여러분이 택한 왕 때문에 울부짖겠지만, 그때 주님은 여러분에게 응답하지 않으실 것입니다."

백성들은 사무엘의 말을 듣지 않고 말했다.

"그렇지 않습니다. 우리에게도 왕이 있어야 되겠습니다. 우리도 모든 이방 나라처럼, 우리의 왕이 우리를 지도하고 우리를 이끌고 나가 전쟁을 하게 해야 합니다."

사무엘이 백성들의 말을 모두 듣고서 주님께 아뢰니, 주님이 사무엘에게 말씀하셨다.

"너는 그들의 말을 들어주고 그들에게 왕을 세워 주어라."

사무엘은 이스라엘 사람들에게 말했다.

"각자 자기 성으로 돌아가시오."

사울이 나귀를 찾아 기브아에서 라마로 가다 (BC 1050, 삼상 9:1-25)

베냐민 지파 사람 중에 기스라는 힘센 용사가 있었다. 그는 아비엘의 아들이고 스롤의 손자이고 베고랏의 증손이며 아비아의 현손이다. 그에게는 사울이라는 아들이 있었다. 사울은 준수한 청년이고,[1] 이스라엘 사람 가운데 그보다 더 준수한 사람은 없었다. 그는 이스라엘 사람들보다 어깨 위 정도가 더 컸다. 어느 날 사울의 아버지 기스의 나귀들이 어디로 갔는지 보이지 않자, 기스가 사울에게 말했다.

"종 하나를 데리고 가서 나귀를 찾아오너라."

1. 당시 사울은 30세쯤 되었다.

사울과 그의 종은 에브라임 산지와 살리사 땅[2]을 돌아다녔으나 나귀를 찾지 못했고, 사알림 땅으로 가보았으나 그곳에도 나귀는 없었다. 베냐민 땅으로도 가보았으나 나귀는 보이지 않았다. 두 사람은 숩 지역에 이르렀다. 사울이 종에게 말했다.

"그냥 돌아가자. 아버지가 나귀보다 우리를 더 걱정하시겠다."

"하나님의 사람이 이 마을[3]에 계세요. 그가 말한 것은 모두 이루어져 백성들이 그를 존경하고 있습니다. 지금 이 마을로 들어가 보죠. 우리가 가야 할 길을 그가 말해 줄지도 모릅니다."

"그렇지만, 우리가 그에게 가면 뭘 드리지? 우리 가방에는 먹을 것도 없고 하나님의 사람에게 드릴 선물도 없지 않은가? 우리가 가진 게 좀 있느냐?"

"보세요. 제게 은 4분의 1세겔이 있습니다. 이것을 하나님의 사람에게 드리면 그가 우리 길을 말해 줄 겁니다."

(옛날에는 이스라엘 사람들이 하나님께 물어 볼 일이 있으면 "선지자에게 가자"고 말했다. 옛날에 '선지자'라고 불리던 사람을 지금[4]은 '예언자'라고 부른다.)

"좋은 생각이다. 자, 가자."

그들은 하나님의 사람이 있는 마을로 갔다. 그들은 그 마을로 가

2. 에브라임 산지 북쪽.

3. 라마(사무엘의 고향).

4. 사무엘서를 기록한 때(BC 722년 북이스라엘 멸망 이후. 삼상 30:25; 삼하 6:8; 18:18; 대상 5:22 참조).

는 언덕길을 올라가다 물을 길으러 나오는 처녀들을 만났다. 그들이 그 여자들에게 물었다.

"선지자가 이 마을에 계십니까?"

"예, 계십니다. 당신들보다 조금 먼저 오셨어요. 오늘은 그가 산당에서 백성을 위해 제사드리는 날이어서 방금 마을로 돌아오셨어요. 그가 식사하러 산당으로 올라가시기 전에 당신들이 마을로 들어가면, 그를 만날 수 있을 거예요. 그가 오기 전에는 백성들이 식사를 하지 않고 있다가, 그가 제물에 축복하면 초대받은 사람들도 식사를 합니다. 그러니 지금 올라가세요. 곧 그를 만날 수 있을 거예요."

사울과 그의 종이 올라가서 그 마을에 들어서자 사무엘이 산당으로 올라가려고 사울과 그의 종이 있는 쪽으로 오고 있었다. 사울이 오기 전날, 주께서 사무엘에게 말씀하셨다.

"내일 이맘때쯤 내가 네게 한 사람을 보내겠다. 그는 베냐민 사람이다. 너는 그에게 기름을 부어 내 백성 이스라엘을 다스릴 지도자로 삼아라. 그는 내 백성을 블레셋 사람들의 손에서 구해 줄 것이다. 나는 내 백성을 보았고 그들이 울부짖는 소리를 들었다."[5]

사무엘이 사울을 보자, 주께서 사무엘에게 말씀하셨다.

"보라, 이 사람이 내가 네게 말한 그 사람이다. 이 사람이 내 백성을 다스릴 것이다."

---

5. 이스라엘은 BC 1075년 블레셋과의 전쟁에서 패배한 후 25년 동안 블레셋의 혹심한 억압을 받았으며 하나님께 구원을 부르짖었다.

사울이 성문 곁에 있는 사무엘에게 다가가 말했다.

"선지자의 집이 어디에 있는지 가르쳐 주십시오."

"내가 그 선지자입니다. 당신은 나보다 먼저 산당으로 올라가십시오. 오늘 나와 함께 식사를 합시다. 내가 내일 아침에 당신을 보내주겠습니다. 당신이 내게 물어 보려는 것도 다 대답해 주겠습니다. 삼일 전에 잃어버린 나귀에 대해서는 걱정하지 마세요. 그 나귀는 내가 이미 찾았습니다. 모든 이스라엘이 고대하고 있는 자가 누구인지 아십니까? 당신과 당신 아버지의 온 집안이 아닙니까?"

"나는 이스라엘 지파 중에서도 가장 작은 베냐민 자손이고 내 집안은 베냐민 지파 중에서도 가장 작지 않습니까? 그런데 왜 당신은 내게 이런 말씀을 하십니까?"

그러나 사무엘은 사울과 그의 종을 산당 방 안으로 데리고 가서 가장 높은 자리에 앉혔다. 그곳에는 초대받은 사람들이 30명쯤 있었다. 사무엘이 요리사에게 말했다.

"내가 잘 보관해 두라고 한 그 고기를 가져오너라."

요리사는 넓적다리 부분을 가져와 사울 앞에 올려놓았다. 사무엘이 말했다.

"당신 앞에 놓인 것은 잘 보관해 두었던 것이니 드십시오. 이때 쓰려고 사람들을 초대할 때부터 당신을 위해 보관해 두었던 것입니다."

사울은 그날 사무엘과 함께 식사를 했다. 두 사람은 산당에서 내

려와 마을로 갔다. 사무엘은 자기 집 지붕 위에서 사울과 이야기를 나눴다.[6]

사울과 그의 종은 이튿날 아침 일찍 일어났다. 이른 아침에 사무엘은 지붕 위에 있는 사울을 부르며 말했다.

"일어나 떠날 준비를 하십시오."

사울은 일어나 사무엘과 함께 집 밖으로 나갔다. 사무엘이 사울과 그의 종과 함께 마을 끝까지 갔을 때 사울에게 말했다.

"종에게 먼저 가라고 하십시오."

종이 앞서 가자, 사무엘이 사울에게 말했다.

"잠깐 서세요. 당신에게 하나님의 말씀을 전해 주겠습니다."

사무엘은 기름병을 가져다가 사울의 머리 위에 붓고 그에게 입을 맞추며 말했다.

"주께서 당신에게 기름을 붓고 자기 백성의 지도자로 세우지 않으셨습니까? 당신이 오늘 나와 헤어진 뒤 베냐민 땅의 경계인 셀사에 있는 라헬의 무덤[7] 옆에서 두 사람을 만나게 될 것인데, 그들은 '당신이 찾던 나귀를 당신 아버지가 찾았으므로 당신 아버지가 나귀 걱정은 잊어버리고 공연히 아들을 고생시켰으니 어떻게 해야 하

6. 사무엘은 이스라엘 장로들이 왕을 요구한 것과 국내외 정세에 관하여 이야기했을 것이다.
7. 창 35:20.

나 하면서 당신 걱정을 하고 있습니다'라고 말할 것입니다.

당신은 계속 길을 가다가 다볼에 있는 상수리나무에 이를 것이고, 그곳에서 하나님께 예배드리러 벧엘로 가는 세 사람을 만나게 될 것입니다. 한 사람은 염소 새끼 세 마리를 끌고 갈 것이고, 또 한 사람은 빵 세 덩이를 메고 갈 것이며, 또 한 사람은 포도주 한 가죽 부대를 메고 갈 것입니다. 그들은 당신에게 인사를 하고 빵 두 덩이를 줄 것이며, 당신은 그것을 받을 것입니다.

그러고서 블레셋 주둔군이 있는 '하나님의 산 기브아'로 갈 것인데, 그 마을로 들어갈 때 산당에서 내려오는 한 무리의 예언자들을 만날 것입니다. 그들은 수금과 비파를 타고 작은북을 치고 피리를 불며 예언하고 있을 거예요. 그때 주님의 영이 당신에게 강하게 내려 당신도 그들과 함께 예언하고 당신이 변하여 다른 사람이 될 것입니다. 이러한 표징이 당신에게 나타날 때에는 하나님이 당신과 함께하신다는 증거이니 무슨 일을 만나든지 모두 하세요.[8] 그 후 나보다 먼저 길갈로 가십시오. 나도 당신에게 내려가 번제물과 화목제물을 바치겠습니다. 내가 갈 때까지 7일 동안 기다리세요. 당신이 할 일을 말해 주겠습니다."

사울이 사무엘과 헤어지려고 몸을 돌릴 때 하나님이 사울의 마음을 변화시키셨다.[9] 그날 사무엘이 말한 모든 표징이 나타났다. 사울

---

8. 삼하 7:3 참조.

과 그의 종이 기브아에 이르렀을 때 한 무리의 예언자들을 만났고, 하나님의 영이 사울에게 강하게 내려 그는 예언자들과 함께 예언했다. 전부터 사울을 알고 있던 사람들은 사울이 예언자들과 함께 예언하고 있는 것을 보고 서로 말했다.

"기스의 아들이 도대체 어떻게 된 거지? 사울도 예언자 중 하나였던가?"

그곳에 사는 어떤 사람이 "그들의 아버지는 누구인가요?" 하고 물었으므로, 그때부터 '사울도 예언자 중 하나였던가?'라는 속담이 생기게 되었다. 사울은 예언을 마친 후 산당으로 갔다.

그 후 사울의 삼촌이 사울과 그의 종에게 물었다.

"어디를 갔었느냐?"

"나귀를 찾다가 없어서 사무엘에게 갔었습니다"라고 사울이 말했다. 사울의 삼촌이 물었다.

"사무엘이 너희에게 뭐라고 했는지 이야기해 보아라."

"그가 나귀를 찾았다고 했어요."

사울은 자기가 왕이 될 거라고 사무엘이 한 말을 삼촌에게 알려 주지 않았다.

---

9. 사람이 하나님의 말씀에 순종하면 하나님은 그 사람의 마음과 인격을 변화시키신다(요 7:17; 8:31-32 참조)

사무엘은 백성들을 미스바로 나오게 하여 주님 앞에 모아놓고
말했다.

"이스라엘의 주 하나님이 말씀하시기를 '나는 이스라엘을 이집트
에서 이끌어 내어 이집트인의 손과 너희를 억압하는 모든 나라로부
터 구해 주었다'고 했습니다. 그런데 여러분은 여러분을 모든 환난과
고통에서 구해 주신 여러분의 하나님을 버리고 '왕을 우리 위에 세
우라'고 말해 왔습니다. 이제 지파와 가문별로 주님 앞에 서시오."

사무엘이 이스라엘 모든 지파를 나오게 하니 베냐민 지파가 뽑혔
고, 베냐민 지파를 가문별로 나오게 하니 마드리 가문이 뽑혔고, 그
중에서 기스의 아들 사울이 뽑혔다.[10] 사람들이 사울을 찾았으나 찾
지 못하자 주께 여쭈어 보았다.

"그가 여기 와 있습니까?"

"그렇다. 그는 짐짝 사이에 숨어 있다"라고 주께서 대답하셨다. 그
래서 사람들이 달려가 사울을 데려왔다. 사울이 사람들 가운데 서
니, 그의 키는 다른 사람들보다 어깨 위 정도가 더 컸다. 사무엘이
모든 백성에게 말했다.

"주께서 뽑으신 사람을 보고 있소? 모든 백성 중에 이만한 사람
은 없소!"

---

10. 하나님이 사울을 왕으로 뽑으셨음을 사무엘과 사울은 이미 알고 있었지만, 하나님은 그
    사실을 사무엘을 통해 제비뽑기로 백성들에게 입증시키셨다.

그러자 모든 백성이 외쳤다.

"왕 만세!"

사무엘은 백성에게 왕국의 제도[11]를 설명해 주고 그것을 책에 써서 주님 앞에 두었다. 그러고서 모든 백성을 자기 집으로 돌려보냈다. 사울도 기브아에 있는 자기 집으로 돌아갔다. 하나님이 용사들의 마음을 움직여 사울과 함께 가도록 하셨다. 그러나 불량배들은 사울을 멸시하며 "이 사람이 어떻게 우리를 구원하겠나?" 하며 그에게 선물을 주지 않았다. 하지만 사울은 그냥 잠자코 있었다.

사울이 야베스를 구원하고 백성들이 사울을 왕으로 인정하다 (삼상 11:1-12:25)

암몬 사람 나하스가 길르앗 땅으로 올라와 야베스 성 옆에 진을 쳤다. 야베스의 모든 사람들이 나하스에게 말했다.

"우리와 조약을 맺읍시다. 그러면 우리가 당신을 섬기겠소."

"너희와 조약을 맺기는 하겠지만 그 전에 먼저 너희 오른쪽 눈을 모두 뽑아 온 이스라엘에게 치욕을 주어야겠다."

야베스 장로들이 나하스에게 말했다.

"우리에게 7일 동안 시간을 주시오. 우리가 온 이스라엘에 전령을 보내 보고, 아무도 우리를 도우러 오지 않는다면 항복하겠소."

야베스 전령들이 사울이 살고 있는 기브아로 와서 그 소식을 사

---

11. 삼상 8:11-22; 신 17:14-20.

람들에게 전하자, 모든 사람들은 큰 소리를 내며 울었다. 사울이 밭에서 소를 몰고 돌아오다가 물었다.

"사람들에게 무슨 일이 생겼기에 울고 있소?"

그들은 야베스 전령들이 자기들에게 한 말을 사울에게 이야기해 주었다. 사울이 그 말을 듣자, 하나님의 영이 그에게 강하게 내렸다. 그는 매우 화가 나서 소 두 마리를 잡아 여러 토막으로 자르고, 그 토막을 전령들에게 주면서 이스라엘 모든 땅에 전달하게 하고 "누구든지 사울과 사무엘을 따르지 않으면 그 사람의 소도 이렇게 하겠다"라고 전하게 했다. 주님이 백성을 두려움에 사로잡히게 하시니 한 사람도 빠짐없이 모두 모였다. 사울이 베섹[12]에서 모인 사람 수를 세어 보니 이스라엘 자손이 30만 명이고 유다 자손이 3만 명이었다. 사람들이 야베스에서 온 전령들에게 말했다.

"길르앗의 야베스 사람들에게 전하기를 '내일 해가 뜨거워지기 전에 당신들을 구해 주겠다'라고 하시오."

전령들이 야베스 사람들에게 가서 이 말을 전하자 그들은 기뻐했다. 야베스 사람들이 암몬 사람들에게 말했다.

"내일 우리가 당신들에게 항복하러 나갈 테니 당신들 마음대로 하시오."

이튿날 새벽 사울은 자기 군대를 세 부대로 나누어 암몬 사람들

---

12. 베섹에서 야베스까지는 하루 거리.

의 진영을 공격하여 날이 뜨거워질 때까지 그들을 쳐부쉈다. 살아남은 암몬 사람들은 두 사람도 함께하지 못하고 뿔뿔이 흩어졌다. 백성들이 사무엘에게 말했다.

"'사울이 우리를 다스리겠느냐?' 하고 반대하던 사람들이 누굽니까? 그 사람들을 이리로 끌어내십시오. 우리가 죽여 버리겠습니다."

사울이 말했다.

"오늘은 아무도 죽여서는 안 됩니다. 오늘은 주께서 이스라엘을 구원하신 날이기 때문입니다."

사무엘이 백성에게 말했다.

"자, 길갈로 갑시다. 거기서 나라를 새로 세웁시다."

모든 백성이 길갈로 가서 주님 앞에서 사울을 왕으로 세우고 주께 화목제물을 바쳤다. 사울과 모든 이스라엘 백성은 크게 기뻐했다. 사무엘이 온 이스라엘 사람들에게 말했다.

"나는 여러분이 내게 요청한 것을 다 듣고, 여러분에게 왕을 세워 주었소. 이제 여러분을 지도할 왕이 생겼소. 나는 늙어 머리가 희어졌으나,[13] 내 아들들은 여러분과 함께 있소. 나는 젊어서부터 오늘날까지 여러분을 지도해 왔는데, 내가 여기 있으니, 내가 잘못한 것이 있다면 주님과 주님이 기름 부으신 왕 앞에서 말해 주시오. 내가 누구의 소를 빼앗았으며, 누구의 나귀를 빼앗았으며, 누구를 속였

---

13. 당시 사무엘은 55세였다.

으며, 누구를 압제했으며, 돈을 뇌물로 받고 눈감아 준 적이 있습니까? 내가 갚아 주겠소."

"당신은 우리를 속이지 않았고 압제하지도 않았으며, 아무에게서 어떤 것도 빼앗은 적이 없습니다."

"여러분이 내게서 아무런 잘못을 찾지 못했다고 한 말에 대해 오늘 주님이 증인이 되셨고, 주님이 기름 부으신 왕도 증인이오."

그러자 백성들이 "주님이 증인이십니다" 하고 말했다. 사무엘이 말했다.

"모세와 아론을 세워 여러분의 조상을 이집트 땅에서 이끌어 내신 주님이 증인이십니다. 그러니 그대로 서 있으십시오. 주님이 여러분과 여러분의 조상에게 행하신 의로운 일에 관하여 주님 앞에서 모두 이야기해 주겠습니다.

야곱이 이집트에 내려간 후 여러분의 조상은 주께 부르짖었습니다. 그래서 주께서 모세와 아론을 보내어 여러분의 조상을 이집트에서 이끌어내 이곳에서 살게 했습니다. 그러나 여러분의 조상은 자기들의 주 하나님을 잊어버렸습니다. 그래서 주님은 그들을 하솔[14]의 군대 사령관 시스라의 손과 블레셋 사람들의 손과 모압 왕의 손에 맡기심으로 이들은 여러분의 조상을 침략했습니다. 그러자 여러분의 조상은 '우리가 죄를 지었습니다. 우리가 주를 버리고 바알과

---

14. 삿 4:2 참조.

아스다롯을 섬겼습니다. 하지만 우리를 원수의 손에서 구원해 주시면 이제 우리가 주를 섬기겠습니다' 하고 주께 부르짖었습니다. 주님은 여룹바알[15]과 베단[16]과 입다와 나 사무엘을 보내 주셔서 여러분을 여러분 주변의 원수들에게서 구해 주셨습니다. 그래서 여러분은 안전하게 살아왔습니다.

그런데 여러분은 암몬 자손의 왕 나하스가 여러분을 공격해 오는 것을 보고 '안 되겠습니다. 우리에게도 우리를 다스릴 왕이 있어야겠습니다!' 하고 내게 말했습니다. 여러분의 주 하나님이 여러분의 왕이신데도 말이오. 자, 여기 여러분이 요구한 왕, 여러분이 뽑은 왕이 있소. 주께서 여러분을 다스릴 왕을 세우셨습니다. 만일 여러분이 주님을 두려워한다면, 주님을 섬기고 그의 음성을 듣고 주님의 명령에 거역하지 마시오. 그러나 만약 여러분이 주님의 음성을 듣지 않고 주님의 명령을 거역한다면, 주님의 손이 여러분의 조상을 치신 것처럼 여러분을 치실 것입니다.

이제 가만히 서서, 주께서 여러분이 보는 앞에서 행하실 큰일을 보십시오. 지금은 밀을 추수하는 때[17]지만, 내가 주님을 부르면 그분이 천둥과 비를 보내실 것입니다. 이제 여러분은 여러분을 위해 왕을 요구한 것이 주님이 보시기에 얼마나 큰 죄인 줄을 알게 될 것

15. 기드온의 다른 이름.
16. 바락의 다른 이름(70인역에는 '바락'으로 표기됨).
17. 당시는 5월 초 여름이며 비가 오지 않는 건기이다.

이오."

사무엘이 주님을 부르자, 그날 주님이 천둥과 비를 내리셨다. 그래서 모든 백성은 주님과 사무엘을 매우 두려워하여 사무엘에게 말했다.

"우리는 우리가 지은 모든 죄에 왕을 요구하는 악을 더했으니, 당신의 종들을 위해 당신의 주 하나님께 기도하여 우리가 죽지 않게 해주십시오."

"두려워하지 마세요. 여러분이 이 모든 악을 행했지만 이제부터라도 주님 따르기를 멀리하지 말고 온 마음을 다해 주님을 섬기십시오. 도움을 주지도 못하고 구원해 주지도 못하는 헛것을 따르지 마십시오. 그것은 헛된 것입니다. 주님은 여러분을 자기 백성으로 삼기를 기뻐하셨으니, 자신의 크신 이름을 위해 자기 백성을 버리지 않으실 것입니다. 나도 여러분을 위해 주께 기도하기를 쉬는 죄를 결코 짓지 않겠습니다. 여러분에게 선하고 옳은 길을 가르치겠습니다. 여러분은 주께서 여러분을 위해 행하신 큰일을 생각하여, 진심으로 온 마음을 다해 주님을 경외하고 주님을 섬기십시오. 여러분이 여전히 악을 행하면, 여러분과 여러분의 왕은 멸망당할 것입니다."

"사무엘은 '우리를 지도할 왕을 우리 위에 세워 달라'는 장로들의 말을 듣고 근심이 되어 주님께 기도드렸다" (삼상 8:6)

하나님은 왕정제도의 필요성을 인정하면서 모세에게 다음과 같이 말씀하셨다.
"네가 네 하나님 여호와께서 네게 주시는 땅에 이르러 그 땅을 차지하고 거주할 때에, 만일 우리도 우리 주위의 모든 민족들같이 우리 위에 왕을 세워야겠다는 생각이 나거든 반드시 네 하나님 여호와께서 택하신 자를 네 위에 왕으로 세울 것이며, 네 위에 왕을 세우려면 네 형제 중에서 한 사람을 할 것이요 네 형제 아닌 타국인을 네 위에 세우지 말 것이며 그는 병마를 많이 두지 말 것이요 병마를 많이 얻으려고 그 백성을 애굽으로 돌아가게 하지 말 것이니, 이는 여호와께서 너희에게 이르시기를 너희가 이 후에는 그 길로 다시 돌아가지 말 것이라 하셨음이며, 그에게 아내를 많이 두어 그의 마음이 미혹되게 하지 말 것이며, 자기를 위하여 은금을 많이 쌓지 말 것이니라.
그가 왕위에 오르거든 이 율법서의 등사본을 레위 사람 제사장 앞에서 책에 기록하여 평생에 자기 옆에 두고 읽어, 그의 하나님 여호와 경외하기를 배우며 이 율법의 모든 말과 이 규례를 지켜 행할 것이라. 그리하면 그의 마음이 그의 형제 위에 교만하지 아니하고 이 명령에서 떠나 좌로나 우로나 치우치지 아니하리니, 이스라엘 중에서 그와 그의 자손이 왕위에 있는 날이 장구하리라"(신 17:14-20).
하나님은 자신이 선택한 왕에 의한 국가 통치체제를 인정하셨으므로, 왕을 세워 달라는 장로들의 요구 때문에 근심하고 있는 사무엘에게 "너는 이제 그들의 말을 들어주되 엄히 경고하여, 그들을 다스릴 왕의 제도를 설명해 주어라"(삼상 8:9)고 지시하셨다. 하나님은 하나님을 버리고 이방 나라와 같은 왕을 세워 달라고 요구하는 그들의 죄를 지적하고 화를 내셨다(호 13:11 참조). 그래서 사무엘도 이스라엘 백성에게 왕정제도의 위험성을 경고하고, 하나님을 경외하지 않는 '열방과 같은 왕'을 요구하는 그들의 불신앙을 책망했다. 그러나 왕정제도 자체를 부정하지는 않았다.
사도 바울도 "그들이 왕을 구하거늘 하나님이 베냐민 지파 사람 기스의 아들 사울을 40년간 주셨다가 폐하시고 다윗을 왕으로 세우시고 증언하여 이르시되 내가 이새의 아들 다윗을 만나니 내 마음에 맞는 사람이라 내 뜻을 다 이루리라"(행 13:21-22)라고 하여 하나님이 하나님의 마음에 맞는 다윗 왕을 통한 국가 통치제도를 인정하셨다고 했다.

2

버림받은
사울 왕

사울이 왕이 되어 이스라엘을 다스린지 2년이 되는 해에 이스라엘에서 3천 명을 뽑아 그중 2천 명은 자기와 함께 믹마스와 벧엘 산에 있게 했고, 1천 명은 요나단과 함께 베냐민 땅 기브아에 있게 했으며, 나머지 백성은 집으로 돌려보냈다. 요나단이 게바에 있는 블레셋 군대를 공격하자 그 소식이 다른 블레셋 사람들에게 알려졌으므로, 사울은 온 땅에 뿔나팔을 불며 "히브리 사람들아, 들어라" 하고 말했다.

이스라엘 모든 사람은 '사울이 블레셋 진영을 공격하여 이스라엘이 블레셋 사람들의 미움을 받게 되었다'[1]라는 말을 듣고 길갈에 모여 사울을 따랐다. 블레셋 사람들도 이스라엘과 전쟁하고자 집결했

---

1. 이스라엘은 정복자 블레셋의 지배를 받고 있었다(27쪽의 각주 5번 내용 참조).

다. 그들에게는 전차 3만 대와 기병 6천 명이 있었고, 보병은 마치 바닷가의 모래처럼 많았다. 그들이 벳아웬 동쪽 믹마스에 진을 치자, 이스라엘 사람들은 자기들이 포위되어 위기에 빠진 것을 알고 동굴과 가시덤불과 바위 틈과 구덩이와 웅덩이 속에 숨었으며, 심지어 어떤 히브리 사람들은 요단 강을 건너 갓과 길르앗 땅으로 도망쳤다. 사울은 길갈에 그대로 있었지만 그를 따르는 군인들은 모두 두려워 떨고 있었다. 사울은 사무엘이 오기로 한 날까지 7일 동안 기다렸지만 사무엘은 길갈로 오지 않았다. 그러자 군인들이 떠나갔다. 사울이 말했다.

"번제물과 화목제물을 내게 가지고 오너라."

사울은 번제물을 바쳤다. 그가 번제드리기를 마쳤을 때 사무엘이 왔다. 사울이 사무엘을 맞으러 나가자 사무엘이 물었다.

"도대체 무슨 일을 한 것입니까?"

"백성은 내게서 흩어지고, 당신은 정한 날에 오지 않았고, 블레셋 사람들은 믹마스에 집결했습니다. 이제 블레셋 사람들이 길갈로 와서 나를 공격할 터인데, 나는 아직 주님께 은혜를 구하지 못했다는 생각이 들어 할 수 없이 번제를 드렸습니다."

"당신은 어리석은 짓을 했습니다. 주 하나님이 당신에게 명령하신 것에 순종하지 않았습니다. 만일 하나님께 순종했다면, 주님은 당신의 나라를 이스라엘에 영원히 굳건하게 세우셨을 것입니다. 하지만 이제 당신의 나라는 유지되지 못할 것이오. 주께서 명령하신 것을 당신이 지키지 않아 주님은 자기 마음에 맞는 사람을 찾으실 것이고[2] 그를 자기 백성의 통치자로 삼으실 것입니다."

사무엘은 길갈을 떠나 베냐민 땅 기브아로 갔다.

요나단이 블레셋을 물리치다 (삼상 13:15b-14:46)

사울이 자기와 함께하는 사람들을 세어 보니 6백 명쯤 되었다. 사울과 그의 아들 요나단은 자기들과 함께하는 사람들을 데리고 베냐민 땅 게바에 주둔하고 있었다. 블레셋 사람들은 믹마스에 진을 치고 있다가 기습부대를 셋으로 나누어 보냈다. 첫 번째 부대는 오브라 길을 통해 수알 땅으로 갔고, 두 번째 부대는 벳호론 길로 갔고, 세 번째 부대는 광야 쪽 스보임 골짜기가 내려다보이는 경계 길로 갔다.

그 당시 블레셋 사람들은 "히브리 사람들이 칼과 창을 만들까 봐 두렵다"고 말하며 경계했으므로, 이스라엘 모든 땅에는 대장장이가 없었다.[3] 그래서 이스라엘 사람이 쟁기나 괭이, 도끼, 낫을 갈려면 모두 블레셋 사람들에게 갔고, 블레셋 대장장이들은 쟁기나 괭이나 쇠스랑이나 도끼나 소몰이 쇠막대기를 가는 데 은 3분의 2세겔을 받았다. 그래서 이번 전쟁이 일어났을 때 사울과 요나단을 따르는 군

---

2. 요 4:23; 대하 16:9; 행 13:22.

3. BC 1075년 이스라엘이 아벡 전투에서 블레셋에게 패배한 후 이스라엘은 무장해제를 당했다. 무기는 몰수당했고 블레셋 군인으로 징용당한 사람들도 있었다. 대장장이들은 포로로 끌려가 버렸다(삼상 14:21 참조).

인들에게는 칼이나 창이 없었다. 오직 사울과 요나단만이 칼과 창을 가지고 있었다.

블레셋 군대가 믹마스 어귀에 나와 있었다. 어느 날 사울의 아들 요나단이 자기 무기를 든 부하에게 말했다.

"자, 건너편에 있는 블레셋 부대로 건너가자."

요나단은 이 사실을 자기 아버지에게 알리지 않았다. 사울은 기브아 근처 미그론에 있는 석류나무 아래에 앉아 있었고 그와 함께하는 군인이 6백 명쯤 있었다. 그중에는 에봇[4]을 입은 아히야라는 사람이 있었다. 그는 이가봇의 형제 아히둡의 아들이고 비느하스의 손자이며, 실로에서 주님의 제사장이었던 엘리의 증손이었다.

군인들은 요나단이 빠져 나간 것을 알지 못했다. 요나단이 블레셋 부대로 건너가려는 산길 양쪽에는 경사가 급한 절벽이 있었는데, 한쪽 절벽의 이름은 보세스이고 다른 쪽 절벽의 이름은 세네였다. 한쪽 절벽은 북쪽의 믹마스를 향해 있었고, 다른 쪽 절벽은 남쪽의 게바를 향해 있었다. 요나단이 자기 무기를 든 부하에게 말했다.

"자, 저 할례받지 않은 자들의 부대로 건너가자. 주께서 우리를 위해 뭔가 하실 것이다. 주께서 우리를 구해 주실 때는 군대의 수가 많고 적은 것은 문제가 되지 않는다."

"모든 일을 소신껏 행하십시오. 보시다시피 저는 당신과 함께 있

---

4. 제사장이 하나님의 뜻을 알아낼 때 입는 어깨 망토.

고 제 생각은 당신 생각과 같습니다."

"우리가 블레셋 사람들이 있는 곳으로 건너가 그들 앞에 우리를 드러내 보이자. 그들이 우리에게 자기들이 올 때까지 기다리라고 하면 우리는 그 자리에 서서 기다리고, 그들이 우리에게 자기들에게로 올라오라고 하면 이것은 주께서 그들을 우리 손에 넘기셨다는 징조니, 우리가 올라갈 것이다."

요나단과 그의 부하는 블레셋 군인들 앞에 모습을 나타냈다. 블레셋 군인들이 말했다.

"저기 봐라! 구멍에 숨어 있던 히브리 놈들이 나왔다!"

그들이 또 소리쳤다.

"이리 올라와 봐라. 네 놈들에게 본때를 보여 주겠다."

요나단이 자기 무기를 들고 있는 이에게 말했다.

"나를 따라 올라오라. 주께서 저들을 이스라엘에게 넘기셨다."

요나단은 손과 발로 기어서 올라갔고, 그의 무기를 든 자도 그를 따라 올라갔다. 요나단은 블레셋 사람들을 쳐서 쓰러뜨렸고, 그의 무기를 든 자도 그를 따라가면서 블레셋 사람들을 죽였다. 첫 번째 이 전투로 요나단과 그의 무기를 든 자는 한 쌍의 소가 하루 동안 갈아엎을 만한 들판에서 블레셋 사람 20여 명을 죽였다. 그 들판에 있던 부대와 모든 블레셋 군인들이 두려움에 휩싸였다. 하나님이 그들을 두려움에 휩싸이게 하셔서 블레셋 군대의 기습부대도 두려움에 떨고 땅까지도 흔들렸다. 블레셋 군인들이 아우성을 치며 사방으로 달아나는 것을 베냐민 땅 기브아에 있던 사울의 파수병들이 보았다. 사울이 자기 군인들에게 말했다.

"우리 진영에서 빠져 나간 사람이 누군지 조사해 보아라."

군인들이 알아보니, 요나단과 그의 무기를 든 자가 없었다. 사울이 아히야에게 말했다.

"하나님의 궤를 가져오너라."

그때에는 하나님의 궤가 이스라엘 사람들에게 있었다. 사울이 제사장에게 말하고 있을 때, 블레셋 진영은 더욱 혼란스러워졌다. 그래서 사울은 제사장에게 가져오는 것을 그만두라고 말했다. 그러고서 모든 군대를 이끌고 싸움터에 들어가 보니, 블레셋 사람들이 큰 혼란에 빠져 자기들끼리 칼을 휘두르고 있었다. 더욱이 전에 블레셋 사람들 편이 되어 그들의 군대로 합세했던 히브리 사람들이 사울과 요나단의 이스라엘 편이 되었다. 에브라임 산지에 숨어 있던 모든 이스라엘 사람들도 블레셋 군인들이 달아나고 있다는 소식을 듣고 싸움터로 나와 블레셋 사람들을 뒤쫓았다. 그날 주님께서 이스라엘 사람들을 구원해 주셨다. 싸움터는 벳아웬을 지나 다른 곳으로 번졌다.

그날 이스라엘 사람들은 무척 지쳐 있었다. 왜냐하면 사울이 사람들에게 맹세시키며 말하기를 "오늘 저녁 내가 원수들에게 보복하기 전까지 음식을 먹는 사람은 저주받을 것이다"라고 하여, 군인들은 아무도 음식을 먹지 못했기 때문이다. 군인들이 모두 숲으로 들어가자 땅에 꿀이 있었다. 꿀이 흐르는 것을 보면서도 그 맹세가 무서워 아무도 손으로 꿀을 찍어 입으로 가져가지 못했다. 그런데 요나단은 자기 아버지가 백성에게 맹세시킨 말을 듣지 못해 손에 들고 있던 막대기 끝으로 벌집의 꿀을 찍어 입으로 가져갔다. 그러자 기운을 되찾아 눈이 밝아졌다. 그때 군인 중 한 사람이 요나단에게 말했다.

"당신의 아버지가 군인들에게 맹세시키며 말하기를 '오늘 음식을 먹는 사람은 저주받을 것이다'라고 했습니다. 군인들이 지쳐 있는 것도 그 때문입니다."

"내 아버지가 사람들을 괴롭게 하셨구나. 보아라. 내가 이 꿀을 조금 먹었는데도 내 눈이 밝아졌으니, 오늘 우리 군인들이 적군에게서 빼앗은 음식을 먹었더라면 블레셋 사람들을 더 많이 죽일 수 있었을 것이다."

그날 이스라엘 사람들은 블레셋 사람들을 믹마스에서 아얄론까지 쳐부수어 몹시 허기져 있었다. 그래서 전리품인 양과 소와 송아지에 달려들어 땅에서 잡아다가 고기를 피째 먹었다. 사람들이 사울에게 말했다.

"사람들이 고기를 피째 먹어 주님께 죄를 짓고 있습니다."[5]

사울이 말했다.

5. 레 19:26.

"너희는 죄를 지었다. 이제 큰 돌을 이리로 굴려 오라."

사울이 계속해서 말했다.

"사람들에게 돌아다니면서 알려라. 모두들 자기 소와 양을 이리로 끌고와 여기서 잡아먹도록 하고, 고기를 피째 먹어 주님께 죄를 짓지 말라고 이르라."

그날 밤 모든 사람이 자기 소를 끌고와 그곳에서 잡았다. 사울은 주께 제단을 쌓았는데, 그것은 그가 주께 처음으로 쌓은 제단이었다.[6] 사울이 말했다.

"오늘 밤, 블레셋 사람들을 추격하여 아침 동이 틀 때까지 그들이 가진 것을 빼앗고 한 사람도 살려 두지 말자."

"왕께서 하고 싶은 대로 모두 하십시오"라고 사람들이 대답했다. 그러자 제사장이 "하나님께 여쭤 봅시다"라고 말했다.

사울이 하나님께 여쭤 보았다.

"블레셋 사람들을 뒤쫓아도 되겠습니까? 주께서 그들을 이스라엘의 손에 넘겨주시겠습니까?"

그러나 그날 하나님은 대답해 주지 않으셨다. 사울이 말했다.

"군대의 모든 지휘관은 이리 나오라. 오늘 이 죄가 누구에게 있는지 알아보자.[7] 이스라엘을 구원하신 주님이 살아 계심을 두고 맹세하는데, 이 죄가 내 아들 요나단에게 있다 해도 그는 반드시

---

6. 사울은 그동안 하나님의 뜻을 묻는 일에 소홀했다.
7. 사울은 자신의 죄 때문에 하나님이 자신을 외면하고 있음을 깨닫지 못하고 있다.

죽게 될 것이다.”

그러나 아무도 대답하는 사람이 없었다. 사울이 모든 이스라엘 사람들에게 말했다.

“너희는 이쪽에 서라. 나와 내 아들 요나단은 저쪽에 서겠다.”

“왕께서 하고 싶은 대로 하십시오” 하고 사람들이 말했다. 사울이 이스라엘의 주 하나님께 기도했다.

“주 이스라엘의 하나님, 오늘 주님의 이 종에게 응답하지 않으시니 어찌된 일입니까? 제게나 제 아들 요나단에게 죄가 있다면 우림[8]이 나오게 하시고, 주님의 백성 이스라엘에게 죄가 있다면 둠밈이 나오게 하소서.”[9]

그러자 요나단과 사울이 제비 뽑히고 백성은 뽑히지 않았다.

“나와 내 아들 요나단 가운데 제비를 던져라.”

그러자 요나단이 제비 뽑혔다. 사울이 요나단에게 말했다.

“네가 무슨 짓을 했는지 말해라.”

“손에 있던 나무 막대기 끝으로 꿀을 조금 찍어 먹었습니다. 이제 저는 죽을 수밖에 없습니다.”

“요나단아, 너는 죽어야 한다. 그렇지 않으면 하나님이 내게 벌을 내리고 또 내리실 것이다.”

---

8. 제사장이 하나님의 뜻을 알아보기 위해 에봇 주머니 안에 넣어 두는 신탁 주사위(출 28:30; 레 8:8; 민 27:21; 신 33:8).

9. 70인역에서 인용.

군인들이 사울에게 말했다.

"요나단은 이스라엘에 큰 승리를 가져다주었는데 그가 죽어야 한다는 말입니까? 주님이 살아 계심을 두고 맹세하지만, 그의 머리털 하나라도 땅에 떨어져서는 결코 안 됩니다. 그가 오늘 하나님과 함께 전쟁을 승리로 이끌었기 때문입니다."

이렇게 백성들이 요나단을 구해 내어 요나단은 죽지 않았다. 사울은 블레셋 사람들을 더 이상 뒤쫓지 않고 돌아갔고, 블레셋 사람들도 자기 땅으로 돌아갔다.

사울 왕이 주변 지역을 정복하다 (삼상 14:47-48; 대상 5:10, 18-22)

사울은 이스라엘의 왕권을 장악하고, 주변의 모든 적들 곧 모압과 암몬 사람과 에돔과 소바[10]의 왕들과 블레셋 사람들과 싸워, 가는 곳마다 이겼다. 그는 용감하게 아말렉 사람들을 물리쳐, 약탈하는 자들의 손에서 이스라엘을 구했다.

사울 왕 때에 르우벤 지파 사람들이 하갈[11] 사람들과 싸워 손으로 쳐죽이고 길르앗 동쪽 온 땅에서 천막을 치고 살았다. 르우벤 자손과 갓 자손과 므낫세 반 지파 자손 중에서 나가 싸울 만한 용사 곧 방패와 칼을 들고 활을 당길 수 있어 싸움에 익숙한 자는 4만 4,760명이었다. 그들이 하갈 사람과 여두르와 나비스와 노답과 싸울 때 하나님

10. 소바는 오론테스 강 상류와 요단 동편의 야르묵 강 사이에 살던 아람 족속이다(삼하 8:3).
11. 길르앗 동쪽에 거주한 이스마엘의 후손 또는 아람 족속.

을 의뢰하고 하나님께 부르짖었다. 하나님은 그들의 간구를 들어주셔서 하갈 사람과 그 동맹군들이 다 그들의 손에 패하였다. 그들이 적군의 짐승 곧 낙타 5만 마리와 양 25만 마리와 나귀 2천 마리를 빼앗았으며 10만 명을 사로잡고 많은 사람들을 죽였으니, 하나님이 이 싸움을 도와주셨기 때문이다. 그들은 포로로 잡힐 때까지[12] 그 땅에 거주했다.

사울 왕의 자녀들 (삼상 14:49-52)

사울의 아들은 요나단과 리스위와 말기수아이고, 큰 딸의 이름은 메랍, 작은 딸의 이름은 미갈이다. 사울의 아내는 아히마아스의 딸 아히노암이다. 사울의 군대 사령관은 넬의 아들 아브넬이고, 넬은 사울의 삼촌이다. 사울의 아버지 기스와 아브넬의 아버지 넬은 아비엘의 아들이다. 사울은 살아 있는 동안 블레셋 사람들과 치열하게 싸웠다. 그래서 힘 있거나 용감한 사람을 보면 자기 군인으로 삼았다.

사울 왕이 2차 버림받다 (삼상 15:1-35)

사무엘이 사울에게 말했다.

"주께서 나를 보내어 당신에게 기름을 부어 자기 백성 이스라엘

---

12. BC 733년 앗수르의 디글랏 빌레셀 3세가 이스라엘을 정복하고 포로로 잡아갔다.

을 다스릴 왕이 되게 했으니, 이제 주님의 말씀의 소리를 들으십시오. '아말렉이 이스라엘에게 행한 일, 곧 이스라엘이 이집트에서 올라올 때 아말렉이 길에서 대적했으므로 내가 벌주려 한다. 이제 가서 아말렉을 쳐라. 그들이 가진 것을 남김없이 모두 진멸해라. 남자와 여자, 어린아이와 갓난아기뿐만 아니라 소와 양과 낙타와 나귀들도 모두 죽여라' 하고 만군의 주님이 말씀하셨습니다."

그래서 사울은 군대를 소집하고 들라임에서 그 수를 세어 보니 보병이 20만 명이었고, 그 가운데 유다 사람이 1만 명이었다. 사울은 아말렉 성으로 가서 군인들을 골짜기에 매복시킨 뒤 겐 사람들에게 말했다.

"아말렉 사람들에게서 떠나시오. 당신들을 그들과 함께 죽이고 싶지 않소. 당신들은 이스라엘 자손이 이집트에서 올라올 때, 그들에게 친절을 베푼 사람들이오."

겐 사람들이 아말렉 사람들에게서 떠나자, 사울은 하윌라에서 이집트 국경의 술까지 이르는 모든 길에서 아말렉 사람들을 쳐부수고 아말렉 왕 아각을 사로잡았다. 그는 칼로 아각 백성을 모두 죽였다. 그러나 사울과 그의 군대는 아각은 죽이지 않았고, 가장 좋은 양떼와 소떼와 기름진 것들과 어린 양 등을 모두 아깝게 여겨 진멸시키지 않고, 쓸모없고 가치 없는 것들만 진멸시켰다. 그때 주께서 사무엘에게 말씀하셨다.

"내가 사울을 왕으로 세운 것을 후회한다. 그가 나를 따르지 않고 내 명령을 실행하지 않았기 때문이다."

사무엘은 마음이 아파서 밤새도록 주님께 부르짖었다. 이튿날 그는 사울을 만나려고 아침 일찍 일어났다. 사람들이 그에게 말했다.

"사울은 갈멜로 가서 자기를 위해 기념비를 세우고[13] 길갈로 내려갔습니다."

사무엘이 사울을 찾아가니, 사울이 그에게 말했다.

"주께서 당신에게 복 주시길 빕니다. 나는 주님의 명령을 실행했습니다."

"그러면 내 귀에 들리는 저 양떼 소리는 무엇입니까? 그리고 내가 듣고 있는 소떼 소리는 무엇입니까?"

"백성들이 양떼와 소떼 중에서 가장 좋은 것을 아까워하여 당신의 주 하나님께 제물로 바치기 위해 아말렉 사람들에게서 몰고 온 것입니다. 하지만 그 나머지는 우리가 진멸시켰습니다."

"그만두십시오! 주께서 어젯밤 내게 하신 말씀을 알려드리겠습니다."

"말해 보십시오."

"당신이 스스로 작은 자라고 여길 때 당신은 이스라엘 지파의 머리가 되지 않았습니까?[14] 주께서 당신에게 기름을 부어 이스라엘을

---

13. 사울은 전쟁을 승리하게 해주신 하나님께 영광 돌리지 않고 자기 이름을 스스로 높이는 죄를 지었다. 그는 바벨탑을 세우다가 하나님의 저주를 받은 조상들의 악한 길로 갔다(창 11:4; 삼하 18:18 참조).

14. 마 20:25-28 참조.

다스릴 왕으로 삼으셨고, 주께서 당신을 전쟁에 내보내며 '가서 저 죄인 아말렉 사람들을 진멸하고 한 사람도 남지 않을 때까지 그들과 싸우라'고 말씀하셨습니다. 그런데 왜 주님의 목소리를 듣지 않고, 전리품을 약탈하기에만 급급하여 주께서 보시기에 악을 행했습니까?"

"나는 주님의 목소리를 듣고 주께서 나를 보내신 길로 가서, 아말렉 왕 아각을 잡아 오고 아말렉 사람들을 진멸시켰습니다. 백성들이 전리품 중에서 가장 좋은 양떼와 소떼를 남겨 놓은 것은 길갈에서 당신의 주 하나님께 제물로 바치기 위해서입니다."

"주님이 번제와 희생 제사를 주님의 목소리를 듣는 것만큼 좋아하시겠습니까? 순종이 제사보다 낫고, 듣는 것이 숫양의 기름보다 낫습니다. 거역하는 것은 점치는 죄와 같고, 고집 부리는 것은 우상을 숭배하는 죄와 같습니다. 당신이 주님의 말씀을 거부했으니, 주님도 당신이 왕으로 있는 것을 거부하셨습니다."[15]

"내가 죄를 지었습니다. 주님의 명령과 당신의 말에 순종하지 않았습니다. 내가 백성이 두려워 그들의 소리를 들은 것이었습니다. 제발 내 죄를 용서해 주시고 나와 함께 돌아가 내가 주께 예배드리게 해주십시오."

"나는 당신과 함께 돌아가지 않겠습니다. 당신이 주님의 말씀을

15. 삼상 2:30; 28:18; 대상 28:9; 마 10:33 참조.

거부했으니, 주님도 당신이 이스라엘의 왕으로 있는 것을 거부하셨기 때문입니다."

사무엘이 떠나려고 몸을 돌리자 사울이 사무엘의 겉옷자락을 붙잡았는데, 그만 옷이 찢어지고 말았다. 사무엘이 그에게 말했다.

"주께서 오늘 이스라엘 나라를 당신에게서 찢어 당신보다 나은 당신의 이웃에게 주셨습니다. 이스라엘의 영광이신 분은 거짓이 없고 마음을 바꾸지도 않으십니다. 주님은 사람이 아니십니다. 그러므로 마음을 바꾸지 않으십니다."

"내가 죄를 지었습니다. 하지만 내 백성의 장로들과 이스라엘 백성 앞에서 나를 높여 주십시오. 나와 함께 돌아가 내가 당신의 주 하나님께 예배드리게 해주십시오."

사무엘은 사울을 따라 돌아갔다. 사울이 주께 예배드렸다. 사무엘이 말했다.

"아말렉 왕 아각을 내게 데리고 오십시오."

아각이 기뻐하며 와서 말했다.

"이제야 죽는 고통이 끝났구나."

그러나 사무엘이 그에게 말했다.

"네 칼이 여자들의 자식을 빼앗아갔듯이, 이제는 여자 중에서 네 어미가 자식을 잃을 차례다."

사무엘은 길갈의 주님 앞에서 아각을 칼로 쳐 토막 냈다. 그러고서 라마로 갔다. 사울은 기브아에 있는 자기 집으로 올라갔다. 사무

엘은 죽을 때까지 사울을 다시는 보지 않았고, 사울로 인해 슬퍼했
다. 주님도 사울을 이스라엘의 왕으로 세운 것을 후회하셨다.

※ ※ ※ ※ ※

"사울이 왕이 되어 이스라엘을 다스린 지 2년이 되는 해에"(삼상 13:1)

이 구절에 해당하는 각 성경 번역은 다음과 같다.
- 사울이 왕이 될 때에 사십세라. 그가 이스라엘을 다스린지 이 년에(개정개역).
- 사울이 왕이 되었을 때에, 그의 나이는 서른 살이었다. 그가 이스라엘을 다스린 것은 마흔두 해였다(새번역).
- Saul was thirty years old when he became king, and he reigned over Israel forty-two years(NIV).
- Saul reigned one year; and when he had reigned two years over Israel(KJV).
- Saul was⋯⋯years old when he began to reign; and he reigned⋯⋯and two years over Israel(RSV).
- 70인역에는 이 구절이 없다.

사울 왕의 나이를 표기한 것은 번역자가 임의로 추가한 것이고, RSV는 히브리어 성경(맛소라 사본) 원문대로 번역하고자 '⋯⋯'로 표기했다. 본서에서는 해당 구절 전후 문맥을 고려하고 KJV와 RSV를 참고하여, 사울 왕 즉위 2년째임을 나타내었다.

※ ※ ※ ※ ※

"그때에는 하나님의 궤가 이스라엘 사람들에게 있었다"(삼상 14:18)

법궤는 모세가 하나님의 명령에 따라 아카시아 나무로 만든 상자(113×68×68센티미터)로서, 그 안에는 아론의 싹 난 지팡이, 십계명이 새겨진 두 돌판, 만나를 담았던 금항아리가 있었고, 법궤 안팎은 금으로 도금되어 있었다. 하나님은 법궤 앞에서 모세를 만나 이스라엘 백성을 위한 명령을 말씀하겠다고 전하셨다(출 25:21-22). 그러나 BC 1075년 엘리 제사장의 두 아들 홉니와 비느하스가 블레셋과의 전쟁에서 이기기 위해 실로의 성막 안에 있던 법궤를 아벡 전투에 가지고 나갔다가 패배하고 블레셋 군대에게 법궤를 빼앗겼다. 블레셋은 법궤를 다곤 신전에 두었는데 재앙을 당해 이스라엘에 돌려주었다. 이후 법궤는 벧세메스를 거쳐 기럇여아림에 있는 아비나답의 집에 72년 동안 방치되었다.

사울 시대는 이스라엘 백성이 하나님을 아는 지식을 버렸고, 하나님의 궤 앞에서 하나님의 뜻을 묻지 않았다(대상 13:3). 70인역에는 '하나님의 궤'가 '에봇'으로 번역되어 있다.

✖✖✖✖✖✖

"내가 죄를 지었습니다. 주님의 명령과 당신의 말에 순종하지 않았습니다. 내가 백성이 두려워 그들의 소리를 들은 것이었습니다. 제발 내 죄를 용서해 주시고 나와 함께 돌아가 내가 주께 예배드리게 해주십시오"(삼상 15:24-25)

"내가 죄를 지었습니다. 하지만 내 백성의 장로들과 이스라엘 백성 앞에서 나를 높여 주십시오. 나와 함께 돌아가 내가 당신의 주 하나님께 예배드리게 해주십시오"(삼상 15:30)

하나님은 BC 1406년 모세를 통해 이스라엘 백성에게 말씀하시기를 "너희는 애굽에서 나오는 길에 아말렉이 네게 행한 일을 기억하라. 곧 그들이 너를 길에서 만나 네가 피곤할 때에 네 뒤에 떨어진 약한 자들을 쳤고 하나님을 두려워하지 아니하였느니라. 그러므로 네 하나님 여호와께서 네게 기업으로 주어 차지하게 하시는 땅에서 네 하나님 여호와께서 사방에 있는 모든 적군으로부터 네게 안식을 주실 때에 너는 천하에서 아말렉에 대한 기억을 지워 버리라. 너는 잊지 말지니라"(신 25:17-19)라고 하셨다. 하나님은 381년 전 자신이 한 이 말을 잊지 않고 하나님의 때에 아말렉을 진멸하려 하셨지만, 사울 왕은 하나님의 말씀에 온전히 순종하지 않았다.

사울은 왕으로서 하나님의 뜻을 부하들을 통해 실현해야 할 책임의식에 투철하지 못했다. 그는 하나님의 뜻을 어기는 백성들로부터 인정을 얻고자 그들이 하자는 대로 했다. 그리고 문제가 발생하자 자신의 명령에 복종한 부하들에게 자신의 죄를 전가시키는 또 하나의 죄를 지었다.

사울은 백성들의 종교심을 만족시키며 왕권 유지를 강화하려는 목적으로 사무엘에게 예배의식에 참여하게 해달라고 부탁했을 뿐, 진정으로 회개한 것이 아니었다. 회개하지 않은 상태에서 드리는 종교의식만으로는 하나님의 자비를 받을 수 없다.

사울은 하나님으로부터 인정받기보다 사람들로부터 칭송받는 것을 더 소중하게 여겼다. 사울의 평생 관심사는 사람들 앞에서 자신이 어떻게 보일까 하는 것이었다.

3

다윗이
왕으로
선택받다

주께서 사무엘에게 말씀하셨다.

"나는 사울이 이스라엘의 왕으로 있지 못하도록 그를 버렸는데, 너는 사울 때문에 언제까지 슬퍼하려느냐? 내가 너를 베들레헴 사람 이새에게 보낼 테니, 너는 뿔에 올리브 기름을 채워 가거라. 내가 그의 아들 중 하나를 나를 위해 왕으로 선택했다."

"제가 가면 사울이 그 소식을 듣고 저를 죽일 텐데 어떻게 갈 수 있겠습니까?"[1]

"네 손으로 암송아지 한 마리를 몰고 가서 주께 제사드리러 왔다고 말해라. 그리고 제사에 이새를 초대해라. 네가 해야 할 일을 내가 가르쳐 주겠다. 내가 네게 말해 주는 사람에게 너는 나를 위해

---

1. 사울 왕은 25년 동안 자신의 왕권을 강화해 왔고, 왕권에 도전하는 자를 죽인다는 사실을 사무엘은 잘 알고 있었다.

기름을 부어라."

사무엘은 주께서 말씀하신 대로 했다. 그가 베들레헴에 이르자, 그곳 장로들이 두려워 떨면서 그를 나와 맞으며 물었다.

"평안한 일로 오시는 겁니까?"

"그렇소. 평안한 일로 왔소. 주께 제사드리려 왔으니, 여러분은 자신을 거룩하게 한 뒤 나와 함께 제사드리러 갑시다."

사무엘은 이새와 그의 아들들을 거룩하게 한 뒤 제사에 초대했다. 이새와 그의 아들들이 왔을 때 사무엘은 엘리압을 보고 '주께서 기름 부으시려는 사람이 과연 주님 앞에 섰구나' 하고 생각했다. 그러나 주님이 사무엘에게 말씀하셨다.

"그의 얼굴과 큰 키를 보지 마라. 나는 그를 뽑지 않았다. 내가 보는 것은 사람이 보는 것과 같지 않다. 사람은 외모를 보지만, 나 주는 마음을 본다."

이새가 아비나답을 불러 사무엘 앞으로 지나가게 하자 사무엘이 말했다.

"주님은 이 사람도 뽑지 않았소."

이새가 삼마를 지나가게 했으나, 사무엘이 말했다.

"주님은 이 사람도 뽑지 않았소."

이새는 자기 아들 일곱 명을 사무엘 앞으로 지나가게 했다. 사무엘이 이새에게 말했다.

"주님은 이들을 뽑지 않았습니다. 이 아들들이 전부요?"

"아직 막내가 남았는데, 지금 양떼를 치고 있습니다."

"사람을 보내 그 아이를 데려오시오. 그가 여기 오기 전에는 우리가 식탁에 앉지 않겠소."

이새는 사람을 보내 그를 데리고 왔다. 그는 얼굴이 불그스레하고 눈이 예쁘고 용모가 준수했다. 주께서 말씀하셨다.

"바로 이 사람이다. 일어나 그에게 기름을 부어라."

사무엘은 기름이 든 뿔을 가지고 형제들 가운데서 그에게 기름을 부었다.[2] 그날부터 주님의 영이 다윗에게 계속 강하게 임재했다. 사무엘은 일어나 라마로 돌아갔다.

다윗이 사울을 섬기다 (삼상 16:14-23)

주님의 영이 사울에게서 떠나고, 주께서 보내신 악령이 그를 숨막히게 했다. 사울의 신하들이 그에게 말했다.

"하나님이 보내신 악령이 왕을 숨막히게 하고 있으니, 우리 주께서는 신하들에게 명령하시어, 수금을 탈 줄 아는 사람을 찾아오게 하십시오. 하나님이 보내신 악령이 왕에게 올 때, 그 사람이 자기 손으로 수금을 타면 왕이 좋아지실 것입니다."

"자, 나를 위해 수금을 잘 타는 사람을 내게 데리고 오너라."

신하 한 사람이 말했다.

---

2. 시 89:20.

"베들레헴 사람 이새에게 수금을 탈 줄 아는 아들이 있는 것을 제가 본 적 있습니다. 그는 용사이며 싸움을 잘하고 말도 잘하며 준수합니다. 주님이 그와 함께하고 계십니다."

사울은 이새에게 전령을 보내, 양 치는 아들 다윗을 보내라고 전했다.

이새는 빵과 포도주 한 가죽부대와 새끼 염소 한 마리를 나귀에 싣고 자기 아들 다윗과 함께 사울에게 보냈다. 다윗이 와서 사울을 섬기자[3] 사울은 그를 무척 사랑해 자기의 무기를 맡는 부하로 삼았다. 사울이 이새에게 전령을 보내 일렀다.

"다윗이 내 마음에 드니 나를 섬기게 하여라."

하나님이 보내신 악령이 사울에게 올 때마다 다윗이 자기 손으로 수금을 탔다. 그때마다 사울은 회복되었으며 악령이 그에게서 떠나갔다.

다윗이 골리앗을 죽이다 (BC 1020, 삼상 17:1-18:5)

블레셋 사람들이 전쟁을 하려고 군대를 모아 유다 땅 소고에 집결하여, 소고와 아세가 사이에 있는 에베스담밈에 진을 쳤다. 사울과 이스라엘 사람들도 엘라 골짜기[4]에 모여 진을 치고 블레셋 사람

---

3. 다윗은 왕으로 기름 부음을 받은 후 성령 충만하게 되었다. 그리고 왕궁 생활을 하며 성령이 떠나고 악령에 사로잡힌 사울의 고통을 보면서 성령 임재의 중요성을 더욱 깨닫는다(시 51:11 참조).
4. 폭이 약 1.6킬로미터 되는 광활한 계곡.

들과 싸울 대형을 갖췄다. 블레셋 사람들은 이쪽 언덕을 차지하고 이스라엘 사람들은 저쪽 언덕을 차지하고 있었는데, 그 사이에 골짜기가 있었다.

블레셋 진영 중에서 골리앗이라는 가드 출신 장수가 나왔다. 그는 키가 여섯 규빗 하고도 한 뼘이나 더[2미터 93센티미터가량] 되었고, 머리에 놋 투구를 썼으며, 놋으로 만든 비늘 갑옷을 입고 있었는데, 갑옷 무게가 5천 세겔[57킬로그램가량] 되었다. 다리에도 놋으로 만든 보호대를 대고, 등에는 작은 놋 창을 메고 있었다. 그가 가지고 있는 창 자루는 베틀 채만큼 컸고, 쇠 창날의 무게는 600세겔[7킬로그램가량] 되었다. 그 앞에 커다란 방패를 든 자가 걸어 나왔다. 골리앗이 서서 이스라엘 군대를 향해 소리쳤다.

"너희는 어찌하여 싸울 대형을 갖추고 있느냐? 나는 블레셋 사람이고 너희는 사울의 종들이 아니냐? 한 사람을 뽑아 내게 보내라. 그가 나와 싸워 나를 죽이면 우리가 너희 종이 되겠다. 그러나 내가 그 사람과 싸워 이겨 그를 죽이면, 너희가 우리 종이 되어 우리를 섬겨야 한다."

골리앗이 또 말했다.

"내가 오늘 이스라엘 군대를 조롱했으니 한 사람을 내게 보내 싸우게 하라!"

사울과 모든 이스라엘 사람들은 그의 말을 듣고 너무 무서워 벌벌 떨고 있었다.

다윗은 유다 땅 베들레헴 에브랏 사람 이새의 아들이고, 이새는 사울 시대에 이미 나이 많은 노인이었다. 이새의 여덟 아들 중 위로부터 세 아들 곧 맏아들 엘리압, 둘째 아비나답, 셋째 삼마는 사울과 함께 전쟁터에 나가 있었다. 다윗은 막내아들이었다. 큰 아들 셋은 사울을 따라갔고, 다윗은 사울이 있는 곳과 베들레헴 사이를 오가며 베들레헴에서 자기 아버지의 양떼를 치고 있었다. 블레셋 사람 골리앗은 40일 동안 아침 저녁으로 이스라엘 군대 앞에 나왔다. 이새가 자기 아들 다윗에게 말했다.

"여기 있는 볶은 곡식 열 에바[약 42리터]와 빵 열 덩이를 전쟁터에 나가 있는 네 형들에게 갖다 주고, 또 이 치즈 열 덩이도 천부장에게 갖다 드려라. 그리고 네 형들이 잘 있는지 알아보고 잘 있다는 증거가 될 만한 것을 가지고 오너라."

그 무렵 사울과 이스라엘 모든 군대는 엘라 골짜기에서 블레셋 사람들과 전쟁 중이었다. 다윗은 아침 일찍 일어나 양떼를 목동에게 맡기고 이새가 말한 대로 음식을 가지고 떠났다. 다윗이 진영에 도착했을 때, 군인들은 자기 진영을 떠나 전쟁터로 나가며 함성을 올렸다. 이스라엘 사람들과 블레셋 사람들은 전투대형을 갖추고 맞서 있었다. 다윗은 가지고 온 음식을 물품 관리자에게 맡기고, 전쟁터로 나아가 형들에게 안부를 물었다. 다윗이 형들과 이야기하고 있을 때, 블레셋 가드 출신 골리앗이라는 장수가 또 나왔다. 그는 늘 하던 대로 소리 질렀고 다윗도 그 소리를 들었다. 이스라엘 사람들은 골리앗을 보자 너무도 무서워 모두 도망치고 말았다. 이스라엘 사람들이 말했다.

"저기 올라온 사람을 보았소? 이스라엘 사람에게 모욕을 주려고 올라왔다네. 왕은 골리앗을 죽이는 사람에게 많은 돈을 주고 자기 딸도 주고, 그 집안에는 세금을 면제해 주시기로 했다네."

다윗이 가까이에 서 있는 사람들에게 물었다.

"저 블레셋 사람을 죽여 이스라엘이 받은 수치를 없애는 사람은 어떤 상을 받게 됩니까? 저 할례 받지 못한 블레셋 사람이 누군데 감히 살아 계신 하나님의 군대를 조롱합니까?"

이스라엘 사람들이 다윗에게 골리앗을 죽인 사람은 어떤 상을 받게 되는지 이야기해 주었다. 다윗이 군인들과 이야기하는 것을 그의 큰형 엘리압이 듣고 다윗에게 화를 내며 말했다.

"네가 여기에 왜 왔느냐? 들에 있는 몇 마리 안 되는 양떼는 누구에게 맡겼느냐? 나는 네가 얼마나 건방지고 완악한지 안다. 전쟁이나 구경하려고 온 줄을 누가 모를 것 같으냐?"

"내가 무슨 잘못을 했다는 것입니까? 그냥 물어보았을 뿐인데요."

그러고서 다윗은 다른 사람들에게 가서 똑같은 질문을 했다. 그들도 먼저 사람들과 똑같이 대답했다. 어떤 사람들이 다윗이 한 말을 듣고 그 말을 사울에게 전했다. 그러자 사울은 다윗을 데려오게 했다. 다윗이 사울에게 말했다.

"저자 때문에 사기가 떨어져서는 안 됩니다. 이 종이 나가서 저 블레셋 사람과 싸우겠습니다."

"네가 저 블레셋 사람과 싸우러 가다니, 어림도 없다. 너는 소년이고, 그는 젊을 때부터 용사이던 자다."

"이 종은 내 아버지의 양떼를 지킬 때 사자나 곰이 나타나 양떼에서 새끼를 물어 가면, 그놈을 따라가 쳐죽이고 그 입에서 양을 구해 냈습니다. 그놈이 공격하려고 일어서면, 저는 그놈의 수염을 잡고쳐 죽였습니다. 이 종이 사자나 곰도 죽였으니, 할례 받지 않은 저 블레셋 사람도 제가 죽인 사자나 곰처럼 될 것입니다. 살아 계신 하나님의 군대를 모욕한 자를 어찌 그냥 내버려 두겠습니까? 주께서 저를 사자와 곰의 발톱에서 구해 주셨으니, 저 블레셋 사람의 손에서도 구해 주실 것입니다."

"가거라. 주께서 너와 함께하실 것이다."

사울은 자기 군복을 다윗에게 입혀 주고, 놋 투구를 그의 머리에 씌워 주고, 갑옷을 입혀 주었다. 다윗은 사울의 군복을 입고 그의 칼을 찬 채 몇 걸음 걸어 보았지만, 그렇게 입어 본 적이 없어 걸을 수가 없었다. 다윗이 사울에게 말했다.

"제가 이런 옷을 입어 본 적이 없어 이대로는 걸을 수 없습니다."

그러고는 군복을 벗고, 손에 막대기를 들었다. 그리고 골짜기에서 차돌맹이 다섯 개를 골라서 목자가 쓰는 가죽 주머니에 넣고, 손에는 물매를 들었다. 다윗은 그 블레셋 사람에게 나아갔다. 그 블레셋 사람도 큰 방패를 든 사람을 앞세우고 다윗에게 다가왔다. 골리앗이 다윗을 보니 소년에다가 불그스레하고 예뻤기에 깔보며 말했다.

"내가 개란 말이냐? 네가 막대기를 들고 내게 나오다니!"

골리앗은 자기 신들의 이름을 부르며 다윗을 저주한 뒤 말했다.

"이리 오너라. 내가 네 살을 공중의 새와 들짐승에게 주겠다."

"너는 칼과 창과 단창을 가지고 내게 나왔지만, 나는 네가 모욕하는 만군의 주 이스라엘 군대의 하나님의 이름으로 네게 나아간다. 주께서 오늘 너를 내 손에 넘겨주실 것이니, 내가 너를 죽여 네 머리를 베고, 블레셋 군인들의 시체를 공중의 새와 땅의 들짐승에게 주겠다. 그래서 이스라엘에 하나님이 살아 계신 줄 온 세상이 알게 하겠고, 주님은 칼이나 창으로 구원하시지 않는다는 것을 여기 있는 모든 사람에게 알게 하겠다. 전쟁은 주님께 달린 것이니 그가 너희를 우리 손에 넘기실 것이다."

골리앗이 다윗을 공격하려고 가까이 다가왔을 때, 다윗도 재빨리 골리앗을 향해 달려갔다. 다윗은 자기 주머니에 손을 넣어 돌 하나를 꺼내 물매로 던졌다. 돌이 날아가 블레셋 사람의 이마에 박히자 그가 땅에 쓰러졌다. 다윗이 물매와 돌 하나로 블레셋 사람을 죽였다. 다윗은 손에 칼을 가지고 있지 않았기에, 달려가 그를 밟고 서서 그의 칼집에서 칼을 꺼내 그를 죽이고 그의 목을 잘랐다.

블레셋 사람들은 자기 용사가 죽은 것을 보고 도망쳤다. 이스라엘과 유다 사람들은 일어나 함성을 지르며 블레셋 사람들을 뒤쫓아

가드 성 입구와 에그론 성문까지 추격했다. 칼에 찔린 블레셋 사람들이 가드와 에그론으로 가는 사아라임 길에 쓰러졌다. 이스라엘 사람들은 블레셋 사람들을 뒤쫓다가 돌아와서 블레셋 사람들의 진영을 약탈했다. 다윗은 골리앗의 머리를 예루살렘으로 가져갔고, 골리앗의 무기는 자기 천막에 두었다.

다윗이 골리앗을 이겼을 때 지은 노래 (시 151, 시편의 수에는 들지 않는다)[5]

♪ 나는 내 형제 중에서 키가 작고 내 아버지 집에서 가장 어렸다. 나는 내 아버지의 양떼를 치고 있었다.

내 손은 피리를 만들고 내 손가락은 수금을 조율하였다.

누가 내 주님께 알리겠느냐? 그는 주님이시고 그는 들어주신다.

그가 자기 사신을 보내 나를 내 아버지의 양떼에서 이끌어 내어, 자신의 그리스도의 기름을 내게 부으셨다.

내 형들은 훌륭하고 키도 크지만, 주님은 그들을 좋아하지 않으셨다.

나는 그 이방인에게 맞서기 위해 나아갔고, 그는 자기 우상으로 나를 저주하였다.

그러나 나는 그의 칼을 뽑아 그의 목을 베어 이스라엘 자손에게

---

5. 시편 151편은 70인역과 사해 사본에는 있지만, 맛소라 사본에는 없다. 70인역은 BC 3세기에 히브리어 구약성경을 헬라어로 번역한 것이고, 사해 사본은 예수님 시대에 히브리어 구약성경을 필사한 것으로 알려져 있다. 맛소라 사본은 유대주의자들이 AD 2세기에 히브리어 모음 체계를 확립한 후, 히브리어 구약성경 자음에 모음을 붙여 편집한 것이다.

서 치욕을 없앴다. ♬

　사울은 다윗이 골리앗과 싸우러 나가는 것을 보고 군대 사령관 아브넬에게 물었다.

　"아브넬 사령관, 저 아이가 누구의 아들이냐?"

　"왕이시여, 왕의 살아 계심을 두고 맹세하지만 저는 결코 아는 바가 없습니다."

　"저 아이가 누구의 아들인지 직접 알아보시오."

　다윗이 골리앗을 죽이고 돌아오자, 아브넬은 다윗을 사울에게 데리고 갔다. 다윗은 골리앗의 머리를 손에 들고 있었다. 사울이 다윗에게 물었다.

　"젊은이여, 너는 누구의 아들이냐?"[6]

　"저는 왕의 종 베들레헴 사람 이새의 아들입니다."

　다윗이 사울과 이야기를 마쳤을 때, 요나단은 다윗과 한마음이 되어 그를 자기 생명처럼 사랑하게 되었다. 사울은 그날부터 다윗을 자기 곁에 있게 하고, 그의 아버지 집으로 돌아가지 못하게 했다. 요나단은 다윗을 자기 생명처럼 사랑하여 다윗과 언약을 맺고 자기 겉옷을 벗어 다윗에게 주었다. 또 자기 군복과 칼과 활과 허리띠까지 주었다. 다윗은 사울이 보내는 곳마다 가서 승리했으므로 사울

---

6. 다윗은 전쟁 중에 왕궁을 떠나 아버지 집에 돌아와 있었으나 악령에 걸린 사울이 다윗을 잊어버린 것.

은 다윗을 부대장으로 삼았다. 그러자 모든 사람들과 사울의 신하들이 좋게 여겼다.

사울이 다윗을 시기하다 (삼상 18:6-30)

다윗이 블레셋 사람을 죽이고 다른 사람들과 함께 돌아올 때, 이스라엘 모든 마을에서 여자들이 사울 왕을 맞이하려고 나와서 춤을 추며 노래했다. 춤추는 여자들은 작은 북과 꽹과리를 들고 기쁜 소리로 ♪ 사울이 죽인 자는 수천 명이요, 다윗은 수만 명이라네 ♬ 라고 노래했다. 사울은 이 말을 듣고 몹시 불쾌했다. 그래서 크게 화를 내며 "사람들이 다윗에게는 수만 명을 주고, 내게는 수천 명만 주는구나. 이제 나라까지도 주겠구나"라고 말했다. 사울은 그날부터 다윗을 경계하는 눈으로 바라보았다.

이튿날, 하나님이 보내신 악령이 사울에게 들이닥치자, 그는 자기 집에서 예언하듯 마구 떠들어 댔다. 다윗은 보통 때처럼 손으로 수금을 탔다. 사울은 손에 창을 들고 있었는데, "다윗을 벽에 박아 죽여 버려야지"라고 중얼거리면서 창을 던졌다. 그러나 다윗은 그 창을 두 번이나 피했다. 주께서 다윗과 함께하셨고 사울에게서는 떠나셨으므로 사울은 다윗을 두려워했다. 그래서 사울은 다윗을 천부장으로 임명하여 자기 곁을 떠나게 했다. 다윗은 전쟁을 위해 군대를 이끌고 백성 앞에서 나가기도 하고 들어오기도 했다. 주께서 다윗과 함께하셨기에 그는 어디서나 승리했다. 사울은 다윗이 전투를 매우 잘하는 것을 보고 그를 더욱 두려워했다. 그러나 이스라엘과 유다의 모든 백성은 다윗이 군대를 이끌고 나가고 들어오는 모습을 보고 그를 사랑했다.

사울은 '블레셋 사람들이 다윗을 죽일 테니, 내 손으로 다윗을 죽일 필요가 없다'고 생각하고 다윗에게 말했다.

"여기 내 맏딸 메랍을 네게 아내로 줄 테니, 너는 나를 위해 주님의 전쟁을 용감하게 싸워라."

"제가 누구입니까? 내 아버지 친족 집안이 이스라엘 가운데서 보잘 것 없는데, 제가 어떻게 왕의 사위가 되겠습니까?"

그런데 사울은 자기 딸 메랍을 다윗에게 주기로 하고서도, 정작 때가 되자 그 딸을 다윗 대신 므홀랏 사람 아드리엘에게 아내로 주었다.[7] 한편 사울의 둘째 딸 미갈이 다윗을 사랑했다. 사울은 그 소식을 전해 듣고 그것이 잘된 일이라 여기며 '미갈을 다윗에게 주어 미갈이 그에게 올무가 되게 하고, 다윗을 블레셋 사람들의 손에 죽게 해야겠다'고 생각했다. 사울이 다윗에게 말했다.

"너는 오늘 내 둘째 딸의 사위가 될 것이다."

그러고는 신하들에게 명령했다.

"다윗에게 몰래 말해라. 왕이 당신을 좋아하고 왕의 모든 신하도 당신을 좋아하니, 이제 당신은 왕의 사위가 되어야 한다고 말이다."

---

7. 메랍과 아드리엘 사이에서 태어난 다섯 아들은 훗날 하나님의 저주를 받아 기브온 사람들에 의해 교수형을 당한다(삼하 21:8-9).

사울의 신하들은 그 명령대로 다윗에게 말했다. 그러나 다윗이 대답했다.

"여러분은 왕의 사위가 되는 것이 쉬운 일이라고 생각하시오? 나는 가난하고 천한 사람입니다."

사울의 신하들이 다윗이 한 말을 사울에게 전했다. 사울이 말했다.

"다윗에게 이렇게 말해라. '왕이 신부를 맞는 몸값으로 바라는 것은 블레셋 사람들의 포피 100개일 뿐이다. 왕의 원수만 갚으면 된다.'"

사울은 다윗을 블레셋 사람들의 손에 죽게 만들 속셈이었다. 사울의 신하들은 이 말을 다윗에게 전했다. 다윗은 자기가 왕의 사위가 되는 것이 좋겠다고 생각했다. 결혼 날짜가 가까이 오자 다윗은 왕의 사위가 되고자 자기 부하들을 데리고 나가 블레셋 사람 200명을 죽이고, 그들의 포피를 베어 사울에게 가져갔다. 사울은 자기 딸 미갈을 다윗의 아내로 주었다. 사울은 주께서 다윗과 함께하신다는 것을 알았고, 자기 딸 미갈마저 다윗을 사랑하므로 다윗을 더욱 두려워했다. 사울은 평생 다윗의 원수가 되었다.

블레셋 장군들은 계속해서 이스라엘을 공격해 왔지만 그때마다 다윗은 그들을 물리쳐 이겼고, 사울의 모든 부하보다 더 많이 승리하여 명성이 높아져 갔다.

　사울은 아들 요나단과 자기의 모든 신하에게 다윗을 죽이라고 말했다. 그러나 요나단은 다윗을 매우 좋아했으므로 다윗에게 말했다.

　"내 아버지 사울이 자네를 죽일 기회를 찾고 있으니 내일 아침까지 몸 조심하고 아무도 모르는 그곳에 가서 숨어 있게. 자네가 숨어 있는 들로 아버지를 모시고 나가, 아버지에게 자네 이야기를 해보겠네. 그런 다음, 내가 알아낸 것을 알려 주겠네."

　요나단은 아버지 사울에게 다윗에 대해 좋은 말을 건넸다.

　"왕이시여, 왕의 신하 다윗은 왕께 죄를 짓지 않았고 오히려 큰 도움이 되었습니다. 그러니 다윗에게 죄를 짓지 마십시오. 다윗은 자기 목숨을 걸고 블레셋 사람 골리앗을 죽였고, 주님은 온 이스라엘이 큰 승리를 거두게 하셨습니다. 왕께서도 그것을 보고 기뻐하셨는데, 왜 다윗을 죽여 무죄한 자의 피를 흘리는 죄를 지으려고 하십니까?"

　사울은 요나단의 말을 듣고 맹세했다.

　"주께서 살아 계심을 두고 맹세하지만, 그를 결코 죽이지 않겠다."

　요나단은 다윗을 불러 이 모든 것을 이야기해 주고 다윗을 사울에게 데리고 갔다. 다윗은 이전처럼 사울과 함께 있게 되었다. 다시 전쟁이 일어나자 다윗이 나가서 블레셋 사람들과 싸워 크게 무찌르니, 그들이 다윗 앞에서 달아났다.

　어느 날 사울이 자기 집에서 손에 창을 들고 앉아 있을 때였다.

다윗이 수금을 타고 있었는데, 그때 주께서 보내신 악령이 사울을 사로잡자 사울이 창을 들어 다윗을 벽에 박아 죽이려 했다. 그러나 다윗은 사울 앞에서 몸을 피했고, 사울의 창만 벽에 박혔다. 다윗은 그날 밤 도망하여 목숨을 건졌다. 사울은 다윗의 집으로 사람들을 보내, 집 밖에서 지키고 있다가 아침에 다윗을 죽이라고 시켰다.

다윗이 사울이 보낸 사람들을 보고서 지은 시(시 59)

♪ 나의 하나님, 내 원수들에게서 나를 구원하시고. 나를 해치려고 일어서는 자들로부터 나를 보호하소서. 악을 행하는 자들로부터 나를 구원하시고, 살인자들로부터 나를 보호하소서. 그들이 내 목숨을 노리며 매복해 있고, 강한 자들이 나를 해치려고 모여 있습니다.

주여, 이는 내 잘못 때문이 아니고, 내 죄 때문도 아닙니다. 저는 아무런 잘못도 하지 않았는데, 그들이 달려와 준비하고 있으니 일어나 나를 위해 지켜보소서.

만군의 주 하나님, 이스라엘의 하나님이여, 일어나 모든 이방인을 심판하소서. 악을 행하는 모든 자를 불쌍히 여기지 마소서. (셀라)[8] 그들은 저녁 때 돌아와서 들개처럼 짖어대며 마을을 돌아다닙니다. 그들이 입술에 칼을 물고서 입으로 "누가 듣겠느냐?"라고 큰소리로

---

8. 이 자리에 간주곡을 삽입하라는 표시. 사람들이 침묵하면서 시편을 진지하게 묵상하라는 의미다.

말하는 것을 보소서. 그러나 주여, 주님은 그들을 비웃으시며 그 모든 이방인을 우습게 여기실 것입니다.

나의 힘이시여, 하나님은 나의 피난처이시니 나는 주께 피하렵니다. 자비로우신 나의 하나님이시여, 주께서 내 앞에 자비를 베푸셔서 내 원수들이 망하는 것을 보여 주소서. 내 백성이 그들을 잊어버릴까 두려우니 그들을 죽이지는 마소서. 주 나의 방패이시여, 주님의 힘으로 그들을 흩으시고 쓰러뜨려 주소서. 그들이 입의 죄와 입술의 말 때문에 오만에 사로잡히게 하고, 그들이 저주와 거짓말을 퍼뜨리니 진노로 멸하여 주시고 살아남지 못하게 하소서. 그러면 야곱의 하나님이 땅 끝까지 다스리심을 그들이 알게 될 것입니다. (셀라)

그들은 저녁 때 돌아와 들개처럼 짖어대며 마을을 돌아다니고, 먹을 것을 찾아 헤매다 배를 채우지 못하면 울부짖습니다.

그러나 저는 주님의 힘을 노래하겠고, 아침에 주님의 자비를 기뻐하겠습니다. 주님은 나의 요새며 환난 날에 찾아갈 나의 피난처이십니다. 나의 힘이시여, 내가 주님을 찬양하오니 하나님은 나의 요새며, 내게 자비를 베푸시는 하나님이십니다. ♬

미갈이 다윗을 살리다 (삼상 19:11b-17)

다윗의 아내 미갈이 다윗에게 말했다.

"당신이 오늘 밤 목숨을 건지지 못하면 내일 죽을 거예요."

미갈이 창문을 통해 다윗을 밖으로 내려보내니, 다윗이 도망하여 목숨을 건졌다. 미갈은 우상을 가져다가 침대 위에 놓고 옷으로 싼 다음, 염소털 덮개를 그 머리에 씌웠다. 사울이 다윗을 잡으려고 보낸 사람들이 오자, 미갈이 그들에게 말했다.

"다윗이 병들어 아픕니다."

사울이 그들을 통해 미갈의 말을 전해 듣고 말했다.

"침대를 통째로 들고 오너라. 내가 그를 죽여 버리겠다."

사울의 부하들이 가서 보니 침대 위에 있는 것은 우상이었고, 우상의 머리에는 염소털 덮개가 씌워 있었다. 사울이 미갈에게 말했다.

"너는 왜 이런 식으로 나를 속여 내 원수가 도망가 목숨을 건지게 했느냐?"

"다윗이 내게 자기를 도망가게 해주지 않으면 저를 죽이겠다고 했습니다."

사울이 사무엘과 함께 있는 다윗을 잡으려 하다 (삼상 19:18-24)

다윗은 그렇게 도망하여 목숨을 건졌다. 그는 라마에 있는 사무엘에게 가서 사울이 자기에게 한 일을 모두 말해 주었다. 다윗과 사무엘은 나욧으로 가서 머물렀다. 사울은 다윗이 라마의 나욧에 있다는 소식을 듣고 사람들을 보내어 다윗을 잡아 오게 했다. 그들이 다윗을 잡으러 갔을 때, 예언자 무리가 예언하는 것과 그 무리의 우두머리인 사무엘이 서 있는 것을 보았다. 그때 하나님의 영이 사울이 보낸 사람들을 사로잡으니, 그들도 예언하게 되었다. 사울이 그 소식을 듣고 다른 사람들을 보냈지만, 그들도 예언을 하는 것이었다. 사울이 다시 세 번째로 사람들을 보냈지만 그들도 마찬가지로 예언을 하였다. 그래서 사울은 직접 라마로 갔다. 그리고 세구에 있는 큰 우물에 이르러 사람들에게 물었다.

"사무엘과 다윗이 어디에 있느냐?"

"라마의 나욧에 있습니다."

사울이 라마의 나욧으로 가다가 하나님의 영이 그를 사로잡자 그는 라마의 나욧에 이르기까지 걸어가면서 예언을 했다. 또 자기 옷을 벗고 사무엘 앞에서 예언하다가 밤새 그날 하루 벌거벗은 채로 누워 있었다. '사울도 예언자 중 한 사람인가'라는 말이 여기서 생겼다.

다윗과 요나단이 언약을 맺다 (삼상 20:1-42)

그때 다윗은 라마 나욧에서 도망해 요나단에게 이르렀다. 그리고서 물었다.

"내가 무슨 잘못을 했습니까? 내 죄가 무엇입니까? 내가 당신 아버지에게 무슨 죄를 지었기에 당신 아버지가 나를 죽이려 합니까?"

"아니네! 자네는 결코 죽지 않을 거야. 내 아버지는 큰 일이나 작은 일이나 먼저 내게 알리지 않고는 행하시지 않네. 이 일이라고 해서 아버지가 왜 내게 숨기시겠나? 그럴 리 없네."

"당신 아버지는 내가 당신의 친구라는 것을 잘 알고 '요나단이 실망하지 않도록 요나단에게 이 일을 알리지 말아야지'라고 생각했을 것입니다. 살아 계신 주님과 당신의 생명을 두고 맹세하지만, 나와 죽음 사이는 한 발짝뿐입니다."

"자네가 해달라는 것은 자네를 위해 무엇이든 해주겠네."

"내일은 초하루입니다. 나는 왕과 함께 식사를 하게 되어 있습니다. 하지만 당신이 나를 내보내 주면 모레 저녁까지 들에 숨어 있겠습니다. 당신 아버지가 나를 찾다가 물으면 '다윗이 내게 요청하기를 자기 온 가족이 해마다 드리는 제사 때문에 고향 베들레헴으로 급히 가야 하니 보내 달라고 제게 말했습니다'라고 말해 주십시오. 만약 당신 아버지가 '잘했다'라고 말씀하면, 당신의 종인 나는 무사할 것입니다. 하지만 당신 아버지가 화를 내면, 당신 아버지가 나를 해치기로 결심한 걸로 아십시오. 당신은 이 종을 불쌍히 여기시고, 주님 앞에서 나와 약속을 했으니 내게 죄가 있다면 당신이 나를 죽이십시오. 나를 당신 아버지에게까지 데리고 갈 이유가 없지 않습니까?"

"결코 그럴 수 없네. 내 아버지가 자네를 해칠 생각을 갖고 있는 걸 내가 알게 되면, 어찌 자네에게 알려 주지 않겠나?"

"당신 아버지가 당신에게 ['아무에게도 알려 주지 말라'고] 엄하게 말하면 누가 내게 알려 주겠습니까?"

"자, 가세. 들로 나가세."

두 사람은 들로 나갔다. 요나단이 다윗에게 말했다.

"이스라엘의 주 하나님 앞에서 이렇게 약속하네. 내일이나 모레까지 내가 내 아버지의 마음을 살펴보겠네. 만약 내 아버지가 자네 다윗을 좋게 생각하면 자네에게 사람을 보내 그 소식을 알려 주겠네. 하지만 아버지가 자네를 해칠 마음을 품고 있는데도 그 사실을 자네에게 알려 주지 않아 자네가 안전하게 도망갈 수 있게 하지 않는다면, 주님이 나 요나단에게 벌을 주시고 또 벌을 주셔도 달게 받겠네. 주께서 내 아버지와 함께하셨던 것처럼 자네와도 함께하시길 바라네. 내가 살아 있는 동안, 자네는 주님의 사랑을 내게 베풀어 내가 죽지 않게 해주고, 주께서 다윗의 원수를 이 땅에서 모두 없애 버리시더라도 자네는 내 집안에 대한 사랑을 영원히 버리지 말아 주게."

요나단은 다윗의 집안과 맹세하며 말했다.

"주께서 다윗의 원수를 벌주시기를 바라네."

요나단은 다윗을 사랑했으므로 맹세한 것을 다윗에게 다시 맹세하게 했다. 그는 다윗을 자기 자신처럼 사랑했다. 요나단이 다윗에게 말했다.

"내일은 초하루인즉 네 자리가 빈 것을 보고 아버지가 자네를 찾을 걸세. 자네는 모레까지 있다가 빨리 내려와 지난번에 숨어 있던 곳으로 가게. 가서 에셀 바위 곁에서 기다리게. 그러면 내가 어떤 표적을 향해 쏘는 것처럼 화살을 그 바위 가까이로 세 번 쏘겠네.

그런 후 아이 하나를 보내 그 화살을 찾아오라고 하겠네. 만약 내가 그 아이에게 '얘야, 화살이 네 옆에 있으니 이리 주워 오너라' 하고 말하면, 자네는 돌아오게. 주께서 살아 계심을 두고 맹세하는데 자네는 평안 무사할 것이야. 하지만 내가 그 아이에게 '얘야, 화살이 네 앞쪽에 있다'고 말하면, 주께서 자네를 보내시는 것이니, 떠나가게. 자네와 내가 이야기한 것에 대해 주님이 영원한 증인이시네."

이리하여 다윗은 들에 숨었다. 초하루가 되자, 왕이 식사하려고 식탁에 앉았다. 왕은 늘 하듯이 벽 가까이에 있는 자기 자리에 앉았다. 요나단은 왕의 맞은편에 앉고, 아브넬은 사울 곁에 앉았다. 다윗의 자리는 비어 있었다. 그날 사울은 아무 말도 하지 않았다. 사울은 '그에게 무슨 부정한 일이 생겨 아직 몸이 깨끗해지지 않은 거겠지'라고 생각했다. 이튿날은 그 달의 둘째 날인데 다윗의 자리가 또 비어 있었다. 사울이 요나단에게 물었다.

"이새의 아들이 왜 어제도 안 나오고 오늘도 식사하러 안 나오는 것이냐?"

"다윗이 제게 베들레헴으로 보내 달라고 부탁을 했습니다. 그가 말하기를 '우리 가족의 제사가 베들레헴 마을에서 있고 내 형이 나를 오라 했으니, 내가 자네 친구라면 가서 형들을 만나보게 해주십시오' 하고 말했습니다. 그래서 그가 왕의 식탁에 나오지 못했습니다."

사울이 요나단에게 화를 내며 소리쳤다.

"이 패역무도한 여자의 자식아! 네가 이새의 아들 편인 줄 내가 모르는 줄 아느냐? 그런 녀석과 단짝이 된 것이 너에게 뿐만 아니라 네 어미에게도 수치가 되는 줄 모르느냐. 이새의 아들이 살아 있는 한, 너와 네 나라는 튼튼할 수 없으니 당장 사람을 보내 그를 내게 끌고 오너라. 그는 죽어야 한다."

"그가 왜 죽어야 합니까? 그가 무슨 잘못을 했습니까?"

그러자 사울이 요나단을 죽이려고 창을 던졌다. 요나단은 자기 아버지가 다윗을 정말로 죽이기로 결심한 줄을 알아차렸다. 그날은 그 달의 둘째 날이지만, 요나단은 크게 화를 내며 식탁에서 일어났다. 그는 다윗 때문에 슬펐고 자기 아버지가 자기에게 모욕을 주었으므로 음식을 먹지 않았다.

이튿날 아침 요나단은 다윗과 약속한 시간에 아이를 데리고 들로 나갔다.

"달려가서 내가 쏘는 화살을 찾아오너라."

아이가 달려가자, 요나단은 화살이 아이를 넘어가게 쏘았다. 아이가 요나단이 쏜 화살이 떨어진 곳으로 달려가자 요나단이 뒤에서 외쳤다.

"화살이 네 앞쪽에 있지 않느냐?"

요나단이 아이 뒤에서 또 외쳤다.

"서둘러 빨리 가거라. 머뭇거리지 마라."

아이는 화살을 주워 자기 주인에게 돌아왔다. 아이는 아무것도 알지 못했지만, 요나단과 다윗만은 알고 있었다. 요나단은 그 아이에게 자기 무기를 주면서 말했다.

"이것을 가지고 마을로 돌아가거라."

아이가 떠나자, 다윗이 바위 남쪽에서 나와 얼굴을 땅에 대고 요나단에게 세 번 절했다. 그들은 서로 입을 맞추면서 함께 울었다. 다윗이 더 크게 울었다. 요나단이 말했다.

"평안히 가게. 우리는 주님의 이름으로 맹세했지. 주께서 나와 자네 사이에, 그리고 내 자손과 자네 자손 사이에 영원한 증인이시네."

다윗은 떠나고 요나단은 마을로 돌아갔다.

다윗이 제사장 아히멜렉에게서 빵과 칼을 얻다 (삼상 21:1-9)

다윗은 놉에 있는 제사장 아히멜렉에게 갔다. 아히멜렉은 두려워 떨면서[9] 다윗을 맞으며 물었다.

"왜 혼자 다니시오? 당신과 함께하는 자가 아무도 없소?"

"왕이 내게 특별한 임무를 주면서 '내가 너를 보내어 수행하게 하는 일에 관하여 아무도 아무것도 알지 못하게 하라'고 말했소. 그래서 부하들과는 약속된 장소에서 만나기로 하였소. 그런데 혹시 지금 먹을 것을 가지고 있소? 빵 다섯 덩이를 주거나, 아니면 가지고 있는 대로 아무것이나 좀 주시오."

---

9. 다윗은 사울이 죽이려는 자이므로 다윗과 가까이하는 것은 죽음을 초래할 위험이 있다는 것을 아히멜렉이 알고 두려워한 것. 그래서 다윗은 사실대로 말하지 못하고 그에게 거짓말을 했다.

"보통 빵은 없고 거룩한 빵[10]은 있소. 부하들이 여자와 가까이하지 않았다면, 그 빵을 먹어도 좋소."

"내가 이전에 전쟁을 수행하러 갈 때처럼 이번에도 우리는 삼 일 동안 여자를 가까이하지 않았소. 그래서 부하들의 몸은 정결합니다. 보통 출전할 때도 그랬는데 하물며 오늘은 그들의 몸이 더욱 거룩하겠지요."

제사장은 주님 앞에 따뜻한 빵을 두려고 물려 낸 빵 외에는 다른 빵이 없었기에 그 거룩한 진설병을 다윗에게 주었다. 그날 그곳에는 사울의 신하이자 목자들의 우두머리인 에돔 사람 도엑이 주님 앞에서 해야 할 일이 있어 와 있었다. 다윗이 아히멜렉에게 물었다.

"혹시 창이나 칼을 가지고 있지 않소? 왕의 명령이 너무 급해 칼이나 무기를 미처 가지고 나오지 못했소."

"당신이 엘라 골짜기에서 죽인 블레셋 사람 골리앗의 칼[11]이 보자기에 싸여 에봇 뒤에 있소. 필요하다면 그 칼을 가지시오. 여기에 다른 칼은 없소."

"그만 한 것은 없지요. 그것을 주시오."

10. '진설병陳設餠'을 말함. 제사장이 안식일마다 12지파를 상징하는 12개의 빵을 성소의 떡상 위에 진설하고, 물려 낸 빵은 제사장 가족의 몫이 되었다(레 24:5-9; 막 2:25-26 참조).
11. 골리앗의 칼은 성전에 소장되어 민족적 긍지를 고양시켰을 것. 성전에 오는 사람들은 그 칼을 보고 전쟁은 주께 속한 것이라는 하나님에 대한 믿음을 새롭게 했을 것이다.

그날 다윗은 사울에게서 도망쳐 가드 왕 아기스에게로 갔다. 그러자 신하들이 아기스에게 말했다.

"이 사람은 이스라엘의 왕 다윗이 아닙니까? 사람들이 이 사람을 위해 춤을 추면서 ♪ 사울이 죽인 자는 수천 명이요, 다윗은 수만 명이라네 ♫ 라고 노래하지 않았습니까?"

다윗은 이 말을 듣고 가드 왕 아기스를 매우 두려워했다.

♪ 하나님, 저를 불쌍히 여기소서. 사람들이 저를 짓밟고 온종일 공격하며 억압합니다. 내 원수들이 온종일 나를 핍박합니다. 높은 곳에 계시는 분이시여, 나를 공격하는 자들이 많으나, 저는 두려울 때 주님을 의지합니다. 내가 하나님의 말씀을 찬송하고 하나님을 의지하니, 두려워하지 않겠습니다. 육신에 불과한 사람이 감히 나를 어떻게 하겠습니까?

그들은 온종일 내 말을 책잡고, 나를 해칠 악한 생각만 하며, 음모를 꾸미고 숨어서 내 목숨을 노리고, 내 걸음을 지켜보고 있습니다. 그들이 악을 행하였으니 피할 수 있겠습니까? 하나님, 진노하셔서 그들을 파멸시키소서.

내가 헤매고 다니는 것을 주께서 헤아려 보셨으니, 내 눈물[12]을 주님의 병에 담으소서. 내가 처한 사정이 주님의 책에 적혀 있지 않습니까?

내가 주께 부르짖는 날에는 내 원수들이 물러가리니, 하나님이 내 편이심을 내가 알고 있습니다. 내가 하나님을 의지하고 그의 말씀을 찬양하며, 주를 의지하고 그 말씀을 찬송합니다. 내가 하나님을 의지하니 두려워하지 않겠습니다. 사람이 감히 나를 어떻게 하겠습니까?

하나님, 주께서 내 생명을 죽음에서 건지셨고, 내가 하나님 앞 곧 생명의 빛 가운데 다니도록 내 발이 넘어지지 않게 하셨으니, 내가 주께 서원한 대로 감사 제물을 드리겠습니다. ♬

다윗은 아기스와 그의 신하들 앞에서 행동을 바꾸어 미친 체하며 괜히 문짝을 긁기도 하고, 수염에 침을 흘리기도 했다. 아기스가 자기 신하들에게 말했다.

"여기, 미친 사람 좀 봐라. 왜 이런 사람을 내게 데리고 왔느냐? 내게 미친 사람이 부족해서 이런 사람까지 데려와 내 앞에서 미친 짓을 하게 하느냐? 이런 사람을 어찌 내 집에 들어오게 했느냐?"

12. 시 6:6-8 참조.

♪ 나는 언제나 주님을 찬양하리니 주님을 찬양하는 소리가 언제나 내 입에 있을 것입니다. 내 영혼이 주를 찬양하리니 온유한 사람들이 듣고 기뻐할 것입니다.

나와 함께 '주님은 위대하시다'라고 하며 우리 함께 그의 이름을 높입시다. 내가 주께 간구했더니 주께서 내게 응답하시고, 내가 두려워하던 모든 것에서 나를 구원하셨기 때문입니다. 주님을 바라보는 사람들은 광채가 나서 그들의 얼굴이 부끄러움을 당하지 않을 것입니다. 이 가련한 사람이 부르짖었더니, 주께서 들으시고 모든 환난에서 구원하셨습니다. 주님의 천사가 주님을 경외하는 사람들 둘레에 진을 치고 그들을 구원하셨습니다. 주님의 선하심을 맛보아 아십시오.[14] 그에게 피하는 사람은 복 있는 사람입니다.

성도 여러분, 주를 경외하십시오. 그를 경외하는 사람에게는 부족함이 없습니다. 젊은 사자도 먹을 것이 없어 굶주릴 때가 있지만, 주를 찾는 자는 모든 좋은 것에 부족함이 없을 것입니다.

젊은이들이여, 와서 내 말을 들으오. 내가 주를 경외하는 법을 가르쳐 주겠소. 생명을 원하고 선한 것을 보려고 인생을 사랑하는 사람이 누구요? 그대의 혀로 악한 말을 하지 말고, 그대의 입술로 거

---

13. 아비멜렉은 '내 아버지이신 왕'이라는 뜻의 일반 호칭인데(창 20:2; 26:1; 삿 8:31 참조), 여기서는 가드 왕 아기스를 가리킨다.

14. 벧전 2:3 참조.

짓말을 하지 마시오. 악을 버리고 선을 행하며 평화를 찾고 평화를
추구하시오.

주님의 눈은 의인들을 보시며 주님의 귀는 그들이 부르짖는 소
리를 들으시지만, 주님의 얼굴은 악행하는 사람들을 보시고 그들에
대한 기억을 땅에서 끊어 버리십니다. 의인들이 부르짖을 때 주께서
들으시고 그들을 모든 환난에서 건지셨습니다. 주님은 마음이 찢어
진 사람을 가까이하시고, 영혼이 겸손한 사람을 구원하십니다.[15] 의
인에게도 환난이 많으나 주께서 그를 그 모든 환난에서 구원하실
것입니다. 주께서 그의 뼈를 모두 보호하시리니 하나도 꺾이지 않
을 것입니다.[16]

그러나 악인은 그 악함 때문에 죽겠고, 의인을 미워하는 자들은
징계받을 것입니다. 주님은 자기 종들의 영혼을 구원하시니, 주께로
피하는 자는 모두 징계받지 않을 것입니다. ♬

다윗이 아둘람 동굴로 피하다 (삼상 22:1)

다윗은 가드를 떠나 아둘람 동굴로 도망갔다.

다윗이 동굴에 숨어 있을 때 지은 시 (시 142)

♪ 내가 소리 내어 주께 부르짖고, 내가 소리 내어 주께 간구하며,

---

15. 시 51:17 참조.
16. 요 19:36 참조.

나의 억울함을 주님 앞에 쏟아내고, 내 고통을 주님 앞에 아룁니다.

내 영이 내 안에서 약해질 때에도 주님은 내 길을 아셨습니다. 내가 가는 길에 사람들이 덫을 숨겨 놓았습니다. 오른쪽을 살펴보아도 나를 알아주는 사람이 없고, 내 피난처도 없고, 아무도 내 영혼을 돌봐 주는 사람이 없습니다.

주님, 내가 주께 부르짖으며 '주님은 나의 피난처이고, 사람 사는 세상에서 내가 받을 몫이시다'라고 말했으니, 나의 부르짖음을 들으소서. 저는 너무나 비참합니다. 나를 핍박하는 자들에게서 나를 건지소서. 그들은 나보다 강합니다. 내 영혼을 감옥에서 이끌어내어 주님의 이름을 찬양하게 하소서. 주께서 내게 은혜를 베푸시면 의인들이 나를 감쌀 것입니다. ♪

다윗이 아둘람 동굴에 있다는 소식을 그의 형들과 아버지 집안의 모든 사람이 듣고 그에게 내려왔다.

환난을 당한 사람, 빚진 사람, 원통한 일을 당한 사람들이 모두 다윗에게 몰려왔으므로 다윗은 그들의 지도자가 되었다.

갓 지파, 베냐민 지파, 유다 지파 사람들이 다윗 편이 되다(삼상 22:2; 대상 12:8-18)

갓 지파 사람들 중에 광야의 요새에 있던 다윗에게 온 사람들이 있었다. 그들은 용사로서 방패와 창을 다룰 뿐만 아니라 사자처럼 용맹했고 산의 노루처럼 빨랐다. 그 우두머리는 에셀이고, 둘째는 오

바댜, 셋째는 엘리압, 넷째는 미스만나, 다섯째는 예레미야, 여섯째
는 앗대, 일곱째는 엘리엘, 여덟째는 요하난, 아홉째는 엘사밧, 열째
는 예레미야, 마지막은 막반내이다. 이들은 갓 지파 군대의 지휘관
들이다. 이들 가운데 가장 낮은 사람은 100명을, 가장 높은 사람은
1,000명을 지휘한 사람들이었다. 그들은 요단 강물이 넘쳐흐르던 어
느 해 첫째 달에 요단 강을 건너가, 골짜기에 살던 모든 사람을 동
쪽과 서쪽으로 쫓아냈다.

베냐민 지파와 유다 지파 가운데서도 요새에 있던 다윗에게 온
사람들이 있었다. 다윗이 그들을 맞으며 말했다.

"여러분이 좋은 뜻으로 나를 도우러 왔다면 내가 그대들을 환영
하겠지만, 아무 잘못 없는 나를 속이고 내 원수들에게 넘기러 왔다
면 우리 조상의 하나님이 보시고 여러분에게 벌을 내리실 것입니다."

그때 '30인 용사'의 지도자 아마새에게 성령이 임재했다. 그가 말
했다.

"다윗이여, 우리는 당신의 사람입니다. 이새의 아들이여, 우리는
당신과 함께합니다. 당신의 하나님이 당신을 돕고 계시니 당신에게
평안 위에 평안이 있기를 바라며, 당신을 돕는 사람들에게도 평안
이 있기를 바랍니다."

다윗은 그들을 받아들여 자기 군대의 지휘관으로 삼았다. 그에게
몰려온 사람들은 400명쯤 되었다.[17]

다윗은 그곳에서 모압 땅[18] 미스베로 가서 모압 왕에게 말했다.

"하나님이 내게 무슨 일을 하게 하시려는지 내가 알 수 있을 때까지 내 아버지와 어머니가 이리로 와서 왕과 함께 있게 해주시기 바랍니다."

다윗은 자기 부모를 모압 왕 앞으로 안내했고, 그가 요새에 숨어 있는 동안 그의 부모는 모압 왕과 함께 살았다. 예언자 갓이 다윗에게 말했다.

"요새에 있지 말고 유다 땅으로 가시오."

그래서 다윗은 그곳을 떠나 헤렛 숲으로 갔다.

사울은 다윗과 그의 부하들이 나타났다는 소식을 들었다. 그때 그는 손에 창을 들고 기브아 언덕 위의 상수리나무 아래에 앉아 있었다. 그가 자기 옆에 서 있는 신하들에게 말했다.

"베냐민 사람들아, 들어라.[19] 너희는 이새의 아들이 너희 모두에게 밭과 포도원을 주고 너희 모두를 천부장이나 백부장으로 삼을 것 같아서 모두 나를 대적하여 음모를 꾸미느냐? 내 아들이 이새의 아

---

17. 이들은 후에 다윗 왕국이 나라를 세울 때 핵심 세력이 된다(고전 1:26-29 참조).
18. 모압 땅은 다윗의 증조할머니 룻의 고향이다.
19. 사울이 자기 고향 베냐민 사람들을 선동하여 유다 사람 다윗을 대적하라고 지방색을 부추기고 있는 것.

들과 언약을 맺었는데도 그 사실을 내게 말해 주는 사람이 아무도 없었다. 내 아들이 내 신하를 충동질하여 오늘이라도 매복하고 있다가 나를 해치려는데도, 너희 중에는 나를 위해 마음 아파하거나 그 사실을 내게 말해 주는 사람이 아무도 없었다."

에돔 사람 도엑이 사울의 신하들과 함께 그곳에 서 있다가 말했다.

"이새의 아들이 놉으로 가서 아히둡의 아들 아히멜렉을 만난 것을 제가 보았습니다. 아히멜렉은 다윗을 위해 주께 기도하고 다윗에게 음식을 주고 블레셋 사람 골리앗의 칼도 주었습니다."

왕은 아히둡의 아들인 제사장 아히멜렉과 그의 아버지의 모든 집안 사람들, 곧 놉의 제사장들을 잡아 오게 했다. 그들 모두가 왕에게 잡혀 왔을 때 사울이 아히멜렉에게 말했다.

"아히둡의 아들아, 들어라."

"내 주여, 말씀하십시오."

"너는 왜 이새의 아들과 함께 음모를 꾸미며 내게 반역했느냐? 어찌하여 너는 다윗을 위해 하나님께 기도드리고 빵과 칼을 그에게 주어, 그가 오늘이라도 매복하고 있다가 나를 해치도록 만들었느냐?"

"왕의 모든 신하 중에서 다윗만큼 충성스러운 자가 누굽니까? 그는 왕의 사위이고, 호위대장이며, 왕실에서 존경받는 자가 아닙니까? 제가 그를 위해 하나님께 기도드린 것이 이번이 처음이겠습니까? 절대로 그렇지 않습니다. 왕이시여, 이 종은 이 모든 일에 대해

작거나 크거나 아무것도 모르니, 이 종과 이 종의 아버지의 모든 집안에 아무 책임도 돌리지 마소서."

"아히멜렉아, 너는 죽어야 한다. 너와 네 아버지의 모든 친척은 죽어 마땅하다."

왕이 곁에 서 있던 호위병들에게 말했다.

"돌아서서 주의 제사장들을 죽여라. 그들은 다윗과 한 패거리들이고, 다윗이 도망친다는 것을 알고도 내게 알려 주지 않았다."

그러나 왕의 신하들은 자기들 손으로 주의 제사장들을 죽이려 하지 않았다. 왕이 도엑에게 명령했다.

"네가 돌아서서 제사장들을 죽여라."

에돔 사람 도엑은 돌아서서 제사장들을 죽였다. 그날 그는 세마포 에봇을 입은 사람 85명을 죽였다. 또 제사장들의 마을인 놉의 백성들도 칼로 죽였는데, 남자와 여자와 아이들과 젖먹는 아기들과 소와 나귀와 양도 칼로 죽였다.[20] 그러나 아히둡의 손자이며 아히멜렉의 아들인 아비아달은 거기서 피하여 도망갔다.

다윗이 블레셋을 공격하여 그일라 백성을 구하다 (삼상 23:1-13a; 22:20b-23)

누군가가 다윗에게 말했다.

"블레셋 사람들이 그일라를 공격하고 타작 마당을 약탈하고 있

---

20. 하나님이 엘리의 집에 내린 심판이 이루어진 것(삼상 2:31-33; 3:12-14).

습니다."

다윗이 주께 여쭈었다.

"가서 블레셋 사람들을 공격할까요?"

"가거라. 블레셋 사람들을 공격하고 그일라를 구해라."

다윗의 부하들이 다윗에게 말했다.

"우리가 여기 유다 땅에 있는 것만 해도 두려운데 어떻게 그일라까지 가서 블레셋 군대와 싸울 수 있겠습니까?"

다윗이 다시 주께 여쭤 보자 주께서 말씀하셨다.

"그일라로 내려가거라. 내가 블레셋 사람들을 네 손에 넘기겠다."

다윗과 그의 부하들은 그일라로 가서 싸워, 많은 블레셋 사람들을 죽이고 그들의 가축을 빼앗았으며 그일라 백성을 구했다.

다윗이 그일라에 있을 때 아히멜렉의 아들 아비아달이 도망하여 다윗에게로 와서, 사울이 주님의 제사장들을 죽인 것을 이야기해 주었다. 다윗이 아비아달에게 말했다.

"에돔 사람 도엑이 그날 그곳에 있었고, 나는 그 사람이 사울에게 말할 줄 알았오. 당신 아버지 집안의 모든 사람이 죽은 것은 나 때문이오. 그가 나를 죽이려 하더니 이제 당신을 죽이려 하니, 두려워하지 말고 나와 함께 있으시오. 나와 함께 있으면 안전할 것이오."

그는 다윗에게 도망 올 때 에봇을 가지고 왔다.

♪ 포악한 자여, 너는 어찌하여 악한 행위를 스스로 자랑하느냐? 그러나 하나님의 인자하심은 영원하다. 네 혀는 파멸을 꾀하고 날카로운 칼같이 속임수를 썼구나. 너는 선보다 악을 좋아하고, 의를 말하기보다는 거짓을 좋아하는구나. (셀라)

너, 혀로 속이는 자여, 너는 다른 사람을 해치는 말이라면 무슨 말이든지 좋아하니, 하나님이 너를 영원히 파멸시킬 것이다. 그가 너를 장막에서 뽑아내되, 사람 사는 땅에서 네 뿌리까지 뽑아내실 것이다. (셀라)

그러면 의인들이 이를 보고 하나님을 두려워하고 너를 비웃으며 '보라, 그 포악한 자는 하나님을 자신의 피난처로 삼지 않고 자신의 많은 재산을 의지하고 자신의 파멸을 자기 피난처로 삼았다'고 말할 것이다.

그러나 나는 하나님의 집에 있는 푸른 올리브 나무처럼 영원히 하나님의 자비하심을 의지하련다. 주님이 이 일을 행하셨으니 나는 주께 영원히 감사하련다. 주님의 이름이 선하시니 내가 주님의 성도 앞에서 주님의 이름을 사모하련다. ♬

누군가가 사울에게 다윗이 그일라에 있다고 전했다. 사울이 말했다. "하나님이 그를 내 손에 넘겨주셨다. 다윗이 성문과 성벽이 있는 성 안으로 들어갔으니, 그가 그 속에 갇혀 버렸구나."

사울은 그일라로 내려가 다윗과 그의 부하들을 포위하여 공격하고자 자기 군대를 모두 소집했다. 다윗은 사울이 자기를 죽이려는 계획을 알고 제사장 아비아달에게 말했다.

"에봇을 가져오시오."

다윗이 기도했다.

"이스라엘의 주 하나님, 주님의 종의 기도를 들으소서. 사울이 나를 잡기 위해 그일라 성을 멸망시키고자 이곳으로 내려오려 합니다. 그일라 백성이 저를 사울의 손에 넘겨주겠습니까? 주의 종이 들은 대로 사울이 내려오겠습니까? 이스라엘의 주 하나님, 주님의 종에게 말씀해 주소서."

"그가 내려올 것이다."

"그일라 백성이 저와 제 부하들을 사울의 손에 넘기겠습니까?"

"넘길 것이다."

다윗과 그의 부하 600여 명은 그래서 그일라를 떠나, 갈 수 있는 곳까지 갔다.

요나단이 십 광야 호레쉬에서 다윗을 격려하다 (삼상 23:13b-18)

사울은 다윗이 그일라에서 도망쳤다는 말을 듣고 출전을 포기했다. 다윗은 광야의 요새에 머물러 있다가 십 광야의 산에도 머물렀다. 사울은 매일 다윗을 찾아다녔지만 하나님이 다윗을 사울의 손에 넘기지 아니하셨다. 다윗은 사울이 자기를 죽이려 오고 있는 것을 보고 십 광야의 호레쉬에 숨어 있었는데, 사울의 아들 요나단이 호레쉬에 있는 다윗에게 와서 다윗이 하나님을 굳게 의지하도록 격려하며 말했다.

"두려워하지 말게. 내 아버지 사울의 손이 자네에게 미치지 못할 거야. 자네는 이스라엘의 왕이 되고, 나는 자네 다음 가는 사람이 되리라는 것을 내 아버지 사울도 알고 있네."

두 사람은 주님 앞에서 언약을 맺었다. 그러고서 요나단은 자기 집으로 돌아가고, 다윗은 호레쉬에 머물렀다.

십 사람들이 다윗이 있는 곳을 사울에게 보고하다 (삼상 23:19-29)

십 사람들이 기브아에 있는 사울에게 가서 말했다.

"다윗이 우리 땅 여시몬 남쪽의 하길라 산 위에 있는 호레쉬 요새에 숨어 있지 않습니까? 왕께서 어느 때든 내려오십시오. 우리가 그를 왕의 손에 넘겨 드리겠습니다."

"너희가 내게 자비를 베풀었으니 주께 복을 받길 바란다. 가서 그가 어디에 숨었으며, 그가 그곳에 있는 것을 누가 보았는지 알아보라. 그는 매우 기민하다고 들었기 때문이다. 다윗이 숨는 곳을 모두 정탐한 후에 내게 보고하라. 그러면 내가 너희와 함께 가겠다. 그가 그곳에 있다면 내가 유다의 몇천 명 중에서라도 찾아내고야 말겠다."

이리하여 십 사람들은 사울보다 먼저 십으로 갔다.

십 사람들이 사울에게 가서
'다윗이 우리가 있는 곳에 숨어 있지 않습니까?'라고 말하던 때 다윗이 지은 시(시 54)

♪ 하나님, 주님의 이름으로 나를 구원하시고, 주님의 능력으로 나를 변호하소서. 하나님, 내 기도를 들으시고 내 입의 말에 귀 기울이소서. 낯선 자들이 나를 대적하여 일어나고, 포악한 자들이 내 목숨을 노리고 있습니다. 그들은 하나님을 자기 앞에 두지 않습니다. (셀라)

그러나 보라. 하나님은 나를 도우시고, 주께서 내 생명을 붙드신다.

주께서 내 원수들에게 악으로 갚으셔서 그들을 진실로 파멸시키소서. 주님은 선하셔서 나를 모든 환난에서 구원하셨고, 내 눈으로 내 원수들의 멸망을 보게 하셨으니, 내가 주께 자원하여 제물을 드리며 주님의 이름을 찬양하겠습니다. ♬

이때 다윗과 그의 부하들은 여시몬 남쪽 아라바에 있는 마온 광야에 있었다. 사울과 그의 부하들이 다윗을 찾아다녔지만, 다윗은 그 소식을 이미 들었으므로 바위 쪽으로 내려가 마온 광야에 머물렀다. 사울이 이 사실을 전해 듣고, 다윗을 추격하여 마온 광야로 갔다. 사울은 산 이쪽으로 가고, 다윗과 그의 부하들은 산 저쪽으로 갔다. 사울과 그의 부하들이 다윗과 그의 부하들을 포위해 잡으려

했으므로 다윗은 사울을 피해 서둘러 움직였다. 그때 어떤 사람이 사울에게 와서 보고했다.

"빨리 오십시오. 블레셋 사람들이 우리 땅을 침략했습니다."

사울은 다윗을 쫓다 말고 블레셋 사람들과 싸우기 위해 돌아갔다. 그리하여 사람들이 이곳을 '셀라하마느곳'[21]이라고 불렀다. 다윗은 그곳을 떠나 엔게디 요새에 머물렀다.

다윗이 사울을 피하여 동굴에 있을 때 지은 시 (시 57)

♪ 하나님, 내게 자비를 베푸소서. 내 영혼이 주께 피하고, 환난이 지날 때까지 내가 주의 날개 그늘 아래로 피하오니 내게 자비를 베푸소서. 지극히 높으신 하나님께, 나를 위해 모든 것을 이루시는 하나님께 내가 부르짖습니다.

그가 하늘에서 자비와 진실을 보내어 나를 구원하시되, 나를 짓밟는 자들의 비방에서 구원하실 것입니다. (셀라)

내 영혼이 사자들 가운데 살며 사람을 삼키는 자들 가운데 잠들었으니, 그들의 이는 창과 화살 같고 그들의 혀는 날카로운 칼 같습니다.

하나님, 하늘 높이 높임 받으소서. 주의 영광이 온 땅 위에 나타나게 하소서.

---

21. '분리하는 바위'라는 뜻.

사람들이 내 발 앞에 덫을 쳐놓고 내 목숨을 노렸으며 내 앞에 물 웅덩이를 파놓았지만 그들이 그곳에 빠졌습니다. (셀라)

하나님, 내 결심이 섰습니다. 내 결심이 섰으니 내가 노래하고 찬양하겠습니다. 내 영혼아, 깨어나라. 비파와 수금아, 깨어나라. 내가 새벽을 깨우리라.

주님, 주님의 자비가 하늘만큼 크고 주님의 진실이 구름만큼 많으므로, 내가 백성 가운데 주께 감사드리며 여러 민족 가운데 주를 찬양하겠습니다.

하나님, 하늘 높이 높임 받으소서. 주의 영광이 온 땅 위에 나타나게 하소서. ♫

다윗이 엔게디 동굴에서 사울을 살려 주다 (삼상 24:1-22)

사울이 블레셋 사람들을 물리치고 난 뒤 누군가가 사울에게 와서 다윗이 엔게디 광야에 있다고 전했다. 그래서 사울은 온 이스라엘에서 3천 명을 뽑아 그들을 데리고 다윗과 그의 부하들을 찾으러 갔다. 그들이 '들염소 바위' 근처를 수색할 때, 사울이 길가에 있는 양 우리에 이르렀고, 그곳에 마침 동굴이 있어 잠을 자려고[22] 동굴로 들어갔다. 그런데 다윗과 그의 부하들이 그 동굴 안쪽 더 깊은 곳에 앉아 있었다. 다윗의 부하들이 다윗에게 말했다.

---

22. 삿 3:24 참조. 히브리어 사본은 '발을 덮으려고'이고 70인역은 '준비하려고'인데 '용변을 보려고'로도 해석된다.

"오늘이야말로 주님이 당신에게 '네 원수를 네 손에 넘긴다'고 말씀하신 바로 그날입니다. 이제 마음대로 하십시오."

다윗은 사울에게 다가가 그의 겉옷자락을 몰래 잘라 내었다. 그런 뒤 사울의 옷자락을 잘라 낸 것으로 양심에 가책을 느껴 자기 부하들에게 말했다.

"사울은 주님이 기름 부으신 자이므로, 주님이 기름 부으신 내 주인을 내 손으로 해치는 것은 주님이 내게 금지시킨 일이다."

다윗은 자기 부하들을 꾸짖고 사울을 해치지 못하게 했다. 사울은 일어나 동굴을 나가 자기 길을 갔다. 조금 뒤 다윗도 동굴에서 나와 사울 뒤에서 소리쳤다.

"내 주 왕이여!"

사울이 뒤돌아보자 다윗이 몸을 굽혀 얼굴을 땅에 대고 절했다. 다윗이 말했다.

"왕은 어찌하여 '다윗이 왕을 해치려 한다'고 하는 사람들의 말을 곧이들으십니까? 주님이 오늘 동굴에서 왕을 내 손에 맡기신 것을 보십시오! 어떤 이는 '왕을 죽이라'고 했으나, 나는 왕을 아껴 '그는 주님이 기름 부으신 자이므로 내 손으로 왕을 해치지 않겠다'고 말했습니다. 내 아버지여, 보십시오. 내 손에 들고 있는 왕의 옷자락을 보십시오. 나는 왕의 옷자락만 잘라 내고 왕을 죽이지는 않았습니다. 이제는 내가 왕에게 악을 행하거나 반역하지 않으며 범죄하지 않는다는 것을 아시겠지요. 그런데도 왕은 나를 죽이려고 찾아다니고 있으니, 주님이 나와 왕 사이에 옳고 그름을 가려 주어 왕에게 벌을 내리실지언정, 내 손으로 왕을 해치지는 않겠습니다. 옛 속담에 '악은 악인에게서 나온다'는 말이 있으니, 나는 왕을 해치지 않겠습니다.

이스라엘의 왕이 누구를 잡으려고 나오셨습니까? 왕이 뒤쫓고 있는 사람이 누구입니까? 죽은 개를 잡으려고 나오셨습니까? 벼룩을 뒤쫓고 계십니까? 그러므로 주님께서 재판관이 되어 나와 왕 사이에 옳고 그름을 가려 주시길 빕니다. 주님께서 나의 억울함을 보고 판단하여 나를 왕의 손에서 구해 주시길 소원합니다."

"내 아들 다윗아, 이것이 정말 네 목소리냐?"

사울이 크게 소리 내어 울었다.

"너는 나를 선하게 대했는데 나는 너를 괴롭혔으니, 네가 나보다 의롭구나. 주님이 오늘 나를 네 손에 넘기셨는데도 너는 나를 죽이지 않았으니, 네가 오늘 나를 선하게 대했음을 보여 주었다. 자기 원수를 만났는데도 좋게 보내는 사람이 누가 있겠느냐? 네가 오늘 내게 행한 대로, 주님이 네게 선으로 갚으실 것이다. 너는 틀림없이 왕이 될 것이고, 이스라엘 나라가 네 손에서 세워지리라는 것을 나는 알고 있다. 그러므로 이제 너는 내 자손을 죽이지 않을 것이며 내 아버지의 집에서 내 이름을 없애지 않겠다고 맹세해 다오."

다윗은 사울에게 맹세했다. 사울은 자기 집으로 돌아갔고, 다윗과 그의 부하들은 요새로 올라갔다.

한편 사무엘이 세상을 떠나[23] 모든 이스라엘 사람들이 모였다. 그리고 사무엘을 위해 애곡하고 라마에 있는 그의 집에서 장사를 지냈다. 다윗은 바란 광야로 내려갔다.[24]

♪ 주님, 저는 가난하고 궁핍하오니 내게 귀 기울이시고 응답하소서.[25] 저는 경건하오니 내 영혼을 보호하소서. 나의 하나님, 주님을 의지하는 주의 종을 구원하소서. 주님, 주께 온종일 부르짖으오니 내게 은혜를 베푸소서. 주님, 내 영혼이 주님을 우러러보오니, 주의 종의 영혼을 기쁨으로 채우소서. 주님은 선하시며 기꺼이 용서해 주시고, 주께 부르짖는 모든 사람에게 한없이 자비를 베푸시는 분입니다. 주님, 내 기도에 귀 기울이시고, 내가 간구하는 소리를 들으소서. 내가 환난을 당했을 때 주께 부르짖었더니 주께서 내게 응답해 주셨습니다.

주님, 신들 가운데 주님과 같은 신은 없고 어떤 신도 주님이 하신 일과 같은 일을 하지 못했습니다. 주님이 지으신 모든 민족이 와서, 주께 경배하며 주님의 이름에 영광을 돌릴 것입니다. 주님은 위대하

---

23. 그의 나이 88세 때.
24. 다윗은 자신의 정신적 지주였던 사무엘이 죽었으므로 하나님만 의지하고 기도하기 위해 바란 광야로 갔을 것.
25. 다윗은 흉년을 맞아 600여 명의 부하들이 먹을 음식이 부족해져 궁핍을 겪고 있었다.

셔서 놀라운 일을 행하시니, 주님만이 홀로 위대한 하나님이십니다.

주님, 주님의 길을 내게 가르치소서. 내가 주님의 진리대로 살겠으며, 내 마음이 즐거워하며 주님의 이름을 경외하겠습니다. 주 나의 하나님, 내가 마음을 다하여 주께 감사드리며, 영원토록 주님의 이름을 영화롭게 하리니, 주님은 내게 너무도 인자하셔서, 내 영혼을 깊은 스올에서 건지셨기 때문입니다.

하나님, 오만한 자들이 나를 치려고 일어나며, 포악한 무리가 내 목숨을 노립니다. 그들은 자기 앞에 주님을 두지 않습니다. 그러나 주님, 주님은 자비롭고 은혜로우시며 노하기를 더디하시며, 인자와 진실이 풍성한 하나님이시니, 내게로 얼굴을 돌리시고, 내게 은혜를 베푸소서. 주님의 종에게 주님의 힘을 주시고, 주님의 여종의 아들을 구원하소서. 은총의 표적을 내게 만들어 주소서. 그리하면 주님, 주님이 저를 돕고 위로하셨으므로 나를 미워하는 자들이 보고 부끄러워할 것입니다. ♬

나발이 죽고 아비가일이 다윗의 아내가 되다 (삼상 25:2-44)

마온에 어떤 사람이 있었다. 그는 갈멜에 목장을 가지고 있는 큰 부자였고, 양 3천 마리와 염소 1천 마리를 가지고 있었다. 그가 갈멜에서 자기 양의 털을 깎고 있었다. 그 사람의 이름은 나발이며 갈렙 자손이고, 그의 아내 이름은 아비가일이었다. 그 아내는 지혜롭고 아름다운 여자였지만 그 남편은 완고하고 악한 사람이었다. 다윗은 나발이 양의 털을 깎고 있다는 소식을 광야에서 들었으므로 청년 열 명을 나발에게 보내며 말했다.

"갈멜로 가서 나발을 만나 내 이름으로 인사하고 이렇게 말해라. '당신과 당신 집안이 평안하고 당신의 모든 소유가 번창하기를 빕니다. 당신이 양털을 깎고 있다는 소식을 내가 지금 들었습니다. 당신의 목자들이 우리와 함께 있을 때, 우리는 그들을 조금도 해치지 않았고, 그들이 갈멜에 있는 동안 아무것도 도둑맞지 않았습니다. 당신의 종들에게 물어보면 그들이 그 사실을 말해 줄 것입니다. 우리가 이 좋은 날에 왔으니, 당신의 종들과 당신의 아들 다윗에게 당신이 가지고 있는 것을 좀 주시기 바랍니다.'"

다윗의 부하들이 나발에게 가서 다윗의 말을 전하자 나발이 답했다.

"다윗이 누구냐? 이새의 아들이란 자가 누구냐? 요즘 자기 주인에게서 도망치는 종들이 많다던데,[26] 내가 어찌 내 빵과 물과, 양털 깎는 종에게 주려고 잡은 짐승의 고기를 가져다가, 어디에서 왔는지 알지도 못하는 자들에게 줄 수 있겠느냐!"

다윗의 부하들은 돌아가 나발이 한 말을 다윗에게 그대로 전했다. 다윗이 말했다.

"칼을 차라."

---

26. 역시나 흉년에 굶주린 종들이 주로 도망쳤을 것.

그들은 명령대로 칼을 찼다. 다윗도 칼을 찼다. 4백여 명이 다윗과 함께 떠났고, 2백 명은 남아서 그들의 소유물을 지켰다. 나발의 한 종이 나발의 아내 아비가일에게 말했다.

"다윗이 우리 주인에게 문안 인사 하려고 광야에서 사람들을 보냈는데, 주인은 그들에게 욕을 하고 보냈습니다. 그들은 우리에게 무척 잘해 주었습니다. 우리가 그들과 함께 들에 있는 동안, 그들은 우리를 조금도 해치지 않았고 우리 것을 아무것도 훔치지 않았습니다. 우리가 양떼를 치는 모든 기간 동안 그들은 밤낮으로 우리를 보호해 주었고 우리의 담이 되어 주었습니다. 그러므로 이제 어떻게 해야 할지 잘 생각해 보십시오. 다윗은 우리 주인과 주인 집안을 모조리 해치기로 이미 결심했습니다. 주인은 고약한 사람이라, 아무도 그에게 말을 붙일 생각조차 못하고 있습니다."

아비가일은 급히 서둘러 빵 200덩이와 포도주 두 가죽 부대와 요리한 양 다섯 마리와 볶은 곡식 다섯 세아[약 36리터]와 건포도 100송이와 무화과 뭉치 200덩이를 준비하여 나귀 등에 실은 후 자기 종들에게 말했다.

"나보다 먼저 가거라. 나는 뒤따라가겠다."

아비가일은 이 사실을 자기 남편에게는 알리지 않았다. 그녀가 자기 나귀를 타고 산골짜기로 내려가다가 맞은편에서 내려오고 있던 다윗과 그의 부하들을 만났다. 그때 다윗은 이렇게 말하고 있었다.

"내가 광야에서 나발의 재산을 지켜 주고, 어떤 것도 도둑맞지 않게 보살펴 준 것이 다 헛되구나! 그는 내게 선을 악으로 갚았다. 내가 내일 아침까지 그에게 속한 사람들 가운데서 벽에 오줌 누는 놈[27]을 한 놈이라도 살려 둔다면 하나님께 무슨 벌이라도 받겠다."

아비가일은 다윗을 보고 급히 나귀에서 내려 얼굴을 땅에 대고 절했다. 그리고 그의 발 앞에 엎드려 간청했다.

"내 주여, 모든 것은 내 잘못입니다. 이 여종이 한 말씀 드리오니 제발 들어주소서. 내 주여, 아무 쓸모없는 나발에게 신경 쓰지 마소서. 나발[28]은 그 이름처럼 정말 어리석은 사람입니다. 하지만 주의 여종인 저는 주가 보낸 청년들을 보지 못했습니다. 주님이 살아 계시고, 당신도 살아 계시거니와 당신이 친히 손으로 피를 흘려 복수하는 것을 주님이 막으셨습니다. 이제 당신의 원수들과 내 주 당신을 해치려는 자들은 나발처럼 될 것입니다. 당신의 여종이 내 주께 선물을 가지고 왔으니 내 주를 따르는 청년들에게 주시고 당신의 여종의 잘못을 용서하소서.

당신은 주님의 전쟁을 싸우고 있으며, 당신이 사는 날 동안, 백성은 당신에게서 아무런 흠도 찾지 못할 것입니다. 그러므로 주님은 틀림없이 당신 집안을 든든히 세우실 것입니다. 당신을 죽이려고 쫓아다니는 사람이 있을지라도, 내 주의 생명은 당신의 주 하나님과 함께 생명싸개 속에 싸여 있을 것이요, 당신의 원수들의 생명은 주

---

27. 남자들을 가리킴.
28. '어리석은 자'라는 뜻.

님이 물맷돌을 던지듯 내던져 버리실 것입니다. 주님은 당신에게 약속한 선한 일을 다 지켜 당신을 이스라엘의 지도자로 삼으실 것입니다. 그때에 당신은 무죄한 자의 피를 흘렸다든지 친히 원수를 갚음으로써 그것이 내 주께 혐오스러운 것이 되거나 비난거리가 되지 않아야 하지 않겠습니까? 다만, 하나님이 내 주를 선하게 대우하실 때, 이 여종의 선행을 부디 기억하소서."[29]

다윗이 아비가일에게 말했다.

"오늘 당신을 보내 나를 맞이하게 하신 이스라엘의 주 하나님을 찬양하오. 당신의 권면으로 내가 오늘 사람을 죽이거나 원수를 갚지 않게 되었으니, 당신이 복을 받기 바라오. 내가 당신을 해치지 못하게 주님이 막으셨으니, 만약 당신이 나를 맞으러 빨리 오지 않았다면, 이스라엘의 주 하나님께 맹세하지만 내일 아침까지 나발의 집에 있는 사람 중 살아남을 사람은 아무도 없었을 것이오."

다윗은 그녀가 가지고 온 것을 받으며 이렇게 말했다.

"평안히 집으로 가시오. 당신 말을 잘 들었소. 당신이 부탁한 대로 하겠소."

아비가일이 나발에게 돌아와 보니, 그는 집에서 왕 같은 잔치를 열어 놓고 기분 좋게 술에 잔뜩 취해 있었다. 그래서 그녀는 이튿날 아침까지 나발에게 아무 말도 하지 않았다. 이튿날 아침, 나발

---

29. 아비가일은 다윗의 정체성을 상기시켜 복수를 막았다.

이 술에서 깨어났을 때 그의 아내는 이 일을 말해 주었다. 그러자 그는 살 의욕을 잃고 몸이 돌처럼 굳어 버렸다. 열흘쯤 지난 뒤, 주님이 나발을 치시니 그가 죽게 되었다. 나발이 죽었다는 소식을 듣고 다윗이 말했다.

"내가 나발에게 받은 모욕을 주께서 갚으셨으니 주님을 찬양하여라! 주님은 내가 악을 행하지 않게 막으셨고 나발의 악행을 직접 갚으셨다."

그 후 다윗은 아비가일에게 사람을 보내 그녀를 자기 아내로 삼고 싶다는 말을 전했다. 다윗의 부하들이 갈멜로 가서 아비가일에게 말했다.

"다윗 어른께서 당신을 아내로 삼으시려 우리를 당신에게 보냈습니다."

아비가일은 일어나 얼굴을 땅에 대고 절하며 말했다.

"당신의 여종이 내 주의 종들의 발까지도 기꺼이 씻어 드리겠습니다."

아비가일은 급히 일어나 나귀를 타고, 여종 다섯 명을 데리고 다윗의 부하들과 함께 가서 다윗의 아내가 되었다.[30] 다윗은 이스르엘 사람 아히노암과도 결혼하여 두 사람 모두 다윗의 아내가 되었다.

사울은 다윗의 아내였던 자기 딸 미갈을 갈림 사람 라이스의 아

---

30. 궁핍했던 다윗은 나발의 많은 재산으로 600명의 부하를 부양할 수 있었다.

들 발디에게 주었다.

다윗이 하길라에서 사울을 살려 주다 (삼상 26:1-25)

십 사람들이 기브아에 있는 사울을 찾아가 말했다.

"다윗이 여시몬 맞은편의 하길라 산에 숨어 있지 않습니까?"

사울은 이스라엘에서 3천 명을 뽑아 거느리고서 십 광야로 내려가 다윗을 찾으려고 수색했다. 그는 여시몬 맞은편에 있는 하길라 산 길가에 진을 쳤다. 다윗은 광야에 머물러 있다가 사울이 자기를 뒤쫓아 왔다는 소식을 듣고 정탐꾼을 보내 사울이 가까이 왔다는 사실을 확인했다. 다윗은 사울이 진을 치고 있는 곳으로 가서 사울과 넬의 아들 아브넬 군대 사령관이 있는 곳을 보았다. 사울은 진영 한가운데서 잠을 자고 있었고, 군대가 사울을 둘러싼 채 진치고 있었다. 다윗이 헷 사람 아히멜렉과 스루야의 아들이자 요압의 동생인 아비새에게 물었다.

"누가 나와 함께 사울의 진영으로 내려가겠느냐?"

"제가 가겠습니다."

아비새가 대답했다. 그날 밤, 다윗과 아비새가 사울의 진영으로 가서 보니 사울이 진영 한가운데서 자고 있었고, 그의 창은 그의 머리 가까운 곳에 꽂혀 있었다. 아브넬과 그의 군대도 사울을 둘러싸고 잠들어 있었다. 아비새가 다윗에게 말했다.

"하나님이 당신의 원수를 오늘 당신 손에 붙이셨습니다. 제가 지금 이 창으로 사울을 땅에 꽂아 버리고 말겠습니다. 두 번 찌를 것도 없이 단번에 해치우겠습니다."

"죽이지 마라. 주님이 기름 부으신 사람을 해치고도 벌받지 않을 사람이 있겠느냐? 주님의 살아 계심을 두고 맹세하지만, 주님이 직접 그에게 벌을 내리시거나 그가 죽을 때가 되어 죽거나 또는 전쟁에서 죽게 될 것이다. 주님이 기름 부으신 사람을 내가 직접 손을 들어 해치지 말라고 주께서 내게 금지하셨다. 자, 사울의 머리 가까이에 있는 창과 물병을 가지고 나가자."

다윗은 사울의 머리 가까이에 있는 창과 물병을 가지고 나갔다. 주님이 사울의 군대를 깊이 잠들게 하셨으므로, 다윗이 사울의 머리 곁에서 창과 물병을 가지고 떠났지만 아무도 보거나 알지 못했고 잠에서 깨는 사람도 없었다. 다윗은 맞은편으로 건너가 사울의 진영에서 멀리 떨어진 산 꼭대기에 서서 사울의 군대와 넬의 아들 아브넬을 향해 소리쳤다.

"아브넬아, 대답하지 아니할 것이냐?"

아브넬이 대답했다.

"왕을 부르는 너는 누구냐?"

"너는 용사가 아니냐? 이스라엘에 너 같은 용사가 누가 있느냐? 그런데 네 진영으로 내려가 네 주 왕을 죽이려 한 사람이 있었는데도 왜 너는 네 주 왕을 지키지 않았느냐? 네 잘못이 크다. 주께 맹세하는데, 너는 주님이 기름 부으신 네 주 왕을 지키지 못했으니 너와 네 부하들은 죽어 마땅하다. 왕의 머리 가까이에 있던 창과 물병이 어디 있는지 찾아보아라."

사울이 다윗의 목소리를 알아듣고 말했다.

"내 아들 다윗아, 이것이 네 목소리냐?"

"내 주 왕이여, 그렇습니다. 내 주여, 왜 주의 종을 뒤쫓고 계십니까? 내가 무슨 잘못을 했습니까? 내가 무슨 악을 저질렀습니까? 내 주 왕이여, 내 말을 들으소서. 만약 하나님이 왕을 충동해 나를 해치려 하신다면, 저는 기꺼이 제물이 되겠습니다. 그러나 만약 사람들이 왕을 충동해 나를 해치려 한다면, 그들은 주님으로부터 저주를 받을 것입니다. 그들은 나더러 '너는 가서 다른 신을 섬겨라' 하고 말했고, 오늘날 나를 쫓아내 주님이 주신 땅에서 살지 못하게 했기 때문입니다. 주님이 계신 곳에서 내가 멀리 떨어져 죽지 않게 해주십시오. 어찌하여 이스라엘의 왕이 산에서 메추라기 한 마리를 사냥하는 사람처럼, 벼룩 한 마리를 잡으러 나온 것과 같이 되셨습니까?"

"내가 죄를 지었구나, 내 아들 다윗아. 돌아오너라. 네가 오늘 내 생명을 아껴 주었으니 나도 네게 다시는 악을 행하지 않겠다. 내가 어리석었고, 크나큰 잘못을 저질렀구나."

"여기 왕의 창이 있습니다. 부하 한 사람을 보내어 가져가게 하십시오. 주님은 각 사람에게 그 의와 충성에 따라 보상해 주시므로, 주님이 오늘 왕을 내 손에 붙이셨으나 저는 주님이 기름 부으신 사람을 해치고 싶지 않았습니다. 내가 오늘 왕의 생명을 아껴 주었듯,

주님도 내 생명을 아껴 나를 온갖 환난에서 구해 주실 것입니다."

"내 아들 다윗아, 너는 복을 받을 것이다. 네가 큰 일을 하며 형통할 것이다."[31]

이에 다윗이 자기 길을 갔고, 사울도 집으로 돌아갔다.

다윗이 블레셋 가드로 망명하다 (삼상 27:1-4)

다윗은 마음속으로 생각했다.

'내가 언젠가는 사울의 손에 죽게 될지도 모르니 지금은 블레셋 땅으로 도피하는 것이 최선이야. 그러면 사울은 이스라엘 전국을 뒤지며 나를 계속 찾다가 포기할 것이고, 나는 그에게서 피할 수 있겠지'.

다윗과 그와 함께 있던 6백 명은 가드 왕 마옥의 아들 아기스에게로 갔다. 다윗과 그의 부하들은 그들의 가족을 데리고 가드에서 아기스와 함께 지냈다. 다윗은 두 아내 곧 이스르엘 여인 아히노암과 나발의 아내였던 갈멜 여인 아비가일과 살았다. 다윗이 가드로 도망갔다는 소식을 들은 사울은 다시는 그를 추격하지 않았다.

다윗이 시글락 마을을 다스리다 (BC 1012, 삼상 27:5-12)

어느 날 다윗이 아기스에게 말했다.

---

31. 사울이 다윗에게 마지막으로 한 말. 이후로 사울은 죽을 때까지 다윗을 보지 못한다.

"저를 좋게 여기신다면 시골 마을 중 하나를 내게 주어 내가 그곳에서 살게 해주십시오. 왕의 종이 어떻게 왕이 직접 다스리는 성에서 왕과 함께 살 수 있겠습니까?"

그날 아기스는 다윗에게 시글락 마을을 주었다. 시글락 마을은 그때부터 오늘날까지 유다 왕들의 땅이 되었다. 다윗은 블레셋 땅에서 1년 4개월 동안 살았다. 다윗과 그의 부하들은 나가서 그술 사람과 기르스 사람과 아말렉 사람을 습격하곤 했다. 왜냐하면 그들은 오래 전부터 술과 이집트로 가는 땅에서 살았기 때문이다. 다윗은 그들과 싸워 남자와 여자를 모두 죽이고 양과 소와 나귀와 낙타와 옷을 빼앗아 아기스에게 돌아왔다. 아기스가 다윗에게 물었다.

"오늘은 어디를 공격하였소?"

"유다의 네게브와 여라무엘의 네게브, 그리고 겐의 네게브입니다."[32]

다윗은 남자나 여자를 가리지 않고 죽여 가드로 데리고 오지 않았다. 그 이유는 '그들이 우리에 대하여 다윗은 원래 그랬고 블레셋에 사는 동안 늘 그렇게 했다고 이야기할지도 모른다'고 생각했기 때문이다. 아기스는 다윗을 믿었으며, '다윗은 자기 백성 이스라엘 사람들에게 심히 미움 받고 있으니 영원히 내 부하가 될 거야'라

---

32. 여라무엘은 유다 지파에 속한 사람들(삼상 30:29)이고, 겐은 다윗과 우호적인 사람들(삿 1:16; 삼상 15:6; 30:29)이었다. 다윗은 블레셋의 우방국을 공격했지만 그들이 아기스에게 고자질할까 봐 그들을 진멸했고, 아기스의 적인 유다 지방을 공격했다고 거짓 보고하여 아기스의 신뢰를 쌓아 갔다.

고 생각했다.

다윗이 기스의 아들 사울에게 쫓길 때 시글락으로 다윗에게 온
사람들은 다음과 같다. 그들은 싸움터에서 다윗을 도운 용사들로
서, 활을 가지고 다녔고 화살을 쏠 때나 물맷돌을 던질 때 오른손
과 왼손을 다 사용할 줄 알았다. 그들은 베냐민 출신으로 사울의 친
척이었다.[33] 그들의 우두머리는 아히에셀이고 그다음은 요아스인데,
두 사람 모두 기브아 사람 스마아의 아들이다. 아스마웻의 아들 여
시엘, 벨렛, 브라가와 아나돗 사람 예후도 그때의 용사들이다. 기브
온 사람 이스마야도 그때의 용사다. 이스마야는 '30인의 용사' 가운
데 한 명일 뿐만 아니라 그들의 지도자였다. 그밖에 예레미야, 야하
시엘, 요하난, 그데라 사람 요사밧, 엘루새, 여리못, 브아랴, 스마랴,
하룹 사람 스바댜, 고라 사람 엘가나, 잇시야, 아사렐, 요에셀, 야소
브암, 그돌 사람 여로함의 아들 요엘라, 스바댜가 있었다.

그해에 블레셋 사람들은 이스라엘과 전쟁하려고 군대를 소집했
다. 아기스가 다윗에게 말했다.

---

33. 사울의 친척도 사울의 인격과 독재정치로 인해 다윗에게 망명해 올 정도로 사울의 타락은
    심각했다.

"그대와 그대 부하들도 나와 한 부대가 되어 나가야 한다는 것을 명심하시오."

"왕의 종이 어떻게 행동하는지 알게 되실 것입니다."

"좋소. 그대를 영원히 내 호위대장으로 삼겠소."

사무엘이 이미 죽어서 모든 이스라엘 백성이 그를 위해 애곡하며 그의 고향 라마에 장사지낸 뒤였다. 그리고 사울이 이스라엘 땅에서 무당과 점쟁이를 쫓아낸 때였다. 그때에 블레셋 사람들이 와서 수넴에 진을 치자, 사울도 모든 이스라엘 사람들을 모아 길보아에 진을 쳤다. 하지만 블레셋 군대를 보고 두려워 마음이 몹시 떨렸다. 주님께 기도드렸으나, 주님은 꿈으로도, 우림으로도, 예언자로도 대답해 주지 않으셨다. 그래서 사울은 자기 신하들에게 명령했다.

"나를 위해 무당을 찾아보아라. 내가 그 여인에게 가서 물어봐야겠다."

신하들이 대답했다.

"엔돌에 무당이 있습니다."

사울은 다른 옷으로 갈아입고 변장을 한 채, 밤중에 신하 두 사람과 함께 무당을 만나러 갔다. 사울이 무당에게 말했다.

"나를 위해 주문을 외워, 내가 말하는 사람을 불러올려라."

그 여인이 대답했다.

"사울이 이 땅에서 무당과 점쟁이를 멸절시킨 줄 당신이 알면서 어찌하여 내 생명에 덫을 놓아 나를 죽이려 합니까?"

"주님께 맹세하지만, 네가 이 일을 했다고 해서 벌을 받지는 않을 것이다."

"누구를 불러올릴까요?"

"사무엘을 불러올려라."

그 여자는 사무엘이 올라온 것을 보고서 큰 소리로 사울 왕에게 말했다.

"왜 저를 속였습니까? 당신은 사울 왕입니다."

"두려워하지 마라. 무엇을 보았느냐?"

"땅에서 한 영이 올라오는 것을 보았습니다."

"그가 어떻게 생겼느냐?"

"겉옷을 입은 한 노인입니다."

사울은 그가 사무엘이라는 것을 알고 얼굴을 땅에 대고 엎드렸다. 사무엘이 사울에게 물었다.

"당신이 왜 나를 불러올려 귀찮게 하시오?"

"저는 큰 위기에 빠졌습니다. 블레셋 사람들이 내게 전쟁을 걸어왔는데 하나님은 저를 떠나서 예언자로도, 꿈으로도 대답해 주시지 않습니다. 그래서 당신을 불렀습니다. 내가 어떻게 해야 할지 알려 주시겠습니까?"

"내게 묻는 이유가 무엇이오? 주님은 당신을 버리고 당신의 적이 되셨소. 주님이 나를 통해 말씀하신 대로 이 나라를 당신 손에서 떼내어 당신의 이웃 다윗에게 주셨소. 당신이 주님의 음성에 순종하지 않고 주님의 진노를 아말렉 사람들에게 쏟지 않았기 때문에, 주님이 오늘 당신에게 이런 일이 일어나게 하신 것이오. 주님은 이스라엘도 당신과 함께 블레셋 사람들의 손에 넘기실 것이니, 당신과 당신의 아들들은 내일 나와 함께 있게 될 것이오. 주께서 이스라엘 군대를 블레셋 사람들의 손에 넘기실 것이오."

이 말을 듣자마자 사울은 땅에 쓰러져 버렸다. 사무엘의 말로 인해 그는 너무나 두려웠기 때문이다. 하루 종일 아무것도 먹지 않아 기력이 없기도 했다. 무당은 사울에게 와서 그가 심히 두려워하며 떨고 있는 모습을 보고 말했다.

"왕의 여종은 왕의 분부를 듣고서 목숨을 걸고 순종했습니다. 이제 왕께서도 이 여종의 말을 들어주십시오. 빵을 좀 드릴 테니 드시면 힘이 생겨 갈 길을 가실 수 있을 것입니다."

그러나 사울은 거절했다.

"먹지 않겠다."

사울의 신하들과 그 여자가 간청하자 사울이 그들의 말을 듣고 땅에서 일어나 침대 위에 앉았다. 그 여자의 집에는 살진 송아지가 있었는데 그녀가 급히 송아지를 잡고, 밀가루를 가져다가 반죽을 해서 누룩을 넣지 않은 빵을 만들었다. 그리고 사울과 그의 신하들 앞에 음식을 차려 놓으니, 그들이 먹고 그날 밤 일어나 길을 떠났다.

한편, 블레셋 사람들이 모든 군대를 아벡으로 집결시키자, 이스라엘은 이스르엘의 아인에 진을 쳤다. 블레셋 군주들은 수백 명과 수천 명씩 부대를 이끌고 행군했고, 다윗과 그의 부하들도 아기스와 함께 뒤에서 행군했다. 블레셋 지휘관들이 아기스에게 물었다.

"이 히브리 사람들은 뭐 하러 여기 온 것입니까?"

아기스가 대답했다.

"이 사람은 이스라엘 왕 사울의 신하 다윗이 아니오? 그가 한두 해 나와 함께 있었는데 망명해 온 후로 오늘까지 아무런 흠이 없었소."

그러나 블레셋 군주들은 아기스에게 화를 내며 말했다.

"그를 돌려보내 왕께서 그에게 지정해 준 곳으로 가게 해주십시오. 우리와 함께 전쟁하러 가지 않게 해주십시오. 그가 전쟁터에서 우리의 적이 될까 두렵습니다. 그가 무엇으로 자기 주인과 다시 화해할 수 있겠습니까? 우리 군인들의 머리가 아니겠습니까? 그는 이스라엘 사람들이 춤을 추면서 ♪ 사울이 죽인 자는 수천 명이요, 다윗은 수만 명이라네 ♬ 하고 노래하던 바로 그 다윗이 아닙니까?"

그래서 아기스는 다윗을 불러 말했다.

"주님께 맹세하지만 당신은 정직하여 내게 온 날부터 오늘까지 나는 당신에게서 어떤 허물도 발견하지 못했소. 나는 당신이 내 군대와 함께 행군하는 것을 좋게 생각했는데 다른 군주들은 그렇지 않으니, 이제 평안히 돌아가시오. 블레셋 군주들의 눈에 거스르는 일을 하지 않길 바라오."

"내가 무슨 잘못을 했습니까? 내가 당신에게 온 날부터 지금까지 무슨 나쁜 일을 했기에 내 주 왕의 적과 싸우면 안 됩니까?"

"나는 그대가 하나님의 천사와도 같이 좋다고 여기오. 하지만 블레셋 지휘관들이 그대와 함께 전쟁터에 나가지 않겠다고 하니, 그대가 데리고 있는 옛 주인의 종들과 더불어 내일 아침 일찍 일어나 날이 밝아지면 떠나시오."

그리하여 다윗과 그의 부하들은 아침 일찍 일어나 블레셋 땅으로 돌아갔고, 블레셋 사람들은 이스르엘로 올라갔다.

다윗이 아말렉을 쳐부수고 시글락을 구하다 (삼상 30:1-31)

다윗과 그의 부하들이 삼 일 만에 시글락에 돌아왔을 때는 아말렉 사람들이 네게브와 시글락을 침략하고 떠난 뒤였다. 그들은 시글락을 습격하여 불태우고 그곳에 있는 여자나 어린아이나 노인 할 것 없이 모든 사람을 사로잡아 한 사람도 죽이지 않고 끌고 갔다. 다윗과 그의 부하들이 시글락에 와서 보니, 마을은 불타 버렸고 아내들과 아들 딸들이 사로잡혀 가버리고 없었다. 다윗의 두 아내 이스르엘 여인 아히노암과 나발의 아내였던 갈멜 사람 아비가일도 사로잡혀 갔다. 다윗과 그의 부하들은 큰 소리로 울었다. 너무 울어서 더 울 힘이 없을 정도였다. 다윗의 부하들은 자기 아들 딸들이 사로잡혀 갔기에, 마음이 아파 다윗을 돌로 쳐죽이자고 했다. 다윗은 너무나 고통스러웠지만 자신의 주 하나님을 믿고 용기를 얻었다. 다윗이 아히멜렉의 아들인 제사장 아비아달에게 말했다.

"에봇을 가지고 오너라."

아비아달이 다윗에게 에봇을 가져오자 다윗은 주님께 기도드렸다.

"제가 이 군대를 뒤쫓을까요? 제가 그들을 따라잡을 수 있겠습니까?"

주님이 대답하셨다.

"그들을 뒤쫓아라. 네가 틀림없이 그들을 따라잡고, 사람들을 구할 것이다."

다윗과 그의 부하 600명은 출발하여 브솔 골짜기에 이르렀다. 다윗의 부하 중 200명은 너무 지쳐서 브솔 골짜기를 건너지 못했다. 그래서 다윗은 그들을 그곳에 남겨 두고 400명을 거느리고 추격했다. 다윗의 부하들이 들에서 어떤 이집트 사람을 발견하고서 그를 다윗에게 데리고 왔다. 그들은 그에게 빵을 주어 먹게 했다. 또 물을 주어 마시게 하고 무화과 뭉치 한 개와 건포도 두 송이도 주었다. 그는 그것을 먹고 정신을 차렸다. 그는 밤낮 삼 일 동안 빵도 못 먹고 물도 마시지 못했었다. 다윗이 그에게 물었다.

"네 주인은 누구이며, 너는 어디서 왔느냐?"

"저는 이집트 사람이며 아말렉 사람의 종입니다. 삼 일 전에 제가 병이 들자, 주인이 저를 버렸습니다. 우리는 그렛 사람들의 네게브와 유다 땅과 갈렙 사람들의 네게브를 침략하고 시글락도 불태웠습니다."

"나를 그 부대로 안내해 주겠느냐?"

"저를 죽이거나 내 주인의 손에 넘기지 않겠다고 하나님 앞에서 맹세하면 당신을 그 군대로 안내하겠습니다."

그는 다윗을 아말렉 사람들이 있는 곳으로 안내했다. 아말렉 사람들은 블레셋과 유다 땅에서 빼앗은 많은 전리품으로 먹고 마시며 잔치를 벌이고 있었다. 다윗은 그다음 날 새벽부터 저녁까지 그들을 공격했고 아말렉 사람들은 낙타를 타고 달아난 400명 외에는 아무도 살아남지 못했다. 다윗은 자신의 두 아내를 비롯해 아말렉 사람들이 빼앗아 갔던 모든 것을 되찾았다. 그들이 약탈했던 모든 것, 곧 어린이와 노인, 아들딸들, 그리고 값진 물건 등을 되찾고 양떼와 소떼도 모두 빼앗았다. 다윗의 부하들은 양떼와 소떼를 몰고 가면서 "이것은 다윗의 전리품이다!" 하고 말했다.

다윗이 브솔 골짜기에 이르니, 전에 다윗을 따를 수 없을 만큼 지쳐 그곳에 머물던 200명의 부하들이 다윗과 다른 부하들을 맞으러 나왔다. 다윗은 그들에게 가서 안부를 물었다. 그런데 다윗의 부하들 중 악하고 불량한 이들이 말했다.

"이들은 우리와 함께 가지 않았으니 우리가 가지고 온 전리품 중 어떤 것도 주지 말고 자기 아내와 자식들만 데리고 가게 해야 합니다."

다윗이 말했다.

"내 형제들아, 그렇게 하면 안 된다. 주님이 우리를 지켜 주셨고 우리를 치러 온 군대를 우리 손에 넘겨주셨는데, 주께서 우리에게 주신 것을 가지고 그렇게 하면 되겠느냐? 누가 이 일에 관해 너희 말을 들어 주겠느냐? 싸우러 나간 사람이나 남아서 물건을 지킨 사람이나 똑같이 나누어야 한다."[34]

이때부터 다윗이 이 정한 것을 이스라엘의 명령과 규칙으로 삼았고, 이것은 오늘날까지 그대로 지켜지고 있다. 시글락으로 돌아온 다윗은 전리품 중 일부를 자기 이웃인 유다 장로들에게 보냈고, 벧엘, 네게브의 라못, 얏딜, 아로엘, 십못, 에스드모아, 라갈, 여라무엘 사람의 성읍, 겐 사람의 성읍, 호르마, 고라산, 아닥, 헤브론에 있는 사람들에게 각각 선물로 보냈다. 또 자기와 자기 부하들이 거쳐 갔던 모든 곳에도 선물로 보내어 "주님의 원수들에게서 빼앗은 전리품 중 일부를 여러분에게 선물로 드립니다"라는 말을 전하게 했다.

므낫세 지파 사람들이 다윗 편이 되다 (대상 12:19-22)

다윗이 블레셋 사람들과 함께 사울과 싸우려 나갔으나 블레셋 군주들이 '그는 우리 머리를 가지고 자기 주인 사울에게 항복할 것이다'라고 말하며 서로 의논한 뒤 그를 돌려보냈으므로, 다윗과 그의 부하들은 블레셋 사람들을 돕지 못했다. 다윗이 시글락으로 돌아갈 때 므낫세 지파 가운데서 다윗을 따라온 사람들이 있었다. 므낫세 지파 사람들 중 다윗을 따른 사람들은 아드나, 요사밧, 여디아엘,

---

34. 다윗은 전리품이 자기 것이 아니라 '주께서 주신 것'이라고 인식하여, 필요로 하는 사람에게 나누어 주었다.

미가엘, 요사밧, 엘리후, 실르대이다. 그들은 므낫세 지파의 천부장들이며 모두 용사들이었다. 그들은 다윗을 도와 온 나라를 휘젓고 다니는 도적들과 싸웠다. 그들 모두는 다윗 군대의 장군이 되었다.

날마다 더 많은 사람들이 다윗을 따랐으므로 그의 군대는 하나님의 군대와 같은 큰 군대가 되었다.

사울과 요나단의 죽음 (삼상 31:1-삼하 1:27; 대상 10:1-14)

블레셋이 이스라엘을 공격하자 이스라엘 사람들이 블레셋 사람들 앞에서 도망치다가 길보아 산에서 칼에 찔려 쓰러져 죽었다. 블레셋 사람들이 사울과 그의 아들들을 뒤쫓아 가서 사울의 아들 요나단과 아비나답과 말기수아를 쳐죽였다. 전쟁은 사울에게 불리하게 돌아갔다. 활 쏘는 사람들이 화살로 사울을 맞춰 사울이 큰 부상을 당했다. 사울은 자기 무기를 들고 다니는 부하에게 말했다.

"네 칼을 뽑아서 나를 찔러라. 저 할례 받지 않은 자들이 와서 나를 찌르고 치욕을 주지 못하게 하여라."

그러나 그의 무기를 든 자가 너무도 두려워하여 감히 그를 찌르지 못하자 사울은 자기 칼을 뽑아 세우고 그 위에 몸을 던졌다. 무기를 든 자가 사울이 죽은 것을 보고 자신의 칼 위에 몸을 던져 그와 함께 죽었다. 그리하여 사울과 그의 세 아들과 그의 무기를 든 자와 그의 모든 부하들이 그날 함께 죽었다.

이스르엘 골짜기 맞은편과 요단 강 건너편에 살고 있던 이스라엘 사람들은, 이스라엘 군인들이 도망치는 것과 사울과 그의 세 아들이 죽은 것을 보고 마을을 버리고 달아났다. 그래서 블레셋 사람들이 그곳을 점령했다.[35]

이튿날, 블레셋 사람들이 죽은 자들의 물건을 거두러 왔다가, 사울과 그의 세 아들이 길보아 산 위에서 죽어 있는 것을 발견했다. 그들은 사울의 머리를 베고 갑옷을 벗긴 뒤 블레셋 모든 땅에 사람들을 보내 자신들의 신전과 백성들에게 그 소식을 전했다. 그들은 사울의 갑옷을 아스다롯 신전에 두고, 그의 머리를 다곤 신전에 두었으며, 사울의 시체는 벧산 성벽에 매달았다.

블레셋 사람들이 사울에게 행한 일을 길르앗 야베스 주민들이 듣고 그들의 용사들이 모두 일어나 밤새도록 행군하여 사울과 그의 아들들의 시체를 벧산 성벽에서 내렸다. 그리고 야베스로 돌아와 화장하고 그 뼈를 야베스에 있는 상수리나무 아래에 묻고 7일 동안 금식했다.[36]

사울은 자기 죄로 인해 죽임을 당했다. 그는 주님을 불신하여 주님의 말씀을 거역하고 그 말씀에 순종하지 않았다. 그는 주님께 묻지 않고 무당의 가르침을 받으려 했으므로, 주님은 사울을 죽이고 그 나라를 이새의 아들 다윗에게 주셨다.

사울이 죽은 후였다. 다윗이 아말렉 사람들을 물리치고 시글락

---

35. 이스라엘 땅이 40년 만에 다시 블레셋의 식민지가 되어 노략질당한 것.
36. 야베스 백성들이 은혜를 갚은 것(삼상 11:1-15 참조).

으로 돌아와 이틀 동안 머물렀다. 삼 일째 되던 날, 어떤 사람이 사울의 진영에서 왔는데, 그의 옷은 찢겨져 있고 머리에는 흙을 뒤집어쓰고 있었다. 그가 다윗 앞에 나와 얼굴을 땅에 대고 절했다. 다윗이 그에게 물었다.

"어디에서 왔느냐?"

"이스라엘 진영에서 도망 왔습니다."

"어떻게 된 일인지 말해 보아라."

"군인들이 전쟁터에서 도망쳤고, 많은 사람들이 죽었습니다. 사울 왕과 그의 아들 요나단도 죽었습니다."

"사울 왕과 그의 아들 요나단이 죽었다는 것을 네가 어떻게 아느냐?"

"우연히 길보아 산에 올라가 보니 사울 왕이 자기 창 위에 쓰러져 있고 블레셋 사람들의 전차와 기병이 그에게 가까이 오고 있었습니다. 그는 뒤를 돌아보다가 나를 보고 불렀습니다. 그래서 '제가 여기에 있습니다' 하고 대답했더니, 사울 왕이 '너는 누구냐?'라고 물었습니다. '아말렉 사람입니다' 하고 대답하자, 사울 왕이 '이리 와서 나를 죽여 다오. 고통이 너무 심한데도 내 목숨이 아직 붙어 있구나'라고 말했습니다. 그래서 가까이 가서 그를 죽였습니다. 보기에도, 쓰러져 살아날 가망이 없었기 때문이지요. 그리고 나서 그의 머리에서 왕관을 벗겨 내고 팔에서 팔찌를 벗겨 여기 내 주께 가지고 왔습니다."

다윗이 자기 옷을 찢으니 그와 함께 있던 사람들도 모두 옷을 찢었다. 그들은 사울과 그의 아들 요나단과 주님의 백성과 이스라엘 사람들이 칼에 맞아 죽은 것을 생각하고 애곡하며 저녁때까지 금식했다. 다윗이 이 소식을 가지고 온 청년에게 물었다.

"너는 어디 출신이냐?"

"저는 외국인이며 아말렉 사람의 아들입니다."

"네가 어찌하여 주님이 기름 부으신 사람을 네 손으로 죽이는 것을 두려워하지 않았느냐?"

다윗은 자기 부하 한 사람을 불러 명령했다.

"가까이 가서 저자를 죽여라!"

부하가 그를 치니 그가 죽었다.[37] 다윗이 그에게 말했다.

"네가 죽은 것은 네 책임이다. 너 스스로가 '주께서 기름 부으신 사람을 내가 죽였다'라고 말했기 때문이다."

다윗은 사울과 그의 아들 요나단을 기리는 장례 노래를 불렀다. 그리고 유다 백성에게 이 노래를 가르치라고 명령했다. 노래 제목은 '활'이며 야살의 책[38]에 기록되어 있다.

♪ 이스라엘아, 네 영광이 산 위에서 죽었구나.

37. 아말렉 청년은 시체 사이에서 사울 왕의 왕관과 팔찌 등 값진 물건을 수거했으면서도 탐욕에 눈멀어, 아말렉 사람들을 진멸하고 돌아온 다윗에게서 더 큰 보상을 받으려고 거짓 증거하다가 죽었다.
38. 이스라엘의 전쟁 일지.

아, 용사들이 쓰러졌구나.

너희는 이 소식을 가드에 전하지 말고, 아스글론 거리에도 전하지 마라. 블레셋 딸들이 기뻐할까 두렵고, 할례 받지 못한 자들의 딸들이 기뻐 날뛸까 두렵구나.

길보아 산들아, 너희 위에 이슬과 비가 내리지 말고, 밭은 제물에 쓸 곡식이 없게 되어라. 거기서 용사들의 방패가 버려졌고, 사울의 방패가 기름칠하지 않은 채 버려졌기 때문이다.

죽은 자들의 피를 보고, 용사들의 기름을 보라. 요나단의 활이 뒤로 물러난 적 없고, 사울의 칼이 헛되이 돌아온 적 없었다. 사울과 요나단은 살아 있을 때에도 서로 사랑하며 다정하더니 죽을 때에도 헤어지지 않았구나. 그들은 독수리보다 빠르고 사자보다도 강했다.

이스라엘의 딸들아, 너희에게 붉은 옷으로 화려하게 입히고, 황금 장식을 너희 옷에 달아 주던 사울을 위해 울어라.

아, 용사들이 전쟁에서 쓰러졌구나.

요나단이 네 산 위에서 죽임을 당했구나. 내 형 요나단이여, 내가 그대 생각에 애통하오. 그대는 나에게 너무도 다정했소. 그대가 나를 사랑함이 여인들의 사랑보다 더 강렬했소.

아, 용사들이 쓰러졌구나. 그들의 전쟁 무기가 쓸모없게 되었구나. ♬

요나단은 다윗보다 20세쯤 많았다

이스보셋은 BC 1005년에 40세의 나이로 북이스라엘의 왕이 되었다(삼하 2:10). 그는 BC 1045년에 출생했고 다윗이 BC 1040년에 출생했으므로 이스보셋은 다 윗보다 5세 많다. 역대상 9장 39절에는 사울의 아들이 요나단, 말기수아, 아비나 답, 에스바알이 있고, 메랍과 미갈 두 딸이 있었다고 기록하고 있는데, 에스바알 이 바로 이스보셋이다. 요나단은 사울 왕 2년(BC 1048)에 블레셋과의 전쟁에 참 가하여 승리하는데, 이때는 다윗 출생 8년 전이다. 따라서 요나단은 다윗보다 적 어도 20세쯤 많다.

"사무엘은 기름이 든 뿔을 가지고 형제들 가운데서 그에게 기름을 부었 다"(삼상 16:13)

다윗은 왕으로 기름 부음을 받은 후 성령 충만해졌지만 자만에 빠지지 않고 습 관대로 양을 쳤고(삼상 16:19; 17:15) 변함없이 일상생활에 성실했다. 그는 누구든 지 상대하는 소탈한 사람이었다. 다윗의 이러한 겸손이 하나님의 마음에 합했 다. 그러나 다윗의 믿음과 겸손이 형제들의 눈에는 교만하게 여겨지기도 했다(삼 상 17:28 참조).
다윗은 성령의 능력으로 사울을 사로잡은 악령을 쫓아내고 골리앗을 죽였다. 그 리고 얼마 동안 왕궁 생활을 경험한다. 이후 사울에게 쫓기며 8년 정도 극심한 시 련기를 거치면서 믿음과 겸손과 온유와 인내로 유다 왕위에 오르게 되고 7년 뒤 이스라엘의 왕이 된다.

"주님의 영이 사울에게서 떠나고, 주께서 보내신 악령이 그를 숨막히게 했다"(삼상 16:14)

사울은 평상심과 자제력을 잃고 불안해하고 사소한 일에 과민하게 반응하며 아 무 때나 분노를 폭발하고 광적인 행패를 부리다가 정신착란증에 빠지기도 한다.

조울증과 자기방어의 강박관념에 사로잡히기도 했다. 다윗은 사울을 통해 주님의 영이 떠났을 때의 비참함을 일찍이 목격했다. 그래서 훗날 자신이 범죄했을 때 참회하며 주의 영이 떠나지 않게 해달라고 하나님께 기도했다(시 51:11 참조).

✖✖✖✖✖

"다윗은 골리앗의 머리를 예루살렘으로 가져갔고, 골리앗의 무기는 자기 천막에 두었다"(삼상 17:54)

예루살렘은 하나님이 아브라함에게 약속하신 가나안 땅 한가운데 있었지만 이스라엘 백성이 가나안을 점령할 때 예루살렘을 점령하지 못하여 400년이 넘도록 여부스 족속이 그곳에 살고 있었다. 예루살렘은 베냐민 지파에 속한 곳이었고(수 18:28) 베냐민 지파와 유다 지파의 경계에 있었지만, 베냐민 지파는 여부스 족속을 쫓아내지 못하고 있었다(수 15:63; 삿 1:21). 다윗은 예루살렘에 거주하는 여부스 족속을 두렵게 하고자 골리앗의 머리를 그곳으로 가져갔고, 17년 뒤 통일 이스라엘의 왕이 되고서야 예루살렘을 정복한다.
골리앗의 칼은 놉에 있는 성막 안에 보관되었다(삼상 21:9).

✖✖✖✖✖

"다윗이 누구냐? 이새의 아들이란 자가 누구냐? 요즘 자기 주인에게서 도망치는 종들이 많다던데, 내가 어찌 내 빵과 물과, 양털 깎는 종에게 주려고 잡은 짐승의 고기를 가져다가, 어디에서 왔는지 알지도 못하는 자들에게 줄 수 있겠느냐!"(삼상 25:10-11)

봄에 양털을 깎아 팔면 돈이 들어오므로 목축업자에게 양털 깎는 날은 축제날과 다름없었다. 그날에 잔치를 베풀어 그동안 도움을 준 사람들에게 은혜를 갚는 것이 당시 풍속이었다(삼하 13:23 참조). 그러나 나발은 은혜 갚을 줄 모르는 배은망덕한 자였고 가난한 이웃을 돕기 위해 조금의 재물도 나누어 주지 않는 인색한 부자였다. 이에 하나님의 저주를 받아 죽을 병에 걸려 10일 동안 고생하다가 죽고, 그의 아내가 다윗의 아내가 됨으로써 전 재산은 다윗의 것이 되고 만다.

"다윗은 마음속으로 생각했다. '내가 언젠가는 사울의 손에 죽게 될지도 모르니 지금은 블레셋 땅으로 도피하는 것이 최선이야. 그러면 사울은 이스라엘 전국을 뒤지며 나를 계속 찾다가 포기할 것이고, 나는 그에게서 피할 수 있겠지'"(삼상 27:1)

여건과 환경이 고난스러울지라도 다른 나라로 도피하지 않고 하나님만 의지하며 유다 땅에 머물러야 함을 하나님은 다윗에게 지난 8년 동안 두 번이나 가르쳐 주셨다. 한 번은 다윗이 블레셋 가드로 도망갔다가 죽게 될 위기를 당했으나 미친 척하며 망신을 당한 후에야 살아서 유다 땅으로 돌아온 것이고, 또 한 번은 모압 땅으로 도피했다가 예언자 갓을 통해 '유다 땅으로 가라'고 하는 지시를 받아 돌아왔던 것. 다윗은 이제 세 번째로 유다 땅을 떠나 블레셋으로 도피하지만 결국 파국을 겪은 뒤 회개하고 돌아오게 된다.

다윗은 블레셋의 침략으로부터 이스라엘을 보호하라고 왕으로 기름 부음을 받았는데, 유다 땅에 머무는 현실이 괴롭다는 이유로 자신의 소명을 망각하고 육신대로 판단하여 이스라엘을 떠나 블레셋으로 가서 블레셋 왕에게 충성하고 그의 부하가 되어 신임을 얻으려 했다. 그렇게 자기 정체성을 상실한 채 이중생활을 하다가 이스라엘이 블레셋에게 멸망할 때 이스라엘을 구하지도 못하고 도리어 블레셋 군대와 함께 진군하는 죄를 지었다. 그래서 자신과 부하들의 처자식들을 아말렉에게 빼앗기고 성난 부하들로부터 돌에 맞아 죽을 뻔한 고통을 겪기도 했다.

4

다윗이
왕이
되다

다윗이 헤브론에서 유다 왕이 되다 (BC 1010, 삼하 2:1-7; 5:4a)

그 후 다윗이 주께 여쭈었다.

"유다에 있는 성읍으로 올라가도 되겠습니까?"

"올라가거라."

"어느 성읍으로 올라갈까요?"

"헤브론으로."

다윗은 두 아내인 이스르엘 여인 아히노암과 갈멜 사람 나발의 아내였던 아비가일과 함께 헤브론으로 올라갔고, 자기와 함께한 사람들과 그 가족들을 모두 데리고 갔다. 그들은 헤브론 여러 마을에 가서 살았다. 그때 유다 지파 사람들이 헤브론으로 와서 다윗에게 기름을 부어 그를 유다 왕으로 세웠다. 다윗이 유다 왕이 되었을 때 나이는 30세였다.

♪ 주는 나의 목자이시니 내게 부족함이 없습니다.

그가 나를 푸른 풀밭에 누이시고 쉴 만한 물가로 인도하십니다.

그가 내 영혼을 소생시키고, 자기 이름을 위하여 의의 길로 나를 인도하십니다.

내가 사망의 음침한 골짜기로 다닐지라도 해를 당할까 봐 두려워하지 않는 것은 주께서 나와 함께하시기 때문입니다. 주의 지팡이와 막대기가 나를 보살펴 주십니다.

주께서 원수들이 보는 앞에서 내게 상을 차려 주시고 내 머리에 기름을 부으시니, 내 잔이 넘칩니다. 내 평생에 주의 선하심과 인자하심이 진정으로 나와 함께하시리니, 내가 주님의 집에서 영원히 살겠습니다. ♬

유다 사람들이 다윗에게 말하기를 '길르앗 야베스 사람들이 사울을 묻어 주었다'고 했으므로, 다윗은 길르앗 야베스 사람들에게 사신을 보내 다음과 같이 전했다.

"여러분은 친절하게도 여러분의 주인 사울을 묻어 주었으니, 주님이 여러분에게 복 주시기 바랍니다. 이제 주님이 여러분에게 은혜와 진리를 베푸실 것이고, 나도 여러분의 선행을 보답하겠습니다. 강하고 담대하십시오. 여러분의 주인 사울은 죽었지만, 유다 백성이 내게 기름을 부어 자신들의 왕으로 세웠습니다."[1]

이스보셋이 북이스라엘의 왕이 되다 (BC 1005, 삼하 2:8-3:5; 대상 3:1-4a)

사울의 군사령관이었던 넬의 아들 아브넬은 사울의 아들 이스보셋을 마하나임으로 데리고 가서 길르앗과 아술과 이스르엘과 에브라임과 베냐민, 곧 온 이스라엘의 왕으로 세웠다.[2] 사울의 아들 이스보셋이 이스라엘의 왕이 되었을 때, 그의 나이는 40세였다. 이스보셋이 2년 동안 나라를 다스렸으나, 유다 백성은 다윗을 따랐다. 다윗은 헤브론에서 7년 6개월 동안 유다 지파의 왕으로 있었다.

넬의 아들 아브넬과 사울의 아들 이스보셋의 부하들은 마하나임을 떠나 기브온으로 갔다.[3] 스루야의 아들 요압과 다윗의 부하들도 그곳으로 가서 기브온 연못가에서 그들과 대치했다. 한편은 연못 이쪽에 앉았고, 또 한편은 연못 저쪽에 앉았다. 아브넬이 요압에게 말했다.

"자, 젊은이들을 일으켜 우리 앞에서 싸우게 하자."

"그렇게 하자."

사울의 아들 이스보셋을 위해 베냐민 사람 중에서 열두 명이 뽑

---

1. 다윗은 자신의 전임자인 사울을 높임으로써, 자기가 인간적인 야심이나 사울에 대한 적대감을 가지고 왕위를 노렸던 것이 아니라 하나님의 명령에 순종해 왕이 되었음을 밝힌 것. 그러면서 자신이 길르앗 백성을 보호해 줄 테니 블레셋의 복수를 두려워하지 말라고 전하고 있다.
2. 사울이 BC 1010년에 죽은 뒤, 아브넬이 5년 동안 체제를 정비하여 북이스라엘에서 나라를 세운다.
3. 아브넬이 군대를 이끌고 기브온으로 출정한 것.

혔고, 다윗의 부하 중에서도 열두 명이 뽑혀 나갔다. 각 사람이 상대편의 머리를 잡고 칼로 옆구리를 찌르자 그들은 한꺼번에 쓰러졌다. 그래서 기브온에 있는 그곳을 헬갓핫수림[4]이라고 불렀다. 그날의 싸움은 너무도 격렬했다. 다윗의 부하들이 아브넬과 이스라엘 사람들을 물리쳐 이겼다. 스루야의 세 아들인 요압과 아비새와 아사헬이 그 싸움터에 있었는데, 아사헬의 발은 들에 사는 노루처럼 빨랐다. 아사헬이 아브넬을 뒤쫓아 좌우로 치우치지 않고 곧장 따라갔다. 아브넬이 뒤를 돌아보며 물었다.

"네가 그 아사헬이냐?"

"그래, 바로 나다!"

"오른쪽이나 왼쪽으로 방향을 돌려 젊은이 하나를 붙잡고 그의 옷을 빼앗아 가거라."

그러나 아사헬은 방향을 틀지 않고 그의 뒤를 쫓았다. 아브넬이 아사헬에게 다시 말했다.

"나를 쫓아오지 마라. 내가 너를 쳐서 땅에 쓰러지게 해야 할 까닭이 없지 않느냐? 그렇게 되면 내가 네 형 요압의 얼굴을 어찌 볼 수 있겠느냐?"

아사헬이 계속해서 아브넬을 뒤쫓아 오자 아브넬은 창 끝을 뒤로 하여 아사헬의 배를 찔렀다. 창이 아사헬의 등을 뚫고 나가자 아

4. '칼날의 밭'이라는 뜻.

사헬이 그 자리에서 쓰러져 죽었다. 달려온 사람들은 모두 아사헬이 쓰러져 죽은 곳에 멈춰 섰다. 그러나 요압과 아비새는 아브넬을 뒤쫓았다. 그들이 기브온 광야 길에 있는 기아 맞은쪽의 암마 산에 이르렀을 때 날이 저물었다. 그때 베냐민 사람들이 언덕 꼭대기에서 아브넬을 호위하며 함께 서 있었다. 아브넬이 요압에게 소리쳤다.

"우리가 언제까지 칼로 싸워야 하겠느냐? 이렇게 싸우면 마지막에는 참혹한 일이 있을 뿐인 줄을 알지 못하느냐? 네가 언제 네 부하들에게 형제를 추격하지 말고 돌아가라고 명령하겠느냐?"

요압이 대답했다.

"살아 계신 하나님께 맹세하지만, 네가 그 말을 하지 않았다면 내 부하들이 내일 아침까지 너희를 뒤쫓았을 것이다."

요압이 나팔을 불자 모든 부하들은 멈춰 서서 더 이상 이스라엘 사람들을 추격하거나 싸우지 않았다. 아브넬과 그의 부하들은 그날 밤새도록 걸어 아라바를 지나 요단 강 골짜기를 건넜고, 비드론 온 땅을 지나 마하나임에 이르렀다. 요압은 아브넬 추격하기를 멈추고 돌아와 사람들을 모았다. 아사헬과 다윗의 부하 19명이 보이지 않았다. 그러나 다윗의 부하들은 아브넬을 따랐던 베냐민 사람 360명을 죽였다. 그들은 아사헬의 시체를 거두어 베들레헴에 있는 그의 아버지의 무덤에 장사하였다. 요압과 그의 부하들이 밤새도록 걸어 헤브론에 이르자 날이 밝았다.

사울의 집안과 다윗의 집안 사이에 오랫동안[5] 전쟁이 있었다. 다윗 집안은 점점 강해졌고, 사울 집안은 점점 약해졌다.

헤브론에서 다윗의 아들이 태어났다. 맏아들은 이스르엘 여인 아히노암과의 사이에서 태어난 암논이고, 둘째는 갈멜 사람 나발의 아내였던 아비가일과의 사이에서 태어난 길르압이고, 셋째는 그술 왕 달매의 딸 마아가 사이에서 태어난 압살롬이고, 넷째는 학깃과의 사이에서 태어난 아도니야이고, 다섯째는 아비달 사이에서 태어난 스바댜이고, 여섯째는 에글라 사이에서 태어난 이드르암이었다. 이들이 헤브론에서 태어난 다윗의 아들들이다.

아브넬의 죽음 (삼하 3:6-39)

사울 집안과 다윗 집안 사이에 전쟁이 계속되는 동안, 아브넬은 사울 집안에서 점점 세력을 장악했다. 사울에게는 아야의 딸 리스바라는 첩이 있었다. 이스보셋이 아브넬에게 말했다.

"당신이 어찌하여 내 아버지의 첩을 범하였소?"

아브넬은 이스보셋의 말을 듣고 크게 화를 내며 말했다.

"내가 유다 사람과 싸우는 개로밖에 보이지 않으십니까? 나는 오늘날까지 왕의 아버지 사울 집안과 그의 형제들과 그의 친구들에게 충성했고, 왕을 다윗의 손에 넘어가지 않게 했는데, 왕은 오늘 한낱

5. 2년간 내전을 벌였다.

이 여자의 허물에 대한 책임을 내게 돌리려 하십니까? 내가 이제 주님이 다윗에게 약속하신 일을 이루지 않는다면, 하나님이 내게 벌 위에 벌을 내리실 것입니다. 하나님은 이 나라를 사울의 집안에서 다윗에게 넘기고, 다윗의 왕위를 단에서 브엘세바까지 이스라엘과 유다 위에 세우실 것입니다."[6]

이스보셋은 아브넬이 무서워 더 이상 아무 말도 할 수 없었다. 그 후 아브넬이 다윗에게 사신을 보내어 전했다.

"이 땅이 누구의 땅입니까? 나와 언약을 맺으면 온 이스라엘이 왕께 돌아가도록 돕겠습니다."

다윗이 답했다.

"좋소! 당신과 언약을 맺겠소. 그러나 한 가지 부탁이 있소. 사울의 딸 미갈을 내게 데려오시오. 그 전에는 내 얼굴을 보지 못할 것이오."[7]

이후 다윗은 사울의 아들 이스보셋에게 사신을 보냈다.[8]

"내 아내 미갈을 돌려주시오. 그녀는 내가 블레셋 사람의 포피 100개를 바쳐 맞은 아내요."

이스보셋은 사람을 보내 미갈을 그녀의 남편인 라이스의 아들 발

6. 아브넬은 다윗이 이스라엘의 왕이 되어야 한다는 하나님의 뜻을 알고도 순종하지 않고 있다가, 자신이 불리한 상황에 빠지자 그 뜻을 이루려 하고 있는 것.
7. 다윗의 첫 아내이자, 사울에게서 도망하여 목숨을 건지게 한 미갈에 대한 기억이 남아 있었을 것. 또한 지금은 다윗이 혁명이 아니라 적법하게 북이스라엘의 왕위에 오르려 하므로 사울 왕의 사위 신분이 필요해 다시 미갈을 아내로 맞으려 하는 것.
8. 다윗이 아브넬과의 밀약을 숨기고자 이스보셋에게 사절을 보낸 것.

디엘에게서 빼앗아 오게 했다. 그녀의 남편은 계속 울면서 바후림[9]까지 그녀를 따라왔다. 아브넬이 "그만 돌아가라"고 하자 그가 돌아갔다.

아브넬이 이스라엘의 장로들에게 전했다.

"여러분은 다윗을 여러분의 왕으로 세우자고 여러 번 요청했습니다. 주님이 다윗에 관해 말씀하시길 '나는 내 종 다윗의 손을 통해 내 백성 이스라엘을 블레셋과 그들의 모든 원수로부터 구원하겠다'고 하셨으니, 자, 이제 그 말씀대로 하십시오."

아브넬은 베냐민 지파 사람들에게도 그렇게 전했다. 그러고서 이스라엘 사람들과 모든 베냐민 사람들이 다윗을 왕으로 세우기를 좋아한다는 사실을 다윗에게 전하려고 부하 20명을 데리고 헤브론으로 갔다. 다윗은 아브넬과 그와 함께 온 사람들을 위해 잔치를 베풀었다. 아브넬이 다윗에게 말했다.

"내가 가서 모든 이스라엘 백성을 내 주 왕께 데리고 와서 왕과 언약을 맺게 하겠습니다. 그러면 왕은 모든 것을 왕의 뜻대로 다스릴 수 있을 것입니다."

다윗이 아브넬을 돌려보내니 그가 평안히 갔다. 다윗과 아브넬이 헤브론에 함께 있지 않을 때, 다윗의 부하들과 요압이 적군을 무찌르고 전리품을 가지고 돌아왔다. 요압과 그와 함께 갔던 모든 군대

---

9. 예루살렘에서 여리고로 내려가는 올리브산 동쪽에 있으며 베냐민 지파의 땅이다.

가 돌아오자 누군가가 요압에게 말했다.

"넬의 아들 아브넬이 왕에게 왔었는데, 왕이 그를 보내어 그가 평안히 돌아갔습니다."

요압이 왕에게 가서 물었다.

"왜 이렇게 하셨습니까? 아브넬이 왕에게 왔는데, 왕께서는 어찌 그를 그냥 보내어 잘 가게 했습니까? 왕께서도 넬의 아들 아브넬을 아시지 않습니까? 그는 왕을 속이러 왔고 왕의 출입을 살피고 왕께서 하시는 모든 일을 엿보러 온 것입니다."

요압은 다윗에게서 물러나 아브넬에게 전령을 보냈다. 전령이 시라 연못[10]에서 그를 데리고 돌아왔다. 그러나 다윗은 이 사실을 모르고 있었다. 아브넬이 헤브론으로 돌아오자, 요압은 그와 조용히 이야기할 것이 있는 것처럼 가장하며 그를 성문 안으로 데려가 칼로 배를 찔러 죽였다. 아브넬이 자기 형제 아사헬을 죽였기 때문이었다. 다윗이 이 소식을 듣고 말했다.

"나와 내 나라는 넬의 아들 아브넬의 피에 대해 주님 앞에서 영원히 무죄하다. 그 피는 요압의 머리와 그의 아버지의 온 집안에 돌아갈 것이고, 요압의 집안에 성병 환자와 나병 환자와 다리 저는 자와 전쟁에서 죽는 자와 양식이 궁핍한 자가 끊어지지 않을 것이다."

요압과 그의 동생 아비새가 아브넬을 죽인 이유는 그가 기브온 전

10. 헤브론으로부터 북쪽으로 약 2.5킬로미터 떨어진 지점.

쟁에서 자기들의 형제 아사헬을 죽였기 때문이다. 다윗이 요압과 그와 함께 있던 모든 사람에게 말했다.

"너희 옷을 찢고 베옷을 걸치고 아브넬 앞에서 애곡하여라."

다윗 왕은 상여 뒤를 따라갔다. 다윗과 모든 백성은 아브넬을 헤브론에서 장사지내고 아브넬의 무덤에서 울었다. 왕은 아브넬을 위해 곡한 뒤, 애가를 불렀다.

♪ 아브넬이 어찌 바보처럼 죽었는가? 그대 손은 묶이지 않았고 그대 발은 사슬에 매이지 않았는데, 사악한 자 앞에서 쓰러지듯 그대가 쓰러졌구나. ♫[11]

모든 백성은 아브넬을 위해 다시 울었다. 그런 다음 아직은 낮일 때, 모든 백성은 해가 저물기 전에 다윗에게 나아와 음식을 먹으라고 권했다. 그러나 다윗은 맹세했다.

"해가 지기 전에 내가 빵이나 다른 음식을 먹는다면, 하나님이 내게 벌 위에 벌을 내리실 것이다."

모든 백성은 사건의 진상을 알아차렸고, 왕이 백성 앞에서 행한 모든 것을 보고 좋게 여겼다. 그날 유다 모든 백성과 이스라엘 모든 백성은 넬의 아들 아브넬을 죽인 사람이 왕이 아니라는 것을 알게 되었다. 왕이 신하들에게 말했다.

"너희도 알듯이 오늘 이스라엘의 훌륭한 지도자가 죽었다. 내가

11. 이후 다윗은 요압의 잔인함을 생을 다할 때까지 잊지 않았다(왕상 2:5 참조).

비록 기름 부음 받은 왕이지만 오늘은 약해서 스루야의 아들들을 어찌할 수가 없으니, 주께서 악을 행한 자에게 그의 악행대로 갚아 주시기를 바랄 뿐이다."

이스보셋의 죽음 (BC 1003, 삼하 4:1-3, 5-12)

아브넬이 헤브론에서 죽었다는 소식을 사울의 아들 이스보셋이 듣고는 맥이 풀렸다. 모든 이스라엘 백성도 두려워 떨었다. 사울의 아들에게는 기습부대 지휘관 두 사람이 있었는데, 한 사람은 바아나이고 또 한 사람은 레갑이다. 그들은 베냐민 지파 브에롯 사람 림몬의 아들들이다. 브에롯 사람들은 베냐민 지파로 여겨졌고, 깃다임으로 도망해 오늘날까지 그곳에서 살고 있다.

브에롯 사람 림몬의 아들 레갑과 바아나는 길을 떠나 한낮에 이스보셋의 집에 이르렀다. 이스보셋은 안방 침대 위에 누워 낮잠을 자고 있었는데, 레갑과 바아나는 밀을 가지러 온 체하며 집 한가운데로 들어가 이스보셋의 배를 찔러 죽이고, 그의 머리를 베어 가지고 도망쳤다. 그들은 밤새도록 아라바 길로 가서 헤브론에 이르러[12] 다윗에게 그 머리를 건네주며 말했다.

"여기에 왕을 죽이려 하던 왕의 원수인, 사울의 아들 이스보셋의 머리가 있습니다. 주님이 오늘 사울과 그의 자손에게 왕의 원수

---

12. 마하나임에서 헤브론까지는 약 65킬로미터.

를 갚으셨습니다."

다윗은 브에롯 사람 림몬의 아들 레갑과 그의 형제 바아나에게 말했다.

"온갖 역경에서 내 생명을 건져 주신 주님을 두고 맹세한다. 언젠가 어떤 사람이 자기 나름대로는 좋은 소식이라 생각해서 '사울이 죽었다'라는 말을 내게 전한 적이 있다. 그러나 나는 그를 잡아 시글락에서 죽였다. 그런 소식을 가지고 오는 자는 그런 대가를 치루어야 한다. 하물며 죄 없는 사람을 그의 집 침대에서 죽인 너희 같은 악인은 말할 것도 없다. 너희가 그의 피를 흘린 대가를 너희 죽음으로 갚아야 하지 않겠느냐?"

다윗은 자기 부하들에게 그들을 죽이라고 명령했다. 부하들은 레갑과 바아나를 죽이고서 손과 발을 잘라 낸 주검을 헤브론의 연못 위에 매달았다. 그러고 나서 이스보셋의 머리를 가져다가 헤브론에 있는 아브넬의 무덤에 묻어 주었다.

다윗이 통일국가의 왕이 되다 (BC 1003, 삼하 5:1-3; 대상 11:1-3; 12:23-40)

그 후 이스라엘 모든 지파가 헤브론에 있는 다윗에게 와서 말했다.

"왕이시여, 우리는 왕과 한 골육입니다. 전에 사울이 우리 왕이었을 때에도 이스라엘을 이끌고 전쟁하신 분은 왕이었습니다. 주님은 왕께 '너는 내 백성 이스라엘을 먹이고 이스라엘의 통치자가 될 것이다'라고 말씀하셨습니다."

이스라엘의 모든 장로들이 헤브론에 있는 왕에게 왔다. 다윗 왕은 헤브론에서 주님 앞에 그들과 언약을 맺었고, 그들은 다윗에게 기름을 부어 이스라엘의 왕으로 세웠다. 그래서 주께서 사무엘을 통해 말씀하신 것이 모두 이루어졌다.[13]

다음은 주님의 말씀대로 사울의 나라를 다윗에게 돌리기 위해 헤브론으로 온 사람들의 수다.

유다 자손 중 6,800명이 큰 방패와 창을 들고 왔고, 시므온 자손 중 용사 7,100명이 왔다. 레위 자손 중 4,600명이 왔는데, 이들 가운데 아론 가문의 지도자 여호야다가 3,700명을 거느렸고, 젊은 용사 사독도 그의 가문의 지휘관 22명과 함께 왔다. 베냐민 자손 중에서는 3,000명이 왔는데, 그들은 사울의 친척으로서 그때까지 사울의 집안에 충성했던 사람들이다. 에브라임 자손 중에서는 2만 800명이 왔는데, 그들은 각기 자기 가문에서 용감한 용사들이었다. 서쪽 므낫세 반 지파에서는 18,000명이 왔는데, 이들은 다윗을 왕으로 세우고자 지명되어 온 사람들이다. 잇사갈 자손 중 지휘관 200명이 그들의 형제들을 데리고 왔다. 그들은 때를 분간할 줄 알고 이스라엘이 해야 할 일을 알고 있는 사람들이었다.

스불론 자손 중 5만 명이 왔다. 그들은 훈련받은 군인들로서 온갖

---

13. 하나님은 22년 전 사무엘을 통해 예언하신 것을 이루셨다.

전쟁 무기를 다룰 수 있는 기술을 익힌 사람들이며 다윗을 전심으로 돕고자 왔다. 납달리 자손 중 지휘관 1,000명이 방패와 창을 든 군인 37,000명을 거느리고 왔다. 단 자손 중 28,600명이 전투 준비를 하고서 나아왔다. 아셀 자손 중 훈련된 군인 4만 명이 전투 준비를 하고서 나아왔다. 요단 강 동쪽의 르우벤 자손과 갓 자손, 그리고 므낫세 반 지파에서도 12만 명이 온갖 전투 무기를 가지고 왔다.

이 모든 군인들이 전투 준비를 한 뒤, 다윗을 이스라엘의 왕으로 세우기 위해 한마음으로 나아왔고, 나머지 모든 이스라엘 백성도 한마음으로 다윗을 왕으로 세우고자 했다. 그들은 그곳에서 다윗과 함께 삼 일 동안 머무르면서 먹고 마셨다. 그들이 먹은 음식은 그들의 형제들이 준비해 준 것이었다. 그곳 가까운 곳에 있던 사람들도 음식을 가져왔다. 그들은 잇사갈과 스불론과 납달리 땅에서 나귀와 낙타와 노새와 소에 음식을 실어 왔고, 또 곡식 가루와 무화과 과자, 건포도, 포도주, 기름, 소와 양을 많이 가져왔다. 그래서 이스라엘 백성 가운데 기쁨이 넘쳤다.

"아브넬이 헤브론에서 죽었다는 소식을 사울의 아들 이스보셋이 듣고는 맥이 풀렸다. 모든 이스라엘 백성도 두려워 떨었다"(삼하 4:1)

다윗은 민첩하게 아브넬의 죽음을 애도하고 요압을 저주하며 민심을 수습했다. 요압이 잔인하게 아브넬을 죽였듯, 다윗이 사울에게 협력했던 이스라엘 사람들을 죽일 거라는 오해를 받지 않게 되었고, 북이스라엘 백성의 반감을 사지 않은 상태에서 남과 북을 통일할 수 있었다.

사울은 다윗이 이스라엘의 왕이 되는 것이 하나님의 뜻임을 알고도 불순종하다가 하나님의 징계를 받아 비참하게 죽었는데, 이스라엘 백성은 이 사실을 알고도 또다시 사울의 아들 이스보셋을 이스라엘의 왕으로 옹립하였다. 하지만 그들의 지도자 아브넬이 처참하게 죽게 되자 자신들도 하나님의 심판을 받을까 봐 두려워 떨었다.

다윗은 자신이 이스라엘의 왕이 되는 것이 하나님의 뜻임을 알고 있었다. 하지만 하나님이 하나님의 방법으로 다윗 자신을 이스라엘 왕위에 앉히실 때까지, 곧 이스라엘 백성들이 다윗 자신을 왕으로 세울 때까지 하나님의 때를 기다리고 있었다. 정치적 탐욕을 품고 이스라엘 백성이 자신을 왕으로 세우도록 강제하지 않았으며, 레갑과 바아나를 처형함으로써 남북 분쟁을 심화시킬 수 있는 오해의 요인을 제거했다.

"이스라엘의 모든 장로들이 헤브론에 있는 왕에게 왔다. 다윗 왕은 헤브론에서 주님 앞에 그들과 언약을 맺었고, 그들은 다윗에게 기름을 부어 이스라엘의 왕으로 세웠다"(삼하 5:3)

다윗은 사무엘을 통해 이스라엘의 왕으로 기름 부음을 받았다. 그 후 15년이 지나서야 유다 사람들에 의해 유다 지파의 왕이 되어 기름 부음을 받았고, 그 후 7년이 지나 이스라엘 사람들에 의해 이스라엘의 왕이 되어 다시 기름 부음을 받았다. 이스라엘 장로들이 다윗을 왕으로 세운 이유는 첫째, 하나님이 사무엘을 통해 다윗이 이스라엘의 왕이 될 거라 예언한 것을 알고 있었고, 둘째, 다윗이 사울 통치 때 수행한 군사적 업적(골리앗을 죽이고 수많은 전쟁에서 승리한 것)을 보았으며, 셋째, 다윗이 유다의 왕이라는 신분과 7년 동안 유다 왕으로 있으면서 보여 준 선한 정치력, 그리고 유다가 이스라엘 전체를 통치하리라는 예언(창 49:8 참조)이 있었기 때문이다.

5

다윗 왕의
정복활동

다윗의 예루살렘 정복 (BC 1003, 삼하 5:6-10; 대상 11:4-9)

다윗 왕과 그의 부하들은 예루살렘으로 가서 그곳에 살고 있던 여부스 사람들을 공격했다. 여부스 사람들은 다윗이 그곳에 들어오지 못할 거라고 생각하여 다윗에게 말했다.

"너는 성으로 들어오지 못한다. 눈먼 사람이나 다리 저는 사람들도 너를 물리칠 수 있다."

다윗이 말했다.

"여부스 사람들을 앞장서 무찌르는 사람은 내가 전군 사령관으로 삼겠다."

스루야의 아들 요압이 앞장서 공격했으므로 그가 전군 사령관이 되었다. 그날 다윗이 자기 부하들에게 말했다.

"누구든지 여부스 사람들을 치려거든 수로를 통해 올라가, 다윗의 생명을 미워하는 다리 저는 자들과 눈먼 자들을 쳐라."

이 일로 사람들 사이에 '눈먼 사람과 다리 저는 사람은 집에 들어오지 못하리라'는 속담이 생겼다. 다윗은 요새인 시온 성을 점령했으며, 굳건한 성벽으로 둘러싸인 요새에서 살게 되었다. 다윗은 그곳을 '다윗 성'이라 불렀고, 사람들도 그렇게 불렀다. 다윗은 다시 성을 쌓았다. 그는 밀로[1]에서부터 시작해 한 바퀴 돌아가며 성을 쌓았다. 성의 나머지 부분은 요압이 쌓았다. 만군의 주 하나님이 다윗과 함께 계셨기에 그는 점점 강대해졌다.

예루살렘 왕궁 건축 (삼하 5:11-12; 대상 14:1-2)

두로 왕 히람이 다윗에게 사절단을 보내면서 백향목과 목수와 석공을 함께 보내 왕궁을 짓게 했다. 그때 다윗은 주께서 자신을 이스라엘의 왕으로 세우셨다는 것과 그의 백성 이스라엘을 위하여 그의 나라를 높이셨다는 것을 깨닫게 되었다.

다윗이 궁전을 세울 때 부른 노래 (시 30)

♪ 주님, 주께서 저를 구원하셨고, 내 원수들이 나로 인해 기뻐하지 못하게 하셨으니, 내가 주님을 찬양합니다.

나의 주 하나님, 내가 주께 부르짖었더니 주께서 나를 회복시키셨습니다. 주여, 주께서 내 영혼을 스올에서 끌어 올리시고, 무덤으

---

1. 공회당이나 의사당 같은 공공 집회장소.

로 내려간 사람들 가운데서 나를 살려 주셨습니다.

주님의 성도여, 주님을 찬양하고 그의 거룩하심을 기억하며 찬양하여라. 주님의 진노는 잠시요, 그의 은총은 평생이다. 저녁에는 눈물로 지낼지라도 아침에는 기쁨이 찾아올 것이다.

내가 잘 살 때 "나는 영원히 흔들리지 않을 것이다"라고 말했지만, 주여, 주께서 주님의 은혜로 나를 산같이 튼튼하게 세우시더니, 주께서 얼굴을 숨기시자마자 나는 근심하게 되었습니다. 주님, 내가 주께 부르짖고 내 하나님께 간구합니다. 내가 무덤에 내려간들 내 피가 주께 무슨 유익이 되겠습니까? 한 줌의 흙은 주님을 찬양할 수 없고, 주님의 진리를 선포할 수 없지 않습니까? 주님, 들으시고, 나를 불쌍히 여기소서. 주님, 나를 돕는 분이 되어 주소서.

주께서 내 슬픔을 기쁨의 춤으로 바꾸어 주셨습니다. 나에게서 베옷을 벗기고 기쁨으로 띠 띠우셨습니다. 주께서 나로 하여금 주님을 평화롭게 찬양하게 하셨으니, 내가 침묵하지 않겠습니다. 주 나의 하나님, 내가 영원토록 주께 감사하겠습니다. ♬

블레셋의 침입을 막다 (삼하 5:17-25; 대상 14:8-17)

다윗이 이스라엘의 왕으로 기름 부음을 받았다는 소식을 블레셋 사람들이 듣고 다윗을 잡으려고 올라왔다. 다윗이 그 소식을 듣고서 요새로 내려갔다. 블레셋 사람들은 이미 르바임 골짜기[2]로 와서 넓게 진을 치고 있었다. 다윗이 주께 여쭈었다.

"제가 블레셋 사람들에게 올라가도 되겠습니까? 주님이 저들을 제 손에 넘겨 주시겠습니까?"

"올라가거라! 내가 블레셋 사람들을 반드시 네 손에 넘기겠다."

다윗은 바알브라심에 이르러 블레셋 사람들을 물리쳐 이겼다. 다윗이 말했다.

"주님은 홍수를 흩어 버리듯 내 앞에서 내 원수들을 내 손으로 흩으셨다."

다윗은 그곳 이름을 바알브라심[3]이라고 불렀다. 블레셋 사람들이 그곳에 자기들의 우상들을 버리고 도망쳤으므로 다윗과 그의 부하들은 그 우상들을 불에 태워 버렸다.

또다시 블레셋 사람들이 쳐들어와 르바임 골짜기에 넓게 진을 쳤다. 다윗은 주께 기도드렸고, 주께서 말씀하셨다.

"너는 올라가지 말고 그들의 뒤로 돌아가 뽕나무 숲 맞은편에서 그들을 공격해라. 뽕나무 꼭대기에서 행군 소리가 들리거든, 즉시 공격해라. 나 주가 너보다 앞서가 블레셋 군대를 물리치겠다."

다윗은 주님의 명령대로 하여 블레셋 사람들을 기브온[4]에서 게셀에 이르기까지 쫓아가면서 물리쳤다. 다윗의 이름이 모든 나라에 알려졌고, 주님은 모든 나라가 다윗을 두려워하도록 하셨다.

2. 예루살렘의 남서쪽 베들레헴 근처.
3. 르바임 골짜기 근처. '주님이 헤치고 나아가신다', '주님이 돌파하신다'라는 뜻.
4. '게바'(삼하 5:25)와 동일한 지명.

다윗이 거느린 용사들은 주께서 이스라엘에 관하여 말씀하신 대로 모든 이스라엘과 더불어 다윗을 도와 다윗을 왕으로 세운 사람들이다. 그의 용사들의 이름은 이러하다. 다그몬 사람 요셉밧세벳은 세 용사의 우두머리다. 그는 에센 사람 아디노라고도 불리며, 창 하나로 한번에 적군 800명을 죽였다.

그다음으로 아호아 사람 도대의 아들 엘르아살이 있다. 그는 다윗이 블레셋과 싸울 때, 다윗과 함께 있던 세 용사 중 한 명이다. 블레셋 사람들이 싸우려고 바스담밈에 왔을 때, 그는 다윗과 함께 있었다. 그곳에는 보리밭이 있었는데, 이스라엘 군대는 블레셋 사람들 앞에서 도망쳤으나 엘르아살과 다윗은 도망치지 않고 보리밭 한가운데서 블레셋 사람들과 싸웠고, 지쳐서 칼을 더 휘두를 수 없을 때까지 싸웠다. 주님은 그날, 이스라엘이 크게 이기게 해주셨다. 백성들이 다시 돌아와 한 일은 적에게서 무기와 갑옷을 거둬들이는 일뿐이었다.

그다음으로 하랄 사람 아게의 아들 삼마가 있다. 블레셋 사람들이 쳐들어와 우거진 팥밭에 모여 있었는데, 이스라엘 군대는 블레셋 사람들 앞에서 도망쳤으나 삼마는 밭 한가운데 서서 그들과 맞서 싸웠다. 주님은 그에게 큰 승리를 주셨다.

추수를 시작할 무렵 으뜸가는 30인 용사 가운데 세 사람이 다윗을 찾아 아둘람 동굴로 왔다. 그때 블레셋 군대는 르바임 골짜기에 진을 치고 있었다. 다윗이 있던 곳은 요새였고, 블레셋 군인들은 베들레헴에 진을 치고 있었다. 다윗이 물이 몹시 마시고 싶어 말했다.

"누가 베들레헴 성문 옆에 있는 샘에 가서 물을 길어다 내가 마실 수 있게 할 수 없겠는가?"

세 용사가 블레셋 군대를 뚫고 나가, 베들레헴 성문 옆에 있는 샘에서 물을 길어 다윗에게 가지고 왔다. 그런데 다윗이 그 물을 즐거이 마시지 않고 땅에 쏟으며 주님 앞에 말했다.

"주여! 나를 위한 이런 일은 절대로 하지 않겠습니다. 이 물은 이것을 길어 오려고 목숨을 걸고 간 사람들의 피가 아닙니까?"

다윗은 그 물을 마시려 하지 않았다. 세 용사는 그렇게까지 충성심을 보였다. 요압의 동생 아비새가 이 세 용사의 우두머리였다. 그는 30인 부대의 우두머리로서 창으로 적 300명을 죽인 일이 있다. 이 일로 아비새는 세 용사 가운데 하나로 유명해졌다. 그는 세 용사의 지휘관이 되었다.

여호야다의 아들 브나야는 갑스엘 사람으로 용감한 군인이었다. 그는 용맹스럽게 싸웠다. 모압의 아리엘의 두 아들을 죽였고 눈이 내리는 날 구덩이에 내려가 사자를 죽인 적도 있다. 키가 2미터 30센티미터나 되는 이집트 거인도 죽인 적이 있다. 그 이집트 사람은 손에 베틀채 같은 창을 들고 있었지만 브나야는 작은 막대기 하나만 들고서 이집트 사람의 손에서 창을 빼앗아 그 창으로 그를 죽였다. 여호야다의 아들 브나야는 이처럼 용감하게 싸워 세 용사 중 하나라는 명성을 얻었다. 그는 30인 용사보다도 더 존경을 받았으나 처음의 세 장수에 들지는 못했다. 다윗은 브나야를 자신의 경호대장으로 삼았다.

세 용사 가운데 마지막은 요압의 동생 아사헬이다.

다음은 다윗의 30인 용사들의 이름이다. 베들레헴 사람 도도의 아들 엘하난, 하롯 사람 삼훗, 하롯 사람 엘리가, 발디 사람 헬레스, 드고아 사람 익게스의 아들 이라, 아나돗 사람 아비에셀, 후사 사람 므분내, 아호아 사람 살몬, 느도바 사람 마하래, 느도바 사람 바아나의 아들 헬렙, 베냐민 땅 기브아 사람 리배의 아들 잇대, 비라돈 사람 브나야, 가아스 골짜기 사람 힛대, 아르바 사람 아비알본, 바르훔 사람 아스마, 사알본 사람 엘리아바, 야센의 아들 요나단, 하랄 사람 삼마, 아랄 사람 사랄의 아들 아히암, 마아가 사람 아하스배의 아들 엘리벨렛, 길로 사람 아히도벨의 아들 엘리암, 갈멜 사람 헤스래, 아랍 사람 바아래, 소바 사람 나단의 아들 이갈, 갓 사람 바니, 암몬 사람 셀렉, 스루야의 아들 요압의 무기를 들고 다녔던 브에롯 사람 나하래, 이델 사람 이라, 이델 사람 가렙, 헷 사람 우리아, 이상 모두 서른일곱 명이었다.

법궤를 예루살렘으로 옮기다 (삼하 6:1-23; 7:29; 대상 13:1-14; 15:1-16:43)

다윗은 천부장, 백부장 및 모든 지휘관들과 의논한 후 이스라엘 온 백성에게 말했다.

"여러분이 좋게 여기고 우리 주 하나님의 뜻이라면, 이스라엘 온 땅에 흩어져 있는 우리 형제들과 또 그들과 함께 마을과 목초지에서 살고 있는 제사장들과 레위인들에게 전령을 보내 우리에게 모이게 하여, 우리 하나님의 궤를 우리에게 옮겨 옵시다. 사울 시대에는 우리가 궤 앞에서 하나님께 여쭈어 보지 못했습니다."[5]

모든 백성이 다윗의 말을 좋게 여겨 그렇게 하자고 했다. 그래서 다윗은 기럇여아림에서 하나님의 궤를 옮겨 오려고 이집트의 시홀 강에서부터 하맛 어귀에 걸쳐 사는 모든 이스라엘 백성을 불러 모았다. 다윗은 이스라엘에서 3만 명을 뽑아 자기와 함께하는 모든 사람과 바알레 곧 유다의 기럇여아림으로 갔다. 하나님의 궤는 두 그룹[6] 사이에 모셔져 있었고 그룹 사이에 계신 만군의 주님의 이름으로 불렸다. 사람들은 아비나답의 집에서 하나님의 궤를 새 수레 위에 놓았다. 아비나답의 아들 웃사와 아효가 수레를 끌고서, 언덕 위에 있는 아비나답의 집에서 그 궤를 가지고 나왔다. 그들이 아비나답의 집에서 하나님의 궤를 싣고 나올 때 아효는 그 앞에서 걸었고, 다윗과 모든 사람은 주님 앞에서 노래하며 잣나무로 만든 온갖 악기를 연주했다. 수금, 비파, 작은북, 양금, 심벌즈로도 연주하고 나팔도 불었다.

5. 출 25:22 참조.
6. 죄인들의 접근을 막아 법궤를 지키는 천사의 형상.

사람들이 나곤[7]의 타작마당에 이르렀을 때, 소들이 갑자기 날뛰어 웃사가 손을 내밀어 궤를 붙잡았다. 그가 잘못을 범했으므로 주 하나님이 노하셔서 그를 치시니 그가 하나님 앞, 곧 하나님의 궤 곁에서 죽었다. 주께서 웃사를 죽이셨으므로 다윗이 화를 냈다. 그래서 그곳 이름을 '웃사를 벌하심'이라는 뜻으로 '베레스웃사'라 불렀고, 오늘날까지 그 이름이 남아 있다. 다윗은 그날부터 하나님을 두려워하며 말했다.

"이래서야 어떻게 하나님의 궤를 내게로 가져올 수 있겠는가?"

그래서 다윗은 주님의 궤를 그가 있는 다윗 성으로 옮기지 않고 가드 사람 오벧에돔의 집으로 가지고 갔다. 주님의 궤는 오벧에돔의 집에서 그의 가족과 함께 3개월 동안 머물러 있었는데, 주께서 오벧에돔과 그의 온 집안에 복을 주셨다. 사람들이 다윗에게 말했다.

"주께서 하나님의 궤로 말미암아 오벧에돔의 집과 그에게 속한 모든 것에 복을 주셨습니다."

다윗은 그 이야기를 듣고 기쁜 마음으로 하나님의 궤를 모실 곳을 다윗 성에 마련하고 그곳에 장막을 세웠다. 다윗이 말했다.

"레위인 외에는 아무도 하나님의 궤를 멜 수 없다. 주께서 그들을 뽑아 주님의 궤를 메게 하셨고, 주님을 영원히 섬기게 하셨기 때문이다."[8]

---

7. '기돈'(대상 13:9)이라고도 함.
8. 다윗이 3개월 동안 회개하고 율법을 연구하여 하나님이 진노하신 이유를 깨달았던 것.

다윗은 모든 이스라엘 백성을 예루살렘으로 불러 모아 주님의 궤를 자기가 마련한 곳에 옮기려 했다. 다윗이 아론 자손과 레위인을 불러 모았는데, 그핫 자손은 지도자 우리엘과 그의 형제 120명이 모였고, 므라리 자손은 지도자 아사야와 그의 형제 220명이 모였고, 게르솜 자손은 지도자 요엘과 그의 형제 130명이 모였고, 엘리사반 자손은 지도자 스마야와 그의 형제 200명이 모였고, 헤브론 자손은 지도자 엘리엘과 그의 형제 80명이 모였고, 웃시엘 자손은 지도자 암미나답과 그의 형제 112명이 모였다. 다윗이 제사장 사독과 아비아달을 부르고, 레위인 우리엘과 아사야와 요엘과 스마야와 엘리엘과 암미나답을 불러 말했다.

"여러분은 레위인의 지도자들이니 여러분과 여러분의 형제들은 자신을 성결하게 하고 이스라엘의 주 하나님의 궤를 내가 마련한 곳으로 옮기시오. 지난번에는 우리가 율법대로 그분께 구하지 않았고 여러분이 메지 않았으므로, 우리 주 하나님이 우리를 치셨습니다."

그리하여 제사장과 레위인들은 이스라엘 주 하나님의 궤를 옮기기 위해 스스로를 성결하게 했다. 레위인들은 오벧에돔의 집으로 가서 모세가 주님의 말씀[9]에 따라 명령한 대로 하나님의 궤를 장대에 꿰어 어깨에 멨다.

다윗은 레위인의 지도자들에게 명령하여 그들의 형제를 노래하

9. 출 25:14

는 사람으로 세워, 비파와 수금을 타고 심벌즈를 울리면서 기쁜 찬
송을 부르게 했다. 레위인들은 헤만과 그의 친척 아삽과 에단을 세
웠다. 헤만은 요엘의 아들이고 아삽은 베레야의 아들이며, 므라리
가문 사람인 에단은 구사야의 아들이다. 이들 외에 두 번째 서열에
세운 그들의 형제는 스가랴, 벤, 야아시엘, 스미라못, 여히엘, 운니,
엘리압, 브나야, 마아세야, 맛디디야, 엘리블레후, 믹네야와 문지기
오벧에돔과 여이엘이다. 찬양대원 헤만과 아삽과 에단은 놋으로 만
든 심벌즈를 연주했고, 스가랴, 아시엘, 스미라못, 여히엘, 운니, 엘
리압, 마아세야, 브나야는 높은 음으로 비파를 탔으며, 맛디디야, 엘
리블레후, 믹네야, 오벧에돔, 여이엘, 아사시야는 낮은 음으로 수금
을 탔다. 레위인 지도자 그나냐는 노래를 아는 사람이어서 찬양대
원을 지휘했다. 베레갸와 엘가나는 궤를 지키는 문지기다. 제사장
스바냐, 요사밧, 느다넬, 아미새, 스가랴, 브나야, 엘리에셀은 하나님
의 궤 앞에서 나팔 부는 일을 맡았다. 오벧에돔과 여히야도 궤를 지
키는 문지기 역할을 했다.

　다윗과 이스라엘 장로들과 천부장들이 오벧에돔의 집에서 주님의
언약궤를 메고 기쁜 마음으로 올라왔다. 하나님이 주님의 언약궤를
메는 레위인들을 도우셨으므로 그들은 수소 일곱 마리와 숫양 일
곱 마리를 제물로 바쳤다. 주님의 궤를 멘 사람들이 여섯 걸음을 걸
었을 때, 다윗은 소와 살진 송아지를 제물로 바쳤다. 다윗과 궤를 멘
레위인들과 찬양대원과 찬양대를 지휘하는 그나냐는 모두 세마포

로 된 겉옷을 입고 있었다. 다윗은 세마포로 만든 에봇을 입고 있었다. 모든 이스라엘 백성이 크게 소리를 내며 뿔나팔과 나팔을 불고 심벌즈를 치고 비파와 수금을 연주하며 주님의 언약궤를 옮겨 왔다. 다윗은 주님 앞에서 온 힘을 다해 춤을 추었고, 다윗과 모든 이스라엘 백성은 기뻐 외쳤다. 주님의 궤가 다윗 성으로 들어올 때 사울의 딸 미갈이 창에서 내다보고 있었는데, 다윗 왕이 주님 앞에서 춤을 추며 뛰는 모습을 보고 마음속으로 그를 멸시했다.

그들이 하나님의 궤를 옮겨 와, 다윗이 궤를 두려고 세운 장막 안에 놓았다. 그런 다음 번제물과 화목제물을 하나님께 바쳤고, 다윗도 번제물과 화목제물을 바쳤다.

다윗이 성전에 올라가며 부른 노래 (시 131)

♪ 주님, 내 마음이 교만하지 않고, 내 눈이 오만하지 않으며, 내가 감당하지 못할 큰 일과 놀라운 일을 하려고 힘쓰지 않았습니다. 진실로 내가 내 영혼을 고요하고 평온하게 하기를, 젖 뗀 아기가 엄마 품에 있는 것같이 하였으니, 내 영혼이 젖 뗀 아기와 같습니다.

이스라엘아, 지금부터 영원까지 주님을 바라라. ♬

다윗은 주님의 이름으로 백성에게 축복하고 모든 이스라엘 남자와 여자에게 빵 한 조각과 과자 한 개와 건포도 과자 한 개씩을 나누어 주었다.

다윗은 레위인 몇 명을 뽑아 주님의 궤 앞에서 섬기며 이스라엘의 주 하나님을 찬양하고 감사드리며 찬송하게 했다. 지도자인 아삽은 심벌즈를 힘 있게 쳤고, 그 밑에 스가랴, 여이엘, 스미라못, 여히엘, 맛디디아, 엘리압, 브나야, 오벧에돔, 여이엘은 비파와 수금을 탔다. 제사장 브나야와 야하시엘은 하나님의 언약궤 앞에서 정해진 시간마다 나팔을 불었다. 그날 다윗은 처음으로 아삽과 그의 형제들을 시켜 주께 감사와 찬양을 하게 했다.

♪ 주께 감사드리고 그의 이름을 부르며 그가 하신 일을 모든 민족에게 알려라. 그를 노래하고 찬양하며 그가 하신 모든 놀라운 일을 전하여라. 그의 거룩하신 이름을 찬양하여라. 주를 찾는 자들아, 마음으로 기뻐하여라. 주를 찾고 그의 능력을 사모하고, 언제나 그의 얼굴을 찾아라. 주께서 행하신 놀라운 일들, 곧 그가 행하신 기적과 그의 입의 심판을 기억하여라. 그의 종 이스라엘의 자손아, 그가 선택하신 야곱의 자녀야, 그는 우리 주 하나님이시며 온 땅을 심판하신다.

그의 언약을 영원히 기억하여라. 그것은 자손 천 대에 이르기까지 명령하신 말씀, 곧 아브라함과 맺으신 언약이요, 이삭에게 하신 맹세요, 야곱에게 세우신 율례, 즉 이스라엘과 맺으신 영원한 언약이다. 그는 "내가 너희에게 가나안 땅을 주어 너희 유업이 되게 하겠다"고 말씀하셨다. 그때 너희의 수효가 매우 적었고, 그 땅에서 나그네로 있어, 이 민족에게서 저 민족에게로, 이 나라에서 다른 나라로 떠돌아다녔다. 그러나 그는 아무도 너희를 해치지 못하게 하셨고, 너희를 위해 왕들에게 경고하시기를 "내가 기름 부은 사람들에게 손을 대지 말고 내 예언자들을 해치지 말라"고 말씀하셨다.

온 땅아, 주님을 노래하고 날마다 그의 구원을 전하여라. 그의 영광을 모든 나라에 알리고 그가 행하신 기적을 만민에게 전하여라. 주님은 위대하시니 극진히 찬양하고 다른 어떤 신보다 경외해야 한다. 모든 나라의 모든 신은 헛되지만, 주님은 하늘을 지으셨다. 그 앞에는 존귀와 위엄이 있고, 그가 계신 곳에는 능력과 기쁨이 있다. 모든 나라의 종족들아, 주님을 찬양하여라. 주의 영광과 능력을 찬양하여라. 그의 이름에 어울리는 영광을 그에게 돌리고, 그 앞에 예물을 가지고 나아가, 아름답고 거룩한 것으로 주께 경배드려라. 온 땅아, 그 앞에서 두려워하여라. 그리하면 세계가 굳게 서서 흔들리지 않을 것이다.

하늘은 기뻐하고 땅은 즐거워하며, "주님이 다스리신다"라고 모든 나라 가운데서 외쳐라. 바다와 거기에 가득 찬 것들아, 외쳐라. 들과 그 안에 있는 모든 것들아, 기뻐하여라. 주께서 땅을 심판하러 오시리니, 숲속의 나무들이 주님 앞에서 즐거이 노래하리라.

주께 감사하여라. 그는 선하시며 그의 인자하심은 영원하다. 너희는 외치기를 "우리의 구원자이신 하나님, 우리를 구원하소서. 우리를 모으시고, 우리를 모든 나라로부터 구해 주소서. 우리가 주의 거룩한 이름을 찬양하게 하시고, 주를 찬양하며 주께 영광 돌리게 하소서"라고 하여라. 이스라엘의 주 하나님을 영원부터 영원까지 찬양하여라. ♬

그러자 모든 백성이 "아멘!" 하고 외치며 주를 찬양했다.

다윗은 아삽과 그의 형제를 주의 언약궤 앞에 머물러 있게 하여 날마다 규정대로 섬기게 하고, 오벧에돔과 그의 형제 68명도 그들과 함께 섬기게 했다. 여두둔의 아들 오벧에돔과 호사는 문지기다. 다윗은 제사장 사독과 그의 형제 제사장들을 기브온 산당에 있는 주의 성막 앞에 머물러 있게 하여, 주께서 이스라엘에게 주신 율법책에 기록되어 있는 규례[10]대로 아침 저녁마다 제단 위에 번제물을 바치게 했다. 그리고 헤만과 여두둔과 다른 레위인들도 그들과 함께 주님의 영원한 사랑에 감사하며 찬양하게 했는데, 헤만과 여두둔은 나팔을 불며 심벌즈 치는 일을 하게 했고, 하나님께 노래 부를 때 다른 악기도 연주하게 했다. 여두둔의 아들은 문을 지키게 했다.

그 뒤 모든 백성은 자기 집으로 돌아갔고 다윗도 자기 가족을 축복하려고 집으로 돌아갔다. 그런데 사울의 딸 미갈이 다윗을 맞으러 나와 말했다.

10. 출 29:38-39; 민 28:3-4.

"오늘 이스라엘의 왕이 건달패처럼 신하들의 여종들이 보는 앞에서 몸을 드러냈으니, 체면을 잃으셨습니다."

"그렇소. 내가 주님 앞에서 그렇게 했소. 주님은 당신 아버지와 그의 모든 집안 사람을 버리고 나를 선택하셨고, 나를 주님의 백성 이스라엘의 지도자로 세우셨으니, 내가 주님 앞에서 뛰놀았소. 내가 이것보다 더 낮아져 당신 눈에 나 자신이 비천하게 보일지라도, 당신이 말한 그 여종들은 나를 존경할 것이오."

이 때문에 사울의 딸 미갈은 죽을 때까지 자식을 낳지 못했다.

다윗이 성전 건축에 대한 비전을 보다 (삼하 7:1-29; 대상 17:1-27; 대하 6:8-9)

다윗 왕이 왕궁에서 살 때, 주님은 주변의 모든 원수를 막아 다윗에게 평화를 주셨다. 다윗이 예언자 나단에게 말했다.

"보시오. 나는 백향목으로 지은 왕궁에 살고 있는데, 하나님의 궤는 장막 안에 있습니다."

"주님이 왕과 함께 계시니, 하시고 싶은 것이 있다면 모두 하십시오."

그날 밤 주님이 나단에게 말씀하셨다.

"내 종 다윗에게 가서 전하여라. '주님이 말씀하셨다. 네가 나를 위해 내가 살 집을 지으려고 하느냐? 나는 이스라엘 백성을 이집트에서 이끌어 낼 때부터 오늘까지 집 안에서 살지 않고, 천막과 성막 안에서 옮겨 다녔다. 내가 이스라엘 모든 백성과 다닐 때, 그 지도자들에게 내 백성 이스라엘을 먹이라고 언제나 명령했었는데, 이스라엘 지파 중 어느 하나에게라도 왜 나를 위해 백향목 집을 건축하지 않느냐고 내가 말한 적이 있었느냐?'

그러므로 이제 너는 내 종 다윗에게 전하여라. '만군의 주께서 말씀하셨다. 나는 네가 양떼를 따라다니던 풀밭에서 너를 데리고 와서 내 백성 이스라엘의 지도자로 세웠고, 네가 어디로 가든지 항상 너와 함께 있으면서 네 모든 원수를 네 앞에서 물리쳐 주었다. 그리고 네 이름을 이 땅 위의 위대한 사람들의 이름처럼 위대하게 만들어 주었다. 나는 내 백성 이스라엘을 위해 한 지역을 정해 주고 그곳에 내 백성이 정착해 거주하게 할 것이다. 그래서 그들이 더 이상 옮겨 다닐 걱정이 없게 하고, 이전처럼 악한 백성이 그들을 더 이상 괴롭히지 못하게 하겠다. 내가 사사들을 세워 내 백성을 다스리게 했던 때와는 달리, 너희를 모든 원수로부터 벗어나 편히 쉬게 하겠다.

나 주가 네게 말한다. 주가 너를 위해 집을 세우겠다. 네가 수명이 다 되어 네 조상과 함께 누울 때, 나는 네 몸에서 태어날 아들을 왕으로 세워, 그의 나라를 굳건하게 해주겠다. 그가 내 이름을 위해 집을 지을 것이고, 나는 그의 왕위를 영원히 견고하게 하겠다. 나는 그의 아버지가 되고, 그는 내 아들이 될 것이다. 만일 그가 죄를 지으면 다른 사람을 막대기와 채찍 삼아 그에게 벌을 주겠지만, 사울에게서 내 자비를 거둬 네 앞에서 사라지게 한 것처럼 그에게서는 내 자비를 거둬 들이지 않겠다. 네 집과 네 나라가 내 앞에서 영원히 보전되고, 네 왕위가 영원히 견고할 것이다.'"[11]

    나단이 이 모든 말씀과 이 모든 계시를 다윗에게 그대로 전했다. 그 후 주께서 다윗에게 말씀하셨다.

    "네가 내 이름을 위하여 성전을 건축할 마음을 가진 것은 잘한 일이다. 그러나 너는 성전을 건축하지 못할 것이며, 네 허리에서 나올 네 아들이 내 이름을 위하여 성전을 건축할 것이다."

    다윗 왕은 장막으로 들어가 주님 앞에 앉아 말씀드렸다.

    "주 하나님, 내가 누구이며 내 집안이 무엇이기에 나를 여기까지 이르게 해주셨습니까? 주 하나님, 주님이 내게 베푸신 은혜가 과분한데, 또 주님의 종의 집안에 일어날 미래의 일까지 말씀해 주셨으니, 이것이 어찌 주님이 사람을 일반적으로 대하시는 방법이겠습니까? 주 하나님은 나를 존귀한 자들같이 여기셨습니다. 주 하나님, 주님은 주의 종을 잘 아시니 주께서 주의 종에게 베푸신 영예에 대하여 이 다윗이 더 이상 무슨 말씀을 드리겠습니까? 주님은 주의 말씀으로, 그리고 주님 뜻대로 이 모든 큰일을 결정하고 주의 종에게 알려 주셨습니다.

    주 하나님, 주님은 위대하시니, 우리가 귀로 들은 바와 같이 주님 같은 분은 없고 주님밖에는 다른 신이 없습니다. 이 세상에 어

---

11. 삼하 7:12-16은 메시아가 다윗의 후손으로 온다는 메시아 대망 사상의 기초가 된다(렘 33:15-16 참조).

떤 민족이 주의 백성 이스라엘과 같겠습니까? 하나님이 직접 찾아오셔서 구원하고, 자기 백성으로 삼고, 자기 이름을 두신 백성은 이스라엘뿐입니다. 주님은 그들을 이집트와 여러 민족과 그 신들에게서 구원하시려고 큰 일과 놀라운 일을 행하셨습니다. 주님은 주의 백성 이스라엘을 세워, 영원히 주님의 백성으로 삼고 그들의 하나님이 되셨습니다.

주 하나님, 이제 주님의 종과 종의 집안에 대하여 하신 말씀을 영원히 세우고, 말씀하신 대로 이루소서. 그렇게 하시면 사람들이 주님의 이름을 영원히 높일 것이고, '만군의 주께서 이스라엘의 하나님이시다'라고 할 것이며, 주님의 종 다윗의 집안이 주님 앞에서 굳건히 설 것입니다. 만군의 주 이스라엘의 하나님이 주의 종의 귀를 열어 '내가 너를 위해 집을 세우겠다'고 말씀하셨으니, 주님의 종이 감히 주께 즐거운 마음으로 기도드립니다. 주 하나님, 주님은 하나님이시며, 주님의 말씀은 진리입니다. 주님이 이 좋은 것을 주님의 종에게 말씀하셨으니, 이 종의 집에 복을 주어 주님 앞에 영원히 있게 하소서. 주 하나님이 말씀하셨으니 주님의 종의 집이 영원히 복을 받게 하소서."[12]

---

12. 다윗은 하나님의 은혜와 위대하심, 하나님의 자기 백성에 대한 사랑을 찬양하고 하나님의 약속에 따라 간구했다. 이때가 다윗의 영성이 그 생애 가운데 최고 정점에 달한 시기라 할 수 있다.

다윗이 블레셋, 모압, 소바, 아람, 에돔을 정복하다 (삼하 8:1-14; 대상 18:1-13)

그 후 다윗은 블레셋 사람들을 쳐서 항복을 받고 그들이 소유하고 있던 메덱암마, 곧 가드와 그 주변 마을을 빼앗았다.

다윗은 모압을 쳐서 그 사람들을 땅에 엎드리게 하고 줄로 키를 잰 뒤 두 줄 길이의 사람들은 죽이고 한 줄 길이의 사람들만 살려주었다. 모압 백성은 다윗의 종이 되어 조공을 바쳤다.

소바 왕이며 르홉의 아들인 하닷에셀이 자기 세력을 회복하려고 유프라테스 강까지 나아가려 하자, 다윗이 그를 무찔러 그의 군대를 하맛까지 쫓아냈다. 다윗은 하닷에셀에게서 전차 천 대와 기마병 7천 명과 보병 2만 명을 사로잡았다. 다윗은 말 100마리만 남겨 전차를 끌게 하고, 나머지 말들은 다리의 힘줄을 끊어 못 쓰게 만들었다. 다마스쿠스의 아람 사람들이 소바 왕 하닷에셀을 도우려고 왔지만, 다윗은 아람 사람 2만 2,000명을 쳐죽이고 자기 군대를 아람의 수도 다마스쿠스에 주둔시켰다. 아람 사람들은 다윗의 종이 되어 조공을 바쳤다. 주님은 다윗이 가는 곳마다 승리하게 해주셨다. 다윗은 하닷에셀의 신하들이 가지고 있던 금방패를 빼앗아 예루살렘으로 가지고 왔고, 또 하닷에셀이 통치하던 베다와 베로대[13] 성에서 놋쇠로 만든 물건을 많이 빼앗아 왔다.

다윗이 하닷에셀의 모든 군대를 물리쳐 이겼다는 소식을 하맛 왕

---

13. 대상 18:8에는 '디브핫과 군'으로 기록됨.

도이가 듣고 자기 아들 요람을 보내 다윗 왕을 맞이하고 다윗이 하닷에셀을 물리쳐 이긴 것을 축하하게 했다. 하닷에셀은 전에 도이와 맞서 여러 번 싸운 일이 있었다. 요람은 은과 금과 놋쇠로 만든 물건을 가지고 왔고, 다윗은 그 물건을 받아 주께 바쳤다. 다윗은 또 자기가 물리쳐 이긴 나라로부터 빼앗은 은과 금, 곧 아람과 모압과 암몬 사람들과 블레셋 사람들과 아말렉으로부터 가져온 것들과, 소바 왕 르홉의 아들 하닷에셀에게서 빼앗은 것들을 주께 바쳤다.

스루야의 아들 아비새는 '소금 골짜기'에서 에돔 사람 1만 8,000명을 물리쳐 이기고 돌아왔으며 그 일로 다윗이 유명해졌다. 다윗은 에돔 땅 모든 곳에 군대를 주둔시켰고, 에돔 백성은 모두 다윗의 종이 되었다. 주님은 다윗이 가는 곳마다 승리하게 해주셨다.

다윗의 신하들 (삼하 8:15-18; 대상 18:14-17)

다윗은 모든 이스라엘 백성을 정의와 공의로 다스렸다. 스루야의 아들 요압은 군대 사령관이 되었고, 아힐룻의 아들 여호사밧은 역사 기록관이 되었으며, 아히둡의 아들 사독과 아비아달의 아들 아히멜렉[14]은 제사장이 되었다. 스라야는 서기관이 되었고, 여호야다의 아들 브나야는 [왕의 경호부대인] 그렛 사람과 블렛 사람을 지휘하는 경호관이 되었으며, 다윗의 아들들도 중요한 자리를 맡게 되었다.

14. 손자와 조부의 이름이 똑같이 아히멜렉이다(삼상 22:20; 대상 24:3, 6, 31 참조).

사울의 아들 요나단에게는 두 다리를 저는 므비보셋이라는 아들
이 있었다. 사울과 요나단이 죽었다는 소식이 이스르엘에서 전해졌
을 때, 그의 나이는 5세였다. 그때 그의 유모가 그를 안고 급히 도망
치다 그를 떨어뜨려, 그가 다리를 절게 되었다.

다윗이 물었다.

"사울 집안에 지금도 살아 있는 사람이 있느냐? 요나단을 보아서
라도 남아 있는 자손에게 은혜를 베풀고 싶구나."

사울의 집안에 시바라는 종이 있어 다윗에게 불려 왔다. 왕이 그
에게 물었다.

"자네가 시바인가?"

"그렇습니다."

"사울 집안에 살아 있는 사람이 없느냐? 내가 그에게 하나님의
은혜를 베풀고 싶다."

"요나단의 아들이 아직 살아 있습니다. 그는 두 다리를 접니다."

"그가 어디에 있느냐?"

"로드발[15]에 있는 암미엘의 아들 마길의 집에 있습니다."

다윗 왕은 부하들을 보내 로드발에 있는 암미엘의 아들 마길의
집에서 그를 데려오게 했다.[16] 사울의 손자이자 요나단의 아들인 므

---

15. 요단 강 동편 길르앗 땅에 있는 도시(삼하 17:27).
16. 이때 므비보셋의 나이는 20세쯤 되었다.

비보셋이 다윗 앞에 나아와 엎드려 절했다. 다윗이 말했다.

"므비보셋아."

"저는 왕의 종입니다."

"두려워하지 마라. 네 아버지 요나단을 생각해 네게 은혜를 베풀고자 한다. 네 할아버지 사울의 땅을 모두 네게 돌려주겠다. 그리고 너는 언제나 내 식탁에서 식사를 하여라."

므비보셋이 절하며 말했다.

"이 종이 뭐라고 죽은 개와도 같은 저를 왕께서 보살펴 주십니까?"

왕이 사울의 종 시바를 불러 말했다.

"나는 사울과 그 집안 모든 소유를 네 주인의 손자에게 주었다. 그러니 너와 네 아들들과 네 종들은 그를 위해 땅을 갈고 곡식과 열매를 거두어, 네 주인의 손자에게 양식을 가져다 주어 먹게 하여라. 그러나 네 주인의 손자 므비보셋은 언제나 내 식탁에서 식사를 할 것이다."

시바에게는 아들 15명과 종 20명이 있었다. 시바가 왕에게 말했다.

"내 주 왕께서 종에게 명령하신 것을 이 종이 모두 그대로 하겠습니다."

그리하여 므비보셋은 왕자들처럼 다윗의 식탁에서 식사를 했다. 므비보셋에게는 미가라는 어린 아들이 있었다. 시바의 집에 사는 사람은 모두 므비보셋의 종이 되었다. 두 다리를 모두 저는 므비보셋은 언제나 왕의 식탁에서 식사를 했으므로 예루살렘에서 살았다.

얼마 후, 암몬 사람들의 왕 나하스가 죽고 그의 아들 하눈이 그 뒤를 이어 왕이 되었다. 다윗이 말했다.

"나하스가 내게 은혜를 베풀었듯이 나도 그의 아들 하눈에게 은혜를 베풀어 주겠다."

그래서 다윗은 자기 신하들을 하눈에게 보내 그의 아버지의 죽음을 위로하게 했다. 다윗의 신하들이 하눈을 위로하러 암몬 사람들의 땅으로 갔다. 그런데 암몬의 장관들이 자기들의 주인 하눈에게 말했다.

"다윗이 정말 왕의 아버지를 공경해서 왕께 사람들을 보낸 줄 아십니까? 다윗은 이 성을 조사하고 정탐하여 정복하기 위해 자기 신하들을 보낸 것이 아닙니까?"

그래서 하눈은 다윗의 신하들을 잡아 수염을 절반쯤 깎고 옷을 엉덩이 부분까지 잘라 낸 뒤 돌려보냈다. 사람들이 이 소식을 다윗에게 알렸다. 조문 사절들이 너무나 수치스러워했으므로 다윗은 그들을 맞이할 사람들을 보내 "수염이 자랄 때까지 여리고에 있다가 돌아오라"고 지시했다.

암몬 사람들은 자기들이 다윗의 원수가 되었다는 사실을 깨달았다. 그래서 그들은 벧르홉과 소바에서 아람의 보병 2만 명을 모으고, 마아가 왕에게서 군인 1천 명, 돕에서 1만 2천 명을 모았다. 그들은 아람 나하라임과 아람 마아가와 소바에 은 1천 달란트를 보내 전차 3만 2천 대를 빌리고 기마병을 고용했으며, 마아가 왕과 그의 군대도 고용했다. 이에 마아가와 그의 군대가 와서 메드바 근처에 진을 쳤다.

다윗은 이 소식을 듣고 요압을 비롯한 모든 용사를 전쟁터로 보냈다. 암몬 사람들은 나와 성문에 서서 싸울 준비를 했고, 벧르홉과 소바에서 온 아람 사람들과 돕과 마아가에서 온 사람들은 암몬 사람들과 떨어져 들에 전열을 갖추었다. 요압은 자기들의 앞과 뒤에 적이 진을 치고 있는 것을 보고 이스라엘 사람들 중 가장 뛰어난 용사들을 뽑아 아람 사람들과 싸울 준비를 하게 했다. 그리고 나머지 군대를 자기 동생 아비새에게 맡겨 암몬 사람들과 맞서 싸우게 했다. 요압이 아비새에게 말했다.

"만약 아람 사람들이 나보다 강하면, 네가 나를 도우러 오너라. 암몬 사람들이 너보다 강하면, 내가 너를 도우러 가겠다. 용기 내라. 우리 백성과 하나님의 성들을 위해 용감하게 싸우자. 주께서 좋은 길로 인도하실 것이다."

그런 다음 요압과 그의 부하들이 아람 사람들을 공격하자, 아람 사람들이 도망하여 버렸다. 아람 사람들이 도망치는 모습을 암몬 사람들이 보고 아비새 앞에서 도망쳐 자기들의 성으로 돌아가 버렸다. 그래서 요압도 예루살렘으로 돌아왔다.

아람 사람들이 이스라엘에 패하자, 하닷에셀 왕이 사람들을 보내 유프라테스 강 건너편에 살고 있던 아람 사람들을 소집하여 큰 군대를 이루었다. 그 아람 사람들은 헬람으로 왔다. 그들의 지도자는 하닷에셀의 군대 사령관인 소박이었다. 다윗은 이 소식을 듣고 이스라엘 모든 군대를 소집하여 요단 강을 건너 헬람으로 갔다. 아람 사람들은 그곳에서 진을 치고 있다가 이스라엘 군대를 공격했다. 그러나 다윗은 아람 사람들을 물리쳐 이겼고, 아람 사람들은 이스라엘 군대에게 쫓겨 도망쳤다. 다윗은 아람의 전차병 7천 명과 보병 4만 명, 또 아람 군대 사령관인 소박도 죽였다. 하닷에셀을 섬기던 다른 나라 왕들은 이스라엘이 그들을 물리쳐 이겼다는 소식을 듣고는, 이스라엘과 평화조약을 체결하고 이스라엘을 섬겼다. 그 후로 아람 사람들은 암몬 사람들을 돕는 것을 두려워했다.

다윗이 아람 나하라임과 아람 소바와 싸우고 있는데

요압이 돌아와 소금 골짜기에서 에돔군 1만 2천 명을 죽였을 때 (시 60)

♪ 하나님, 주님은 우리를 버리고 흩으셨으며 우리에게 분노하셨으나, 이제는 우리를 회복시키소서. 주께서 땅을 흔들고 갈라지게 하여 땅이 흔들리니 그 틈을 메우소서.

주께서 주의 백성에게 환난을 주시고 우리를 술 취한 사람처럼 비틀거리게 하셨으나, 주님을 경외하는 사람들에게 깃발을 주고 진리를 위해 달게 하소서. (셀라) 주님이 사랑하시는 사람들이 구원받게 하시고, 주님의 오른손으로 건져 내게 응답하소서.

하나님이 성소에서 말씀하셨습니다. "내가 세겜 땅을 기쁘게 나누고 숙곳 골짜기를 측량하겠다. 길르앗은 내 것이고, 므낫세도 내 것이며, 에브라임은 내 머리의 투구이며, 유다는 내 왕권이고, 모압은 내 목욕통이다. 내가 에돔에 내 신발을 던질 것이다. 블레셋아, 나에게 기뻐 외쳐라."

누가 나를 굳건한 성벽이 있는 성 안으로 데리고 가겠습니까? 누가 나를 에돔까지 인도하겠습니까? 하나님, 주님이 아니십니까? 그런데 하나님, 주께서 우리를 버리고 우리 군대와 함께 나아가지 않으셨습니다. 우리를 도와 적으로부터 보호하소서. 사람의 구원은 헛됩니다. 우리가 하나님을 믿고 용감하게 나아가리니, 하나님이 우리의 적을 짓밟으실 것입니다. ♬

다윗과 밧세바 (BC 992, 삼하 11:1-27a; 대상 20:1a)

다음 해가 되어 왕들이 전쟁터로 나왔으므로, 다윗은 요압과 그의 부하들과 이스라엘 모든 군인들을 전쟁터로 보냈다. 그들은 암몬 사람들을 격파하고 랍바 성[17]을 포위했다. 그러나 다윗은 예루살렘에 머물러 있었다.

어느 날 저녁, 다윗이 침대에서 일어나 왕궁의 옥상을 거닐다가 한 여자가 목욕하고 있는 것을 보았다. 그 여자는 매우 아름다웠다. 다윗은 종을 보내 그 여자가 누구인지 알아보게 했다. 종이 대

---

17. 오늘날 요르단의 수도 암만.

답했다.

"그 여자는 엘리암의 딸이자 헷 사람 우리아의 아내 밧세바가 아 닙니까?"

그런데도 다윗은 사람들을 보내 그 여자를 데려오게 했다. 그 때 그 여자는 부정해진 몸을 정결하게 씻은 상태였다. 밧세바가 오 니, 다윗은 그녀와 잠을 잤다. 그런 다음 밧세바는 자기 집으로 돌 아갔다.

그런데 얼마 뒤 밧세바는 자기가 임신한 것을 알고 다윗에게 사 람을 보내 임신했다는 소식을 알렸다.

다윗은 요압에게 "헷 사람 우리아를 내게로 보내라"고 지시했다. 요압이 우리아를 다윗에게 보내니 우리아가 다윗에게 왔다. 다윗은 우리아에게 요압이 잘 있는지, 군인들이 잘 있는지, 전쟁 상황은 어 떤지 물었다. 그러고서 말했다.

"네 집으로 가서 쉬어라."

우리아가 왕궁에서 나가니 왕은 선물을 함께 딸려 보냈다.[18] 그런 데 그는 자기 집으로 가지 않고 왕궁 문간방에서 왕의 신하들과 함 께 잠을 잤다.[19] 신하들이 다윗에게 말했다.

"우리아가 집으로 가지 않았습니다."

---

18. 다윗은 밧세바가 임신한 아기를 우리아의 아기로 꾸미려고 그에게 특별 포상 휴가를 주어, 집에 가서 자기 아내와 동침하게 유인했다.
19. 우리아는 전쟁터에 나갈 군인으로서 금욕 수칙을 지켰다(삼상 21:5 참조).

다윗이 우리아에게 말했다.

"네가 먼 길을 왔는데, 왜 네 집으로 가지 않았느냐?"

"언약궤와 이스라엘과 유다 군인들이 장막에서 지내고 있고, 나의 주 요압과 그의 부하들도 들에서 진을 치고 있는데, 내가 어찌 집으로 가서 먹고 마시며 내 아내와 잠자리를 가질 수 있겠습니까? 왕의 살아 계심과 왕의 생명을 두고 맹세합니다만, 저는 그렇게 하지 않겠습니다."

"오늘은 여기에 머물러 있어라. 내일 내가 너를 돌려보내겠다."

그래서 우리아는 그날 예루살렘에 머물렀다. 그다음 날 다윗이 우리아를 불러 자기 앞에서 먹고 마시게 하며 취하게 했다. 그러나 그날 저녁에도 우리아는 자기 집으로 돌아가지 않고 왕의 신하들과 함께 잠을 잤다. 이튿날 아침, 다윗은 요압에게 편지를 써서 우리아의 손에 보냈다. 다윗이 쓴 편지의 내용은 이러했다.

"우리아를 전투가 치열한 곳에 선두로 내세우고 너희는 뒤로 물러나 그가 맞아서 죽게 하여라."

요압은 성을 살피다가 적군의 용사들이 있는 곳을 알아내 우리아를 그곳으로 보냈다. 적군들이 성 밖으로 나와 요압과 맞서 싸웠다. 다윗의 부하들 중 몇 명이 죽고, 그때 헷 사람 우리아도 죽었다. 요압이 다윗에게 전령을 보내 전쟁 상황을 모두 보고했다. 요압은 전령에게 이렇게 지시했다.

"왕께 전쟁 상황을 모두 보고했을 때, 왕께서 화를 내며 '너희가 왜 그렇게 성 가까이 가서 싸웠느냐? 그들이 성벽 위에서 화살을 쏠 줄 몰랐느냐? 여룹베셋의 아들 아비멜렉을 누가 죽였느냐? 성벽 위에 있던 어떤 여자가 맷돌을 그에게 던져 그가 데베스에서 죽지 않았느냐?[20] 왜 성벽에 그렇게 가까이 갔었느냐?'라고 물으시면, '왕의 종 헷 사람 우리아도 죽었습니다'라고 대답해라."

전령이 다윗에게 가서 요압이 시키는 대로 모두 보고했다.

"암몬 사람들이 우리보다 강하여 밖으로 나와 들에서 우리를 공격했고, 우리는 그들과 맞서 싸우며 성문까지 진격했습니다. 그러나 성벽 위에서 군인들이 왕의 부하들을 향해 화살을 쏘았습니다. 왕의 부하들 중 몇 사람이 죽고 왕의 종 헷 사람 우리아도 죽었습니다."

"너는 요압에게 전하길 '이 일로 염려하지 마라. 전쟁을 하다 보면 이런 사람도 죽고 저런 사람도 죽는다. 성을 더욱 맹렬히 공격하여 무너뜨리라'고 전하여 요압이 용기를 잃지 않도록 하여라."

우리아의 아내는 자기 남편 우리아가 죽었다는 소식을 듣고 남편을 위해 애곡했다. 애곡 기간이 지나자, 다윗은 종들을 보내어 그녀를 왕궁으로 데려왔다.

암몬 정복 (삼하 12:26-31; 대상 20:1b-3)

한편 요압이 암몬 사람들의 랍바 성을 포위했다. 그때 다윗은 예루살렘에 머물고 있었다. 요압은 암몬 왕이 사는 그 성을 함락하기

직전에 다윗에게 전령을 보내어 말했다.

"제가 랍바를 공격해 성에 물을 공급하는 장소도 점령했습니다. 이제 왕께서는 남은 군인들을 모아 오셔서 이 성 맞은편에 진을 치고 점령하십시오. 제가 이 성을 점령하면, 이 성이 제 이름으로 불리게 될까 두렵습니다."

다윗은 모든 군대를 모아 랍바로 가서 싸워 성을 함락시켰다. 다윗은 랍바 왕의 머리에서 왕관을 벗겨 냈다. 그 왕관은 금으로 만든 것으로 무게가 1달란트[약 34킬로그램]나 되고 보석도 박혀 있었다. 사람들은 그 왕관을 다윗의 머리에 씌워 주었다. 다윗은 그 성에서 많은 전리품을 빼앗고 랍바 성의 백성들도 사로잡아 톱질과 곡괭이질과 도끼질을 시키고 벽돌 굽는 일을 시켰다. 다윗은 암몬 사람들의 모든 성에서 이렇게 하고서 자신의 전 군대를 이끌고 예루살렘으로 돌아왔다.

다윗의 회개 (삼하 11:27b-12:13a)

밧세바는 다윗의 아내가 되어 다윗의 아들을 낳았다. 그러나 다윗의 행위는 주님이 보시기에 악했다. 그래서 주님은 다윗에게 나단을 보내셨다. 나단이 다윗에게 와서 말했다.

"어떤 성에 두 사람이 있었는데, 한 사람은 부자였고 또 한 사람

20. 삿 9:52-53.

은 가난했습니다. 부자에게는 양과 소가 아주 많았지만 가난한 사람에게는 사서 키우는 어린 암양 한 마리 외에는 아무것도 없었습니다. 그 가난한 사람은 그 양을 자식들과 함께 길렀습니다. 그 양은 그 사람이 먹을 음식과 마실 물을 나누어 먹으며 자랐고, 그의 품에서 잠을 잤으니 그에게 마치 딸과도 같았습니다.

그런데 그 부자에게 어떤 나그네가 찾아왔습니다. 부자는 그 나그네에게 음식을 대접하고 싶었지만, 자기 양이나 소를 잡기는 아까워 그 가난한 사람의 어린 양을 빼앗았습니다. 그리고 그 양을 잡아 나그네를 위해 음식을 만들었습니다."

다윗은 그 부자에게 몹시 화가 나 나단에게 말했다.

"살아 계신 주님께 맹세하지만, 그런 짓을 한 사람은 죽어야 합니다. 그가 무자비하게 그런 짓을 한 댓가로 어린 양을 네 배로 갚아 주어야 합니다."[21]

"왕이 바로 그 사람입니다. 이스라엘의 주 하나님이 이렇게 말씀하셨습니다. '나는 너를 이스라엘의 왕으로 기름 부었고, 사울의 손에서 구해 주었고, 네 주인의 집을 네게 주었으며, 네 주인의 여자들을 네 품에 주었다. 또한 나는 이스라엘과 유다 족속을 네게 맡겼다. 그것이 네게 부족했다면 나는 네게 이것저것을 더 주었을 것이다. 그런데 너는 왜 주의 말씀을 멸시하고 내가 악하다고 여기는 짓

---

21. 출 22:1; 눅 19:8 참조.

을 하여, 헷 사람 우리아를 칼로 죽이되 암몬 사람들의 칼로 죽이고, 그의 아내를 빼앗아 네 아내로 만들었느냐? 이제 네 집안에는 칼이 영원히 떠나지 않을 것이다. 네가 나를 멸시하여 헷 사람 우리아의 아내를 네 아내로 빼앗았기 때문이다.'

주께서 또 이렇게 말씀하셨습니다. '나는 네 집안에 재앙을 일으켜 네가 보는 앞에서 내가 네 아내들을 빼앗아 너와 가까운 사람에게 주겠다. 그가 대낮에 네 아내들과 잠자리를 함께할 것이다. 너는 은밀히 행했지만, 나는 이스라엘 모든 백성이 보는 앞에서 대낮에 이 일을 하겠다.'"

"내가 주께 죄를 지었습니다."

다윗이 밧세바와 동침한 뒤 나단이 왔을 때 지은 시 (시 51)

♪ 하나님, 주님의 크신 자비로 나를 불쌍히 여기시고, 주님의 크신 긍휼로 내 죄악을 지워 주소서. 내 죄악을 말끔히 씻어 주시고 내 죄를 깨끗이 없애 주소서. 내 죄악을 내가 아오니, 내 죄가 항상 내 앞에 있습니다. 내가 오직 주께 범죄했고 주 앞에서 악을 행했으니, 주께서 주님의 말씀으로 의롭다 함을 얻으시고 주님이 판단받으실 때 이기시려는 것입니다.[22] 그렇습니다! 나는 죄악 가운데 태어났습니다. 내 어머니가 죄 가운데 나를 임신했습니다. 보소서, 주님

22. 롬 3:4 참조.

은 마음속 깊은 곳에 있는 진실을 기뻐하시고, 나로 하여금 숨겨진 지혜를 알게 하셨습니다.

나를 우슬초[23]로 정결하게 하소서. 내가 깨끗하게 될 것입니다. 나를 씻기소서. 내가 눈보다 더 희게 될 것입니다. 즐겁고 기쁜 소리를 들려 주셔서, 주께서 꺾으신 뼈가 즐거워하게 하소서. 주님의 얼굴을 내 죄에서 돌리시고, 내 모든 죄악을 지워 주소서.

하나님, 내 속에 깨끗한 마음을 만들어 주시고, 내 안을 정직한 영으로 새롭게 하여 주소서. 나를 주 앞에서 쫓아내지 마시고, 주님의 성령을 내게서 거두지 마소서. 주께서 주시는 구원의 기쁨을 내게 회복시켜 주시고, 내가 자원하는 마음을 유지하게 하소서. 나로 하여금 죄인들에게 주님의 도를 가르치게 하셔서, 죄인들이 주께로 돌아오게 하소서.

하나님, 나를 구원하시는 하나님, 나를 살인죄에서 구원하소서. 내 혀가 주님의 의를 소리 높여 노래하겠습니다. 주여, 내 입술을 열어 내 입이 주를 찬양하게 하소서.

주님은 내가 드리는 제사를 기뻐하지 아니하시며, 번제를 기뻐하지 아니하십니다. 하나님이 원하시는 제사는 찢긴 심령이기에, 찢기고 부서진 마음을 멸시하지 아니하십니다.

주님, 주님의 은혜로 시온을 돌보시고 예루살렘 성벽을 세워 주

23. 시체를 만져 부정하게 된 사람과 나환자를 정결하게 할 때 사용하는 풀(민 19:16-19; 레 14:4, 6, 7 참조).

소서. 그러면 사람들이 주께 의로운 제사와 온전한 번제를 드리겠
고 주께서 기뻐하시리니, 사람들이 주님의 제단 위에 숫송아지를 바
칠 것입니다. ♬

다윗이 죄를 용서받다 (삼하 12:13b-23)

나단이 말했다.

"주께서 왕의 죄를 용서하셨으니 왕은 죽지 않을 것입니다. 그러
나 이 일로 왕이 주님의 원수들에게 주님을 비방할 빌미를 주었으
므로 왕에게서 태어난 아기는 반드시 죽게 될 것입니다."

죄의 고백과 용서 (시 32)

♪ 죄를 용서받고 죄가 가려진 사람은 복 있는 사람입니다. 주님
이 죄인으로 여기지 않으시고 자기 입에 거짓이 없는 사람은 복 있
는 사람입니다.

내가 침묵했을 때,[24] 온종일 신음하여 내 뼈가 쇠약해졌고, 주께
서 손으로 밤낮 나를 짓누르시니 여름 가뭄에 풀이 마르듯 탈진하
게 되었습니다. (셀라) 그래서 나는 내 죄를 주님께 아뢰고 죄악을 숨
기지 않았습니다. "내가 내 범죄를 주님께 고백하겠다" 하였더니 주
님은 나의 경건하지 못한 죄를 용서하셨습니다. (셀라)

---

24. 죄를 고백하지 않았을 때.

다윗 왕의 정복활동 189

그러므로 모든 성도는 주님이 찾으실 때 주께 기도드릴 것이므로, 홍수가 밀어닥쳐도 그들을 덮치지 못할 것입니다. 주님은 환난에서 나를 지켜 주실 피난처이시니 내가 기뻐하도록, 나를 둘러싸고 있는 것으로부터 나를 구원하소서. (셀라)

주님이 말씀하신다. "네가 가야 할 길을 내가 네게 지시하고 가르치리니, 내가 너를 눈여겨보며 훈계하겠다. 그러니 말이나 당나귀처럼 되지 마라. 그것들은 분별력이 없어, 재갈과 굴레로 제어하지 않으면 너희 곁에 오지 않는다."

악인에게는 슬픔이 많지만 주님을 믿는 자에게는 자비하심이 그를 감쌀 것입니다.

의인들아, 주 안에서 기뻐하고 즐거워하여라. 마음이 정직한 자들아, 모두 기뻐 외쳐라. ♬

나단이 집으로 돌아간 뒤 주님은 다윗과 우리아의 아내 사이에서 태어난 아기를 치셔서 그 아기가 병들어 죽을 지경이 되었다. 다윗은 아기를 위해 하나님께 기도드렸고, 안으로 들어가 먹지도 마시지도 않고 밤새도록 땅 위에 누워 있었다. 왕궁의 늙은 신하들이 그를 땅에서 일으키려 애썼지만, 그는 일어나지 않고 그들과 함께 밥을 먹지도 않았다.

7일째 되는 날, 아기가 죽고 말았다. 다윗의 신하들은 아기가 죽었다는 사실을 다윗에게 말하기가 두려워 서로 이야기했다.

"아기가 살아 있을 때도 왕이 우리 말을 듣지 않았는데, 어찌 우리가 '아기가 죽었습니다' 하고 말씀드릴 수 있겠나? 그런 말은 왕에게 해로울 거야."

그러나 다윗은 신하들이 수군거리는 것을 보고 아기가 죽었다는 것을 알았다. 왕이 신하들에게 물었다.

"아기가 죽었느냐?"

"예, 죽었습니다" 하고 신하들이 대답했다. 그러자 다윗은 자리에서 일어나 몸을 씻고 몸에 기름을 바르고 옷을 바꾸어 입고 나서, 성막으로 들어가 예배를 드렸다. 그 후 그는 집으로 돌아와 먹을 것을 달라고 했다. 신하들이 음식을 가져오자 그가 먹었다. 신하들이 물었다.

"어쩐 일인지 모르겠습니다. 아기가 살아 있을 때는 금식하고 슬퍼하셨는데, 아기가 죽자 오히려 일어나 음식을 드십니까?"

"아기가 살아 있을 때 내가 금식하고 슬퍼한 이유는 '주께서 나를 불쌍히 여겨 아기를 살려 주실지 누가 알까?' 하고 생각했기 때문이다. 하지만 이제 아기가 죽었으니 내가 금식해야 할 이유가 없지 않느냐? 내가 아기를 다시 돌아오게 할 수 있느냐? 나도 언젠가는 아기에게로 가겠지만, 아기가 내게로 돌아올 수는 없는 일이다."

다윗은 자기 아내 밧세바를 위로하고 동침하니 밧세바가 다시 임신했다.

다윗은 주께 예배드릴 성전을 짓고 싶었다. 그러나 주께서 다윗에게 말씀하셨다.

"네가 많은 전쟁을 치르는 동안 많은 사람을 죽였으니, 너는 내 이름을 위해 성전을 지을 수 없다. 그러나 네게서 한 아들이 태어날 것인데, 내가 사방의 모든 원수로부터 그를 평안하게 할 것이므로, 그는 평안을 누릴 사람이다. 그의 이름을 솔로몬이라고 지어라. 그가 왕으로 있는 동안 이스라엘은 평화와 안정을 누릴 것이고, 그가 내 이름을 위해 성전을 지을 것이다. 그는 내 아들이 되고 나는 그의 아버지가 되어, 그의 왕위를 이스라엘 위에 영원하도록 세워 주겠다."

다윗은 아들을 낳았고, 그 아들의 이름을 솔로몬이라 지었다. 주께서 솔로몬을 사랑하셔서 예언자 나단을 통해 그 아기의 이름을 '주께서 사랑하신다'는 뜻으로 여디디야라고 부르게 하셨다.

다윗이 헤브론에서 예루살렘으로 옮겨 온 뒤 후궁과 아내들을 더 많이 맞아들였고, 더 많은 아들딸들이 태어났다. 예루살렘에서 낳은 아들의 이름은, 암미엘의 딸 밧세바가 낳은 삼무아, 소밥, 나단,

솔로몬, 입할, 엘리수아, 엘리벨렛, 노가, 네벡, 야비아, 엘리사마, 엘랴다, 엘리벨렛이고, 딸 다말 외에도 첩의 아들들이 있었다.

"주께서 웃사를 죽이셨으므로 다윗이 화를 냈다"(삼하 6:8a)

다윗은 3만 명이나 되는 백성을 동원하고 악기를 연주하면서 법궤를 운반하려다, 운반하던 사람이 죽는 사고를 당한다. 그러고는 하나님이 죽이셨음을 알고 자신이 백성 앞에서 공개적으로 수치를 당하게 되어 화가 났다.

언약궤를 운반하려면 언약궤는 감추어져야 하고, 고핫 자손들이 언약궤 사방 모서리에 달린 고리에 장대를 꿰어, 어깨로 메어 운반해야 한다(민 4:5-6, 15; 7:9 참조). 그러나 이스라엘 백성은 사사시대 400년 동안 율법대로 살지 않고 자기 소견에 옳은 대로 살았기에, 법궤 운반에 관한 율법지식이 없어서 소달구지에 법궤를 실어 운반하려다 하나님께 징계를 받았다. 하나님의 법궤와 율법을 방치하고 무시하며 육신대로 행한 죄에 대해 징계받은 것이다. 따라서 하나님의 일에서는 동기나 목적뿐만 아니라 방법까지도 하나님의 말씀대로 해야 한다.

"나는 이스라엘 백성을 이집트에서 이끌어 낼 때부터 오늘까지 집 안에서 살지 않고, 천막과 성막 안에서 옮겨 다녔다. 내가 이스라엘 모든 백성과 함께 다닐 때, 그 지도자들에게 내 백성 이스라엘을 먹이라고 언제나 명령했었는데, 이스라엘 지파 중 어느 하나에게라도 왜 나를 위해 백향목 집을 건축하지 않느냐고 내가 말한 적이 있었느냐?"(삼하 7:6-7)

하나님은 하늘로부터 땅을 발판 삼고 우주를 손바닥 안에 넣으시면서도 하나님의 백성 가운데 초월적으로 존재하시는 분이므로 하나님을 모실 수 있는 집은 있을 수 없고, 하나님은 사람이 지은 집 안에서 살지도 않으신다. 법궤나 성전 건물은 하나님이 이스라엘 가운데 함께하신다는 상징일 뿐이다. 하나님은 하나님의 임재의 상징인 법궤를 이스라엘 백성의 이동과 함께 항상 옮길 수 있게 만드셨다. 신약시대에 하나님은 예수님의 성육신을 통해 하나님의 백성 가운데 계셨고, 예수님이 승천하신 후 신자의 마음속에 성령의 내주하심으로 성전을 이루어 함께 계신다.

✕ ✕ ✕ ✕ ✕ ✕

"그 여자는 엘리암의 딸이며 헷 사람 우리아의 아내 밧세바가 아닙니까?"(삼하 11:2-3)

"밧세바는 자기가 임신한 것을 알고 다윗에게 사람을 보내 임신했다는 소식을 알렸다"(삼하 11:5)

하나님은 다윗에게 그의 종을 통해 그 여자는 다윗의 30인 용사 중 한 사람인 우리아의 아내라고 경고하면서 '이웃의 아내를 탐내지 말라'는 계명을 상기시켰지만, 다윗은 음욕에 사로잡혀 듣지 않았다. 간음죄에 대한 벌은 남녀 모두 사형(레 20:10)이므로 밧세바는 공범자인 다윗에게 자신을 살려 달라고 요청했다. 다윗은 당시 48세쯤 되었고 여러 명의 아내와 후궁을 데리고 있었는데도 남의 아내를 탐한 것이다.

다윗은 모든 전쟁에서 승리하고 당시의 중동 세계를 제패했으나 자만심에 빠져 유혹에 취약한 상태가 되었다. 결국 눈에 보이지 않는 정욕과의 전쟁에서 패하여 남의 아내를 빼앗고 충신을 의도적으로 죽음에 이르게 했다. 다윗은 왕의 지위를 이용하여 육신의 욕망을 채우려고 하나님을 외면했다. 영적 나태는 생활의 나태로 나타나고, 욕심이 잉태한즉 죄를 낳고 죄가 장성한즉 사망을 낳는다. 영으로 몸의 행실을 죽이지 않는 것은 죽음의 길로 들어가는 것이다.

다윗은 정욕대로 산 죄의 대가로 아들 압살롬의 반역에 의해 왕의 자리에서 쫓겨나고 동족상잔의 전쟁을 치루는 비극의 벌을 받게 된다.

✕ ✕ ✕ ✕ ✕ ✕

"내가 주께 죄를 지었습니다"(삼하 12:13)

다윗은 나단의 책망을 받아들이고 회개하였다. 진정한 회개는 범죄 사실에 대한 솔직한 시인에서 시작하고, 진정으로 회개할 때 하나님은 즉각 용서하고 회복시키신다. 다윗과 솔로몬 이후의 유다와 이스라엘의 모든 왕들은 예언자들에게서 책망을 들었을 때 회개하지 않고 오히려 그 예언자를 죽였다. 그럼으로써 다윗의 길로 가지 않고 사울의 길을 따라가 마침내 예루살렘은 멸망하고 만다.

6

압살롬의
반란

　다윗의 아들 압살롬에게는 다말이라는 예쁜 여동생이 있었다. 다윗의 다른 아들 암논이 그녀를 사랑했지만, 그녀는 처녀여서 어찌할 수 없는 줄을 알고 병이 나고 말았다. 암논에게는 다윗의 형 시므아의 아들인 요나답이라는 친구가 있었다. 그는 아주 간교한 사람이었다. 요나답이 암논에게 물었다.

　"왕자여, 왜 이렇게 나날이 허약해져 가십니까? 내게 그 까닭을 말해 주지 않겠습니까?"

　"나는 내 형제 압살롬의 여동생 다말을 사랑하고 있다오."

　"그렇다면 침대에 누워 아픈 척을 하십시오. 부왕께서 왕자님을 보러 오시면, '내 여동생 다말이 와서 빵을 먹여 주게 하여 주십시오. 그 애가 내가 보는 앞에서 음식을 만들고, 그 손으로 내게 먹여 주게 하소서' 하고 말하십시오."

그래서 암논은 침대에 누워 아픈 척을 했다. 왕이 그를 보러 왔을 때 암논이 말했다.

"내 여동생 다말이 와서 내가 보는 앞에서 과자 두 개를 만들게 해주시고, 그것을 그녀의 손에서 받아먹을 수 있게 해주십시오."

다윗은 다말의 집으로 사람을 보내 그녀에게 전했다.

"네 오빠 암논의 집으로 가서 그를 위해 음식을 만들거라."

다말이 자기 오빠 암논의 집으로 왔을 때 그는 침대에 누워 있었다. 그녀가 밀가루를 가지고 손으로 반죽하여 그가 보는 앞에서 과자를 만들어 구웠다. 다말은 냄비째 가져와 암논 앞에 차려 주었으나 그는 과자를 먹지 않고 자기 종들에게 말했다.

"너희는 모두 물러가 있어라."

모든 사람이 나가자 암논이 다말에게 말했다.

"그 음식을 침실로 가져와 다오. 네 손에서 받아 먹고 싶구나."

다말은 자기가 만든 과자를 가지고 오빠 암논이 있는 침실로 갔다. 그녀가 과자를 먹여 주려고 그에게 가까이 갔을 때, 그가 그녀를 꽉 붙들며 말했다.

"여동생아, 이리 와서 나와 함께 자자."

"오빠, 나를 욕보이지 마세요. 이스라엘에서는 이런 일이 있을 수 없어요.[1] 이런 어리석은 짓을 하면 안 돼요. 내가 이런 수치를 당하

---

1. 레 18:9, 11; 20:17 참조.

고서 어디로 갈 수 있겠어요? 오빠도 이스라엘에서 어리석은 한 사람이 될 거예요. 왕께 말씀드리면, 왕께서 오빠를 나와 결혼시켜 주실 거예요."

그는 그녀의 말을 들으려 하지 않았다. 그는 그녀보다 힘이 세었으므로 강간하고 말았다. 그러고 나니, 암논은 그녀가 무척 미워졌고, 전에 그녀를 사랑했던 것보다 지금 미워하는 마음이 훨씬 더 커졌다. 암논이 그녀에게 말했다.

"일어나 가거라!"

"안 됩니다! 나를 그냥 보내면 오빠가 내게 한 일보다 더 큰 죄를 짓는 것입니다."

그는 그녀의 말을 들으려 하지 않고 젊은 종을 불러 말했다.

"이 여자를 밖으로 내보내라. 그런 다음 문을 잠가 버려라."

그의 종은 그녀를 집 밖으로 내보낸 뒤 문을 잠가 버렸다. 다말은 흙을 머리에 뒤집어쓰고 슬픔을 나타냈다. 그때 그녀는 결혼하지 않은 공주들이 입는 색동옷을 입고 있었는데, 그 색동옷을 찢고 손을 머리 위에 얹고는 길을 걸어가며 소리 높여 울었다. 그녀의 오빠 압살롬이 그녀에게 말했다.

"네 오빠 암논이 너를 강간했다고? 내 여동생아, 그는 네 오빠이니 지금은 잠자코 있어라. 이 일로 너무 슬퍼하지 말거라."

다말은 자기 오빠 압살롬의 집에서 처량하게 지냈다. 다윗 왕이 그 소식을 모두 듣고 크게 화를 냈다. 압살롬은 암논에게 잘했느니 잘못했느니 하는 말을 전혀 하지 않았지만, 암논이 자기 여동생 다말을 강간했으므로 그를 증오했다.

2년이 지나, 압살롬이 에브라임 근처 바알하솔에서 자기 양 떼의 털을 깎는 일이 있었다. 그는 왕자들을 모두 초대한 뒤 왕에게 가서 말했다.

"양털을 깎으려 하니 왕께서 신하들을 데리고 저와 함께 가주십시오."

"내 아들아, 우리는 가지 않겠다. 우리가 모두 가면 네게 짐만 될 뿐이다."

압살롬은 왕께 간청했지만 왕은 가지 않고 압살롬에게 복을 빌어주기만 했다. 압살롬이 말했다.

"왕께서 가시지 않겠다면 내 형 암논을 우리와 함께 가게 해주십시오."

"왜 그를 데리고 가려 하느냐?"

그래도 압살롬이 간청하자 왕은 암논과 왕자들을 모두 압살롬과 함께 가게 했다. 압살롬이 자기 종들에게 명령했다.

"암논이 술에 취해서 마음 놓고 있을 때를 잘 살펴보아라. 내가 '암논을 쳐라' 하고 말할 테니, 그때 그를 죽여라. 두려워하지 마라. 내가 너희에게 명령하는 것이니 용기를 내고 담대해라."

압살롬의 젊은 종들은 압살롬의 명령대로 암논을 죽였다. 그러자 왕자들이 모두 일어나 나귀를 타고 도망쳤다. 왕자들이 도망치는 동안 '압살롬이 왕자들을 다 죽여 아무도 살아남지 못했다'는 소문이 다윗에게 전해졌다. 왕은 일어나 자기 옷을 찢고 땅 위에 누웠다. 왕의 모든 신하들도 자기 옷을 찢고 서 있었다. 다윗의 형 시므아의 아들 요나답이 다윗에게 말했다.

"내 주여, 젊은 왕자들이 다 죽었다고는 생각지 마십시오. 암논만 죽었을 뿐입니다. 압살롬은 암논이 자기 여동생 다말을 강간한 날부터 결심하고 있었습니다. 내 주 왕이여, 왕자들이 다 죽었다는 소문에 상심하시지는 마십시오. 암논만 죽었을 따름입니다."

압살롬은 도망쳐 버렸다. 젊은 호위병이 눈을 들어 보니 여러 사람들이 뒷산 언덕 길로 오고 있었다. 요나답이 왕에게 말했다.

"보십시오. 왕의 종이 말한 대로 왕자들이 오고 있습니다."

요나답이 이 말을 마치자 왕자들이 이르러 소리 높여 울었다. 왕과 그의 모든 신하들도 심히 통곡했다. 압살롬은 암미훌의 아들인 그술 왕 달매²에게로 도망갔다. 다윗은 자기 아들이 죽었기 때문에 날마다 슬퍼했다.

압살롬의 반역 (BC 977, 삼하 13:38-19:40)

압살롬은 그술로 도망쳐 그곳에서 3년 동안 살았다. 다윗 왕은 죽은 암논에 대한 슬픔이 가라앉자, 압살롬이 너무 보고 싶어졌다.

---

2. 압살롬의 외갓집(삼하 3:3).

왕이 압살롬을 그리워하고 있는 줄을 스루야의 아들 요압이 알고서, 사람들을 드고아로 보내 어떤 지혜로운 여자를 데리고 오게 했다. 요압이 그녀에게 말했다.

"장례식 때 입는 옷을 입고 기름을 바르지 말고 슬픈 척해라. 어떤 죽은 사람을 위해 오랫동안 슬퍼 운 사람처럼 행동해라. 그런 모습으로 왕에게 들어가 이렇게 말해라."

요압은 그녀에게 할 말을 일러 주었다. 드고아 여자가 왕에게 가서 얼굴을 땅에 대고 절하며 말했다.

"왕이시여, 저를 살려 주십시오."

"무슨 일이냐?"

"저는 과부입니다. 제 남편은 죽었고, 이 여종의 두 아들이 들에서 서로 싸우다가 말려 줄 사람이 없어 한 아들이 다른 아들을 죽이고 말았습니다. 그러자 온 집안 사람들이 이 여종을 욕하면서 '자기 형제를 죽인 자를 내놓아라. 우리가 그를 죽여 자기 형제를 죽인 죄를 갚고 그 집안의 상속자를 끊겠다'라고 말하고 있습니다. 그들은 내게 남아 있는 불씨를 꺼버리고, 제 남편의 이름과 씨를 세상에 남기지 못하게 하려고 합니다."

"내가 너를 위해 명령을 내려 줄 테니 네 집으로 돌아가거라."

"내 주 왕이여, 그들은 나와 내 아버지 집에 그 죄가 있고, 왕과 왕의 자리와는 상관없는 일이라고 주장할 것입니다."

"너를 욕하는 사람들을 내게 데리고 오너라. 다시는 너를 괴롭히지 못하게 하겠다."

"왕께서 왕의 주 하나님께 간구하여, 원수를 갚으려는 그 사람들이 더 이상 사람을 죽이지 못하게 하고, 내 아들이 죽임 당하지 않게 해주소서."

"살아 계신 주께 맹세하건데, 네 아들의 머리카락 하나라도 땅에 떨어지지 않게 하겠다."

"내 주 왕이시여, 한 가지만 더 말씀드리게 해주십시오."

"말해라."

"왕께서는 어찌 하나님의 백성답지 않은 일을 생각하셨습니까? 왕께서 그렇게 말씀은 하시면서도 추방된 자가 돌아오지 못하게 하는 것은 잘못하시는 것입니다. 땅에 쏟아지면 다시 주워 담을 수 없는 물같이 우리도 언젠가는 죽어야 하지만, 하나님은 추방된 자의 생명을 빼앗지 않고 그가 버림받지 않도록 돌아올 수 있는 길을 열어 주십니다.

지금 제가 와서 이렇게 내 주 왕께 말씀드리게 된 까닭은, 사람들이 저를 위협했기 때문입니다. 왕의 여종인 저는 '왕께 말씀드리면 여종의 말을 들어주실 것이다. 왕께서 내 말을 듣고 하나님이 주신 이 땅에서 나와 내 아들을 죽이려는 사람들로부터 이 여종을 구해주실 것이다'라고 생각했기 때문입니다. 또 '내 주 왕은 하나님의 천사와 같아서 선악을 분별하시므로, 내 주 왕의 말씀이 나를 위로해 줄 것이다. 왕의 주 하나님이 왕과 함께하시기를 바랄뿐이다'고 생각했기 때문입니다."

"너는 내가 묻는 말에 어떤 것도 숨기지 말고 대답해야 한다."

"내 주 왕이시여, 말씀하소서."

"요압이 네게 이 모든 말을 하라고 시키더냐?"

"내 주 왕이시여, 왕의 살아 계심을 두고 맹세합니다만, 내 주 왕이 하신 말씀에서 오른쪽이든 왼쪽이든 피할 수 있는 사람은 아무도 없습니다. 왕의 종 요압이 제게 이 모든 말을 가르쳐 주고 왕께 말씀드리라고 했습니다. 요압이 왕의 마음을 돌려 보려고 이 일을 꾸몄습니다. 내 주께서는 하나님의 천사처럼 지혜로우셔서 땅에서 일어나는 일을 다 아실 줄 압니다."

그러자 왕이 직접 요압에게 말했다.

"자! 내가 그 일을 하겠다. 젊은 압살롬을 데리고 오너라."

요압은 얼굴을 땅에 대고 절하며 왕께 복을 빌면서 말했다.

"왕께서 왕의 종의 말을 들어 주시니, 이제서야 왕께서 저를 총애하시는 줄 알겠습니다."

요압은 일어나 그술로 가서 압살롬을 예루살렘으로 데리고 왔다. 그러나 왕이 말했다.

"압살롬을 자기 집으로 보내라. 그가 내 얼굴은 보지 못할 것이다."

압살롬은 왕을 보지 못하고 집으로 돌아갔다. 압살롬은 머리끝부터 발끝까지 흠잡을 데가 없어, 압살롬만큼 준수하다고 칭찬받는 이가 이스라엘에 없었다. 해마다 연말 무렵이면 압살롬은 머리카락이 너무 무거워 머리를 깎았는데, 잘라 낸 머리카락의 무게는 왕궁 저울로 200세겔[약 2.3킬로그램]가량 되었다. 압살롬에게는 아들 셋과 딸 하나가 있었는데, 그 딸의 이름은 다말이고 생김새가 예뻤다.

압살롬은 예루살렘에서 2년 동안 살았지만, 한 번도 왕의 얼굴을 보지 못했다. 그래서 압살롬은 요압을 왕에게 보내려고 요압에게 사람을 보냈으나 요압은 오지 않았다. 압살롬은 한 번 더 그에게 사람을 보냈으나 여전히 그는 오지 않았다. 압살롬이 자기 종들에게 말했다.

"보아라! 요압의 밭이 내 밭 바로 옆에 있고 그곳에 보리가 있으니, 가서 거기에 불을 질러라."

압살롬의 종들은 이 말을 듣고 요압의 밭에 불을 질렀다. 그러자 요압이 압살롬의 집으로 와서 말했다.

"어찌하여 종들을 시켜 내 밭에 불을 질렀습니까?"

"내가 장군을 왕에게 보내려고 사람을 보내 장군에게 와달라고 했었소. 왕에게 가서 '저를 그술에서 왜 불렀습니까? 내가 차라리 그곳에 있는 것이 더 좋았을 것입니다. 이제 내가 왕을 만나 뵐 테니 만약 내게 죄가 있다면, 왕이 저를 죽이십시오'라고 말씀드려 주시오."

요압이 왕에게 가서 압살롬의 말을 전하자, 왕이 압살롬을 불렀다. 압살롬이 와서 얼굴을 땅에 대고 절했다. 왕은 압살롬에게 입을 맞추었다.

그 후 압살롬은 자기가 쓸 전차와 말을 마련하고 호위병 50명을 두었다. 그는 아침 일찍 일어나 성문 길옆에 서서, 재판할 문제가 있어 왕에게 재판받으러 오는 사람들을 불러 세우고 "어느 성에서 왔소?" 하고 묻곤 했다. 그 사람들이 "저는 이스라엘의 무슨 지파에서 왔습니다" 하고 말하며 자신의 억울한 사정을 이야기하면, 압살롬은 "당신의 일을 듣고 보니 당신이 옳고 정당하지만 당신의 송사를 들어줄 사람을 왕이 세우지 않았소"라고 말했다. 그리고 "나를 이 땅의 재판관으로 세운다면, 누구든 송사와 재판이 있는 사람이 올 때 내가 공정한 재판을 베풀겠소"라고 말하곤 했다. 또 사람들이 압살롬에게 가까이 나아와 절을 하면, 그는 자기 손을 내밀어 그들을 일으키고 입을 맞추었다. 압살롬은 왕에게 재판 받으러 오는 모든 이스라엘 사람에게 이런 식으로 대하여 이스라엘 사람의 마음을 훔쳤다.[3]

다윗이 지은 시 (시 39편)

♪ 내가 말하기를 '내 혀가 범죄하지 않도록 내 행위를 조심하며, 악인이 내 앞에 있을 때 내 입에 재갈을 물리겠다'고 하였다. 내가 말 못하는 사람처럼 잠잠하고 나 자신을 낮추어 아무런 선한 말

---

3. 이 시기에 다윗은 나이가 60세쯤 되었고 우울증에 빠져 가정과 재판 및 국정 운영을 소홀히 했다. 백성들의 마음이 다윗을 떠난 틈을 이용하여 압살롬은 민심을 빼앗았다. 그는 특히 남쪽 유다 지파에 대하여 반감을 품고 있는 북쪽 이스라엘 여러 지파의 환심을 얻으려고 애썼다. 이러한 배경 가운데 다윗이 시편 39, 41편을 지은 듯하다.

을 하지 않으니 내 고통이 깊어 갔다. 내 마음이 내 속에서 뜨거워져 내가 중얼거릴 때 화가 치밀었다. 내가 내 혀로 말하였다. '주여, 내 종말과 수명이 얼마나 되는지 알려 주셔서, 내 인생의 덧없음을 알게 하소서.'

보소서, 주께서 나의 날을 손바닥 넓이만큼 되게 하셨으니, 내 일생이 주님 앞에서는 없는 것과 같으며, 모든 사람이 참으로 헛되이 살고 있습니다. (셀라) 진실로 각 사람은 그림자처럼 다니고, 헛된 일로 떠들썩하며, 재물을 쌓으나 누가 거둘는지 알지 못합니다. 그러니 주여, 이제 내 소망이 무엇이겠습니까? 주님이 아닙니까? 내 존재 가치는 주님에게서 나옵니다. 내 모든 죄에서 나를 구원하시고, 내가 어리석은 자에게서 모욕을 당하지 않게 하소서.

내가 잠잠하고 입을 열지 않은 이유는 이 모두가 주께서 하신 일이기 때문입니다. 주님의 징계를 내게서 옮기소서. 주님의 손이 나를 치심으로 내가 쇠망하였습니다. 주께서 죄악에 대한 징계로 사람에게 벌 주시고, 그의 영화를 좀먹듯 소멸시키시니, 인생이 진정으로 헛될 뿐입니다. 주여, 내 기도를 들으시고 내 부르짖음에 귀 기울이소서. 내가 눈물 흘릴 때 잠잠하지 마소서. 나는 진실로 주님과 함께 있는 나그네이며 내 모든 조상처럼 잠시 머무는 자이니, 내가 떠나 없어지기 전에 주님이 나를 용서하셔서, 내 건강을 회복시키소서. ♬

♪ 약하고 가난한 자를 이해하는 자는 복이 있으니, 재앙의 날에 주께서 그를 구원하실 것입니다. 주께서 그를 보호하여 살게 하시고, 그에게 이 세상에서 복을 주실 것입니다. 주여, 그를 그의 원수의 손에 넘기지 마소서.

주께서 병들어 침대 위에 누워 있는 그를 도와주실 것이니, 그가 누워 있을 때마다 주께서 그의 병을 고쳐 주셨기 때문입니다.

내가 말하기를 '주님, 나를 불쌍히 여기소서. 내가 주께 범죄했으니 내 영혼을 치유하소서'라고 하였습니다. 그러나 내 원수가 내게 대하여 악담하기를 "그가 언제 죽어 그의 이름이 사라질까?" 합니다. 그가 나를 보러 와서는 거짓말을 하고 자기 마음에 죄악을 쌓았다가 밖에 나가 말하면, 나를 미워하는 자가 모두 내게 대하여 수군거리며 나를 해치려고 꾀하며 말하기를 "악한 병이 그 속에 들어갔으니, 그가 눕고 다시 일어나지 못하리라" 합니다. 내가 신뢰하던, 내 빵을 나누어 먹던 나의 가까운 친구도 나를 대적하여 그의 발꿈치를 들었습니다. 주님, 나를 불쌍히 여기셔서 나를 일으키시고 내가 그들에게 원수 갚게 하소서. 주께서 내 원수가 나를 이기지 못하게 하시니, 주님이 나를 기뻐하시는 줄 내가 알았습니다. 주께서 나를 완전하게 붙드셔서 주 앞에 영원히 세우신 줄 내가 알았습니다.

이스라엘의 주 하나님을 영원부터 영원까지 찬송하여라. 아멘. 아멘. ♫

4년이 지난 뒤 압살롬이 왕에게 말했다.

"내가 주님께 서원한 것이 있으니, 헤브론으로 가서 그 서원을 갚도록 허락해 주십시오. 주의 종이 아람 땅 그술에 살 때, '주님이 저를 예루살렘으로 돌아가게 해주신다면 내가 주님께 예배드리겠습니다'라고 서원한 적이 있습니다."

"평안히 가거라."

압살롬은 헤브론으로 갔다.[4] 그는 이스라엘 모든 지파에 정탐꾼을 보내 "나팔 소리가 울리면 압살롬이 헤브론에서 왕이 되었다고 외쳐라" 하고 말했다. 예루살렘에서 200명이 압살롬과 함께 갔지만, 그들은 초대받아 그저 따라간 것이므로 아무것도 알지 못했다. 압살롬은 희생제물로 제사를 드리는 동안, 사람을 보내 다윗의 고문이었던 길로 사람 아히도벨을 오게 했다. 이에 반역 세력이 커져 압살롬을 지지하는 백성이 점점 많아졌다. 전령이 다윗에게 와서 보고했다.

"이스라엘의 민심이 압살롬을 따르고 있습니다."

그러자 다윗은 자기와 함께 예루살렘에 있던 모든 신하에게 말했다.

"일어나 도망가자. 아무도 압살롬에게서 피하지 못할 것이다. 서둘러 떠나야겠다. 서두르지 않으면 압살롬이 급히 와서 우리를 따라잡고 해칠 것이며 칼로 성을 칠 것이다."

---

4. 다윗이 수도를 헤브론에서 예루살렘으로 옮겼으므로 헤브론 주민들 중에는 다윗에게 반감을 품는 사람들이 많았을 것.

왕의 신하들이 왕에게 말했다.

"우리 주 왕께서 어떠한 일을 하시든지 저희들은 그대로 따르겠습니다."

왕은 자기 가족을 모두 데리고 떠났으나 후궁 열 명은 왕궁을 지키도록 남겨 두었다. 왕이 나가고 모든 백성이 그를 따라 떠났다. 왕이 그 성의 마지막 집에서 멈춰 서자 왕의 모든 신하가 왕 옆을 지나갔다. 그렛 사람들과 블렛 사람들이 모두 왕 옆을 지나갔고, 다윗을 따르려고 가드에서 온 600명도 왕 앞을 지나갔다. 왕이 가드 사람 잇대에게 물었다.

"네가 어찌하여 우리와 함께 가느냐? 너는 이방인이고, 네 고국에서 추방된 자이니 돌아가 압살롬 왕과 함께 있어라. 네가 우리에게 온 것이 어제인데, 내가 어찌 오늘 너를 우리와 함께 가게 하겠느냐? 더구나 나는 어디로 가야 할지 모르니, 너는 돌아가라. 네 형제들도 데리고 가거라. 주님이 네게 자비와 진리를 베풀어 주시기를 바란다."[5]

"살아 계신 주님과 살아 계신 왕을 두고 맹세하지만, 내 주 왕께서 계시는 곳에 왕의 종도 죽든지 살든지 있겠습니다."

"정 그렇다면 앞서 건너가거라."

---

5. 다윗은 압살롬의 반란을 하나님이 자신에게 주시는 징계로 보고, 그 징계를 달게 받고자 왕위를 내려놓고 압살롬을 왕이라고 말했다. 그리고 가드 사람들은 망명해 온 외국인들이므로 징계받는 자신과 상관없으니 떠나라고 말하며 그들을 배려했다. 충성스러운 잇대는 이후 다윗의 군대 지휘관이 되어 전쟁을 승리로 이끈다.

가드 사람 잇대와 그의 모든 부하들과 그들의 자녀들이 지나갔다. 모든 백성이 기드론 골짜기를 건너가자 온 땅이 큰 소리로 울었다. 왕도 기드론 골짜기를 건넜다. 모든 백성은 광야 길로 걸어갔다.

그런데 사독과 모든 레위인들은 하나님의 언약궤를 메고 가다가 그곳에 궤를 내려놓았다. 아비아달은 모든 백성이 예루살렘 성을 떠날 때까지 제물을 바쳤다. 왕이 사독에게 말했다.

"하나님의 궤를 성 안으로 다시 메고 가시오. 주님이 내게 은혜를 베푸시면 내가 다시 돌아오게 해주실 것이고, 언약궤와 예루살렘을 다시 보게 해주실 것이오. 그러나 주께서 '내가 너를 기뻐하지 않는다'고 해도, 나는 '예'라고 말하며 주님 뜻대로 하시길 바랄 뿐이오."

왕이 또 제사장 사독에게 말했다.

"이해하셨소? 당신은 두 아들 곧 당신의 아들 아히마아스와 아비아달의 아들 요나단을 데리고 평안히 성 안으로 돌아가시오. 당신들에게서 소식이 올 때까지 나는 광야 나룻터[6]에서 기다리고 있겠소."

사독과 아비아달은 하나님의 궤를 메고 예루살렘으로 돌아가 거기에 머물러 있었다. 다윗은 올리브 산 오르막 길을 올라갈 때 두 손으로 머리를 가리고 맨발로 울면서 갔다. 그와 함께한 모든 백성도 자기 머리를 가리고 울면서 올라갔다. 누군가가 다윗에게 말했다.

"압살롬과 함께 반역을 꾸민 자 중에 아히도벨도 있습니다."

---

6. 사해 북쪽의 요단 강 나루터(수 2:7 참조).

다윗이 말했다.

"주여, 아히도벨의 책략을 어리석게 만드소서."

다윗은 하나님께 예배드리던 산꼭대기에 이르렀다. 거기서 아렉 사람 후새가 자기 옷을 찢고 머리에 흙을 덮어 쓰고 다윗을 맞으러 나왔다. 다윗이 그에게 말했다.

"그대가 나와 함께 간다면, 내게 짐만 될 뿐이오. 그러나 그대가 성 안으로 돌아간다면, 나를 위하여 아히도벨의 책략을 헛되게 만들 수 있소. 압살롬에게 '왕이시여, 나는 왕의 종입니다. 전에는 내가 왕의 아버지의 종이었지만 이제는 왕의 종입니다'라고 말하시오. 그곳에서 제사장 사독과 아비아달이 그대와 함께할 것이니, 그대는 왕궁에서 들은 것을 모두 제사장 사독과 아비아달에게 전하시오. 그들의 두 아들 곧 사독의 아들 아히마아스와 아비아달의 아들 요나단이 그들과 함께 있으니, 그대가 들은 것을 모두 그들을 통해 내게 전하시오."

다윗의 친구 후새는 예루살렘 성 안으로 들어갔다. 압살롬도 예루살렘에 이르렀다.

다윗이 올리브 산꼭대기를 조금 지나가자, 므비보셋의 종 시바가 다윗을 맞으러 나왔다. 시바는 나귀 두 마리에 안장을 얹고 왔는데, 나귀 등에는 빵 200개, 건포도 과자 100개, 여름 과일 100개, 포도주 한 가죽 부대가 있었다. 왕이 시바에게 물었다.

"왜 이런 것을 가지고 왔느냐?"

"나귀들은 왕의 가족들이 타고, 빵과 여름 과일은 젊은이들이 먹고, 포도주는 광야에서 지친 사람들이 마시라고 가져왔습니다."

"네 주인의 아들은 어디에 있느냐?"

"예루살렘에 남아 있습니다. 그는 이제야 이스라엘 백성이 자기 아버지의 나라를 자기에게 돌려준다고 생각하고 있습니다."

"므비보셋의 재산을 모두 네가 가져라."

"내 주 왕이시여, 제가 왕의 은혜를 입었으니 경배드립니다."

다윗 왕이 바후림에 이르렀을 때 어떤 사람이 그곳에서 나왔는데, 그는 사울 집안 사람 게라의 아들 시므이였다. 그는 나오면서 다윗을 저주하고 다윗과 그의 신하들을 향해 돌을 던졌다. 그러나 백성들과 군인들이 모두 왕의 오른쪽과 왼쪽에서 왕을 지켰다. 시므이가 다윗을 저주하며 말했다.

"가거라, 가! 이 살인자야, 이 악한 놈아, 네가 왕 자리를 빼앗고 사울 집안 사람들을 모두 죽인 것에 대해 주께서 네게 갚으셨다. 이제 주께서 네 나라를 네 아들 압살롬에게 주셨구나. 너 같은 살인자는 이런 재앙을 당해야 해."

스루야의 아들 아비새가 왕에게 말했다.

"어찌하여 저 죽은 개 같은 자가 왕을 저주하도록 내버려 두십니까? 제가 가서 저 놈의 머리를 베어 버리겠습니다."

"스루야의 아들들아, 왜 너희가 나의 일에 나서느냐? 그가 저주하는 것은 주님이 그에게 다윗을 저주하라고 말씀하셨기 때문인데,

'네가 어찌 그렇게 말하느냐'고 누가 말할 수 있겠느냐?"

다윗은 아비새와 자기의 모든 신하에게 말했다.

"내 몸에서 태어난 내 아들도 나를 죽이려고 하는 판인데, 저 베냐민 사람이야 말해 무엇하겠느냐? 이 일은 주께서 그에게 시키신 일이니, 나를 저주하게 그냥 내버려 두어라. 어쩌면 주께서 나의 비참함을 보시고 시므이가 오늘 말한 저주 대신 선으로 내게 갚아 주실지도 모르지 않느냐?"

다윗과 그의 신하들이 길을 갈 때 시므이는 길 맞은편 언덕 위로 걸어가면서 계속 다윗에게 저주를 퍼부으며 돌과 흙을 던졌다.

왕과 그의 모든 백성이 요단 강에 이르자 그들은 매우 지쳐 그곳에서 쉬었다.

다윗이 아들 압살롬을 피해 도망갈 때 지은 시 (시 3)

♪ 주여, 나를 대적하는 자들이 어찌 이렇게도 많은지요? 많은 사람들이 나를 대적하여 일어납니다. 많은 사람들이 나를 두고 말하기를 "그는 하나님의 구원을 받지 못할 것이다"라고 합니다. (셀라) 그러나 주여, 주는 나의 방패이시며, 내 영광이시고, 내 머리를 들어 주는 분이십니다. 내가 주께 소리 높여 부르짖으니, 주님은 그의 거룩한 산에서 응답해 주십니다. (셀라)

내가 누워 자고 또다시 깨어난 것도, 주께서 나를 지켜 주셨기 때문입니다. 천만 명의 적들이 나를 둘러싸더라도 두려워하지 않겠습니다.

주여, 일어나소서! 나의 하나님, 나를 구원하소서. 주께서 내 모든 원수들의 뺨을 치시고, 악인들의 이를 부러뜨리소서. 구원은 주께 있으니, 주님의 복을 주님의 백성에게 내리소서. (셀라) ♫

한편, 압살롬과 이스라엘의 모든 백성이 예루살렘에 이르렀고, 아히도벨도 그와 함께 있었다. 다윗의 친구 아렉 사람 후새가 압살롬에게 와서 말했다.

"왕이여, 만세! 왕이여, 만세!"

"이것이 당신 친구의 은혜에 보답하는 것이오? 왜 당신의 친구와 함께 가지 않았소?"

"저는 가지 않겠습니다. 전에는 주님과 이 백성과 이스라엘 모든 백성이 그를 택했으므로 제가 그와 함께 했고 함께 지냈지만, 이제는 제가 누구를 섬기겠습니까? 그의 아들이 아니겠습니까? 제가 전에 왕의 부친을 섬겼듯이, 이제는 왕을 섬기겠습니다."

압살롬이 아히도벨에게 말했다.

"이제 우리가 어떻게 해야 할지 의견을 말해 보시오."

"왕의 아버지는 후궁을 남겨 왕궁을 지키게 했으니 그녀들과 잠자리에 드십시오. 그리하면 모든 이스라엘은 왕이 왕의 부친의 원수가 되었다는 것을 알게 될 것이고, 왕의 편에 있는 모든 백성이 더욱 힘을 낼 것입니다."

그리하여 사람들이 압살롬을 위해 왕궁 지붕 위에 천막을 쳤고, 압살롬은 모든 이스라엘 사람들이 보는 앞에서 자기 아버지의 후궁들과 잠자리를 가졌다.[7] 당시 사람들은 아히도벨의 책략이 하나님의 말씀만큼이나 믿을 만하다고 생각했으므로, 다윗은 물론 압살롬도 그의 말을 의심없이 따랐다. 아히도벨이 압살롬에게 말했다.

"제가 군인 1만 2천 명을 뽑아 오늘 밤 다윗을 추격하겠습니다. 그가 지쳐 약해졌을 때 기습하여 겁에 질리게 하면 그와 함께 있는 모든 백성이 도망칠 것입니다. 저는 다윗 왕만 죽이겠습니다.[8] 다른 사람들은 모두 왕에게 돌아오게 하겠습니다. 왕이 찾으시는 그자만 죽으면, 다른 사람들은 모두 돌아올 것이고, 그렇게 되면 모든 백성이 평안해질 것입니다."

압살롬과 이스라엘의 장로들이 모두 그 말을 좋게 여겼다. 압살롬이 말했다.

"아렉 사람 후새도 불러라. 그의 말도 들어 보자."

후새가 압살롬에게 오자 압살롬이 말했다.

"아히도벨은 이렇게 말하니, 우리가 그의 말대로 하는 것이 좋겠소? 그렇지 않으면 그대 생각을 말해 보시오."

"아히도벨이 말한 책략이 지금은 좋지 않습니다. 왕께서도 아시

---

7. 왕궁 침소의 점령은 왕위를 빼앗은 상징적 행위이므로, 왕의 자리를 탈취한 새 왕은 선왕의 후궁들을 차지하는 것이 당시의 관습이었다(삼하 12:8 참조).

8. 밧세바의 친조부인 아히도벨이 우리아를 죽인 다윗을 죽여 집안의 원수를 갚고자 하는 것(삼하 23:34; 11:3 참조).

듯이 왕의 부친과 그의 부하들은 용사입니다. 지금 그들은 새끼를 빼앗긴 들판의 곰처럼 화가 나 있습니다. 왕의 부친은 노련한 군인이어서 지금은 백성과 함께 자지 않고 동굴 속이나 다른 곳에 숨어 있을 것인데, 만약 왕의 군인 중 몇 명이 먼저 쓰러지고 그 소식을 들은 자가 '압살롬을 따르는 자들이 졌다'고 말한다면, 아무리 사자처럼 용감한 자라도 사기가 꺾이게 마련입니다. 모든 이스라엘 백성은, 왕의 부친이 노련한 군인이고 그의 부하들은 용사들이라는 것을 알고 있기 때문입니다.

제 생각은 이렇습니다. 단에서 브엘세바까지 모든 이스라엘 백성을 바닷가의 모래알처럼 많이 모은 뒤 왕께서 직접 전쟁에 앞장서십시오. 우리는 다윗이 있는 곳에 땅 위에 이슬이 내리듯 덮쳐, 다윗과 그의 모든 부하를 죽이고 아무도 살아남지 못하게 할 것입니다. 만약 그가 어떤 성으로 도망치면 모든 이스라엘 백성이 밧줄로 그 성을 동여맨 다음 골짜기로 끌고 가서, 그곳에 작은 돌 한 개라도 보이지 않게 할 것입니다."

압살롬과 모든 이스라엘 사람들이 말했다.

"아렉 사람 후새의 책략이 아히도벨의 책략보다 낫구나."

그들이 이렇게 말한 까닭은 주께서 압살롬에게 재앙을 내리기 위해 아히도벨의 좋은 책략을 무효화시키라고 명령하셨기 때문이다. 후새는 사독과 아비아달 제사장에게 아히도벨이 압살롬과 이스라엘의 장로들에게 어떤 책략을 이야기했는지, 그리고 자기는 어떤 책략을 말했는지 알리고서 다음과 같이 전했다.

"사람을 다윗에게 보내 오늘 밤은 광야 나룻터에서 자지 말고 즉시 요단 강을 건너가시라고 전하십시오. 그렇게 하지 않으면 왕과 모든 백성은 몰살될 것입니다."⁹

요나단과 아히마아스는 남들이 볼까 봐 성 안으로 드나드는 것을 삼갔다. 그들은 성문 밖 엔로겔¹⁰에서 기다리고 있다가 한 여종이 그들에게 소식을 전해 주면 그 소식을 다윗 왕에게 전해 주곤 했다. 그런데 어떤 청년이 요나단과 아히마아스를 보고 압살롬에게 일러바쳤다. 요나단과 아히마아스는 급히 도망해 바후림에 있는 어떤 사람의 집으로 들어가 그 집 뜰에 있는 우물 속으로 내려갔다. 그 집 여주인은 덮개를 가져와 우물을 덮고 그 위에 곡식을 널어놓았으므로 아무도 그 사실을 알 수 없었다. 압살롬의 종들이 그 집으로 와서 그 여인에게 물었다.

"아히마아스와 요나단이 어디에 있느냐?"

"시냇물을 건너갔습니다."

압살롬의 종들은 그들을 찾으러 갔으나 찾지 못하고 예루살렘으로 돌아가 버렸다. 압살롬의 종들이 돌아간 뒤 요나단과 아히마아스는 우물에서 올라와 다윗 왕에게 가서 말했다.

---

9. 후새가 이런 제안을 한 이유는 혈기 왕성하고 성미 급한 압살롬이 언제라도 마음을 바꿀 염려가 있고, 아히도벨이 독자적으로 다윗을 추격할 수도 있기 때문이다.

10. 예루살렘 동남쪽 끝자락에 위치한 곳.

"서둘러 강을 건너십시오. 아히도벨이 왕을 해칠 책략을 세웠습니다."

다윗과 그의 모든 백성은 요단 강을 건넜다. 아침이 밝아 올 무렵에는 한 사람도 빠짐없이 강을 건넜다.

아히도벨은 자신의 책략이 받아들여지지 않는 것을 보자, 나귀에 안장을 얹고 자기 고향에 있는 집으로 돌아가 집안일을 정리한 후 목을 매달아 죽었다. 그는 죽어 자기 아버지의 무덤에 묻혔다.

다윗이 마하나임에 이르렀을 때 비로소 압살롬과 그의 모든 이스라엘 백성이 요단 강을 건넜다. 압살롬은 요압 대신 이스라엘 사람 이드라의 아들 아마사를 군대 총사령관으로 임명했다. 아마사의 어머니는 아비가일인데, 그녀는 나하스의 딸이며 요압의 어머니인 스루야의 동생이었다. 이스라엘 군인들과 압살롬은 길르앗 땅에 진을 쳤다.

다윗이 마하나임에 이르렀을 때 소비와 마길과 바르실래가 왔다. 나하스의 아들 소비는 암몬 사람들의 랍바 성 출신이고, 암미엘의 아들 마길은 로데발 출신이며, 바르실래는 길르앗 땅 로글림 출신이었다. 그들은 백성이 광야에서 굶주리고 지치고 목마를 것이라는 소문을 들었으므로, 침대와 대접과 질그릇, 밀, 보리, 밀가루, 볶은 곡식, 콩, 팥, 볶은 씨와 꿀과 버터, 양과 치즈를 가지고 와서 다윗과 그의 백성에게 먹으라고 주었다.

다윗은 자기와 함께하는 사람들을 소집하여, 천부장과 백부장을 세웠다. 그는 군대의 3분의 1을 요압의 손에, 3분의 1은 스루야의 아들이자 요압의 동생 아비새의 손에, 3분의 1은 가드 사람 잇대의 손에 맡겼다. 왕이 그들에게 말했다.

"나도 너희와 함께 가겠다."

"왕께서는 나가시면 안 됩니다. 우리가 도망친다 해도 그들은 우리에게 관심 갖지 않을 것이고, 우리 중 절반이 죽는다 해도 신경 쓰지 않을 것입니다. 왕께서는 우리들 1만 명 보다 중요하니 성에 그대로 머물러 계시다가 우리를 돕는 것이 좋겠습니다."

"나는 너희 생각대로 하겠다."

왕은 성문 곁에 서 있고 모든 군대가 백 명씩, 천 명씩 무리지어 밖으로 나갔다. 왕이 요압과 아비새와 잇대에게 명령했다.

"나를 생각해서라도 젊은 압살롬을 너그럽게 대해라."

왕이 지휘관들에게 내린 압살롬에 관한 명령을 모든 백성이 들었다. 다윗의 모든 군대가 압살롬의 이스라엘 군대와 맞서 싸우기 위해 들로 나갔다. 에브라임 숲[11]에서 전투가 벌어졌고, 이스라엘 군대가 다윗의 군대에게 패배했다. 그날 그곳에서 많은 전사자가 생겼는데 무려 2만 명이나 죽었다. 전투가 그곳 사방에 퍼져 나갔고, 그날 숲으로 인해 죽은 사람들[12]이 칼에 맞아 죽은 사람보다 더 많았다.

11. 요단 강 동쪽, 길르앗 땅.
12. 숲의 지형지물과 그것에 익숙지 못함으로 인하여 죽게 된 것을 말함.

압살롬이 다윗의 군인들과 우연히 마주치게 되었다. 압살롬은 노새를 타고 있었는데, 그 노새가 커다란 상수리나무 아래로 달려가자, 그의 머리카락이 나뭇가지에 걸리고 말았다. 그가 탔던 노새는 그냥 달아나 버렸으므로, 그는 나뭇가지에 걸린 채 공중에 매달려 있었다. 어떤 사람이 그것을 보고 요압에게 보고했다.

"압살롬이 상수리나무에 매달려 있는 것을 보았습니다."

"네가 압살롬을 보았다면 왜 죽여서 땅에 떨어뜨리지 않았느냐? 그렇게 했다면 내가 네게 은 10개와 띠 하나를 주었을 것이다."

"제게 은 천 개를 준다 해도 왕자를 해치지 않겠습니다. 왕께서 장군님과 아비새와 잇대에게 누구든지 젊은 압살롬을 지키라고 명령하신 것을 우리가 들었기 때문입니다. 제가 압살롬을 죽였다면, 왕께는 아무것도 숨길 수 없으니 왕이 그 사실도 알아내셨을 것이고, 그때는 장군님도 저에게 등을 돌리게 될 것입니다."

"너와 이렇게 지체할 시간이 없다."

요압은 창 세 자루를 집어 들고 가서 그때까지 산 채로 나무에 매달려 있던 압살롬의 심장을 찔렀다. 요압의 무기를 들고 다니던 젊은 군인 열 명도 압살롬을 둘러싸고서 쳐죽였다. 요압이 군인들을 아꼈으므로 나팔을 불어, 이스라엘 군대를 추격하던 다윗의 군대를 돌아오게 했다. 그들은 압살롬을 들어다 숲 속의 커다란 구덩이에 던져 넣고 그 위에 아주 큰 돌무더기를 쌓았다. 모든 이스라엘 사람들은 자기 집으로 도망쳐 버렸다. 압살롬은 살아 있을 때 "내 이름을 기억하게 할 아들이 내게는 없다"[13]는 말을 하며 '왕의 골짜기'에 비석을 세워 스스로를 기념한 일이 있는데, 오늘날까지 그 비석은 압살롬이 자기 이름을 따서 불렀기에 '압살롬의 기념비'라고 한다.

사독의 아들 아히마아스가 요압에게 말했다.

"내가 왕에게 달려가, 주님이 왕을 왕의 원수들의 손에서 수호하신 이 기쁜 소식을 전하겠습니다."

그러나 요압이 말했다.

"너는 오늘 이 소식을 전하는 자가 되지 말고 다른 날에 전해라. 오늘은 왕자가 죽었으므로 이 소식을 오늘 전하지는 마라."

그러고는 어떤 에티오피아 사람에게 말했다.

"가서 왕께 네가 본 대로 보고해라."

에티오피아 사람은 요압에게 절하고 달려갔다. 사독의 아들 아히마아스가 다시 요압에게 말했다.

"무슨 일이 일어나도 좋으니, 저도 저 에티오피아 사람 뒤를 따라가게 해주십시오."

"내 아들아, 왜 네가 달려가려고 하느냐? 상 받을 소식도 아닌데 말이다."

"무슨 일이 일어나든 저는 달려가겠습니다."

요압은 할 수 없이 그에게 말했다.

13. 압살롬의 세 아들(삼하 14:27)은 압살롬보다 먼저 죽은 것으로 보인다(시 34:16 참조).

"가거라!"

아히마아스는 평지 길을 달려 에티오피아 사람을 앞질러 갔다. 그때 다윗은 성 안쪽 문과 바깥쪽 문 사이에 앉아 있었다. 파수병이 망대에 올라가서 보니, 어떤 사람이 혼자서 달려오고 있었다. 파수병이 큰 소리로 이 사실을 왕에게 전했다. 왕이 말했다.

"혼자서 온다면 기쁜 소식을 가지고 올 것이다."

그 사람은 점점 가까이 왔다. 그때 파수병은 또 다른 사람이 달려오고 있는 것을 보고 문지기에게 외쳤다.

"보라! 또 다른 사람이 달려오고 있다!"

왕이 말했다.

"그 사람도 기쁜 소식을 가지고 오겠지."

"앞에서 오는 사람은 달리는 것이, 사독의 아들 아히마아스가 달리는 모습과 같습니다" 하고 파수병이 말했다.

"그는 좋은 사람이니 좋은 소식을 가지고 올 것이다."

아히마아스가 소리치며 왕께 인사드렸다.

"평안하십니까?"

그는 얼굴을 땅에 대고 왕께 절한 후 말했다.

"왕의 주 하나님이 내 주 왕에게 대적하는 자들을 물리치셨으니, 찬양드립니다."

"젊은 압살롬은 평안하냐?"

"왕의 종 요압이 이 종을 보낼 때, 제가 큰 소동을 보았지만 무슨 일인지는 모르겠습니다."

"물러나 옆에 서 있거라."

그는 옆으로 물러나 서 있었다. 그때 에티오피아 사람이 이르러 말했다.

"내 주 왕이시여! 기쁜 소식을 가지고 왔습니다. 주께서 오늘 왕께 대적하는 모든 자들에게서 왕을 수호하셨습니다."

"젊은 압살롬은 평안하냐?"

"내 주 왕의 원수들과 왕을 해치려는 자들이 모두 그 젊은이처럼 되기를 바랍니다."

그제서야 왕은 마음이 찢어질 듯이 아파서 성문 위에 있는 방으로 올라가 울었다.

"내 아들 압살롬아, 내 아들, 내 아들 압살롬아! 차라리 내가 너 대신 죽어야 하는 건데! 압살롬아, 내 아들아, 내 아들아!"

사람들이 요압에게 말했다.

"왕이 압살롬 때문에 울며 애곡하고 있습니다."

백성들은 '왕이 자기 아들 때문에 슬퍼하신다'는 말을 들었으므로 그날의 승리가 모든 백성에게 오히려 슬픔이 되고 말았다. 그래서 그들은 전쟁에서 지고 도망친 사람들 같이 성으로 살며시 들어왔다. 왕은 자기 얼굴을 가리고 "내 아들 압살롬아, 압살롬아! 내 아들아, 내 아들아!" 하고 외치며 소리 높여 울었다. 그때 요압이 왕의 집으로 들어가 왕에게 말했다.

"오늘 왕께서는 왕의 목숨과 왕자들과 공주들과 왕비와 후궁들의 목숨을 구한 왕의 모든 군대를 부끄럽게 만드셨습니다. 왕께서는 왕을 미워하는 사람들을 사랑하고 왕을 사랑하는 사람들을 미워했으니, 왕의 지휘관들과 부하들이 왕께는 있으나마나 한 사람들이라는 것을 보여 주셨습니다. 차라리 압살롬이 살고 우리가 모두 죽었다면, 그것이 왕께는 오히려 잘된 일일 거라는 것을 제가 오늘 깨달았습니다.

이제는 나가셔서 왕의 부하들을 격려해 주십시오. 살아 계신 주님께 맹세드리지만, 왕께서 나가지 않으시면 오늘 밤 왕의 곁에 남아 있을 사람은 아무도 없을 것입니다. 그렇게 되면 왕께서는 젊은 시절부터 지금까지 겪은 모든 어려움보다 더 큰 어려움을 겪게 될 것입니다."

왕이 일어나 성문으로 나가 앉았다. 그러자 왕이 성문에 앉아 계신다는 소식이 퍼졌고, 모든 백성이 왕 앞에 나왔다.

[압살롬을 따랐던] 이스라엘 사람들은 자기 집으로 도망쳐 버렸다. 이스라엘의 모든 지파 사람들이 서로 다투며 말했다.

"왕은 우리를 블레셋 사람과 우리의 원수들로부터 구해 주었었다. 그러나 지금 왕은 압살롬 때문에 이 땅에서 피신하였다. 우리가 왕으로 세운 압살롬은 전쟁터에서 죽었으니, 다윗 왕을 다시 모셔 오는 일을 주저할 필요가 어디에 있느냐?"

온 이스라엘 백성의 그 말이 다윗 왕에게 들렸다. 다윗 왕은 제사장 사독과 아비아달에게 사람을 보내어 말했다.

"유다 장로들에게 나의 말을 전해 주시오. '모든 이스라엘 백성이 왕을 왕궁으로 다시 모셔 오자고 하는 말을 왕이 들었다. 그런데 여러분은 내 형제요, 내 뼈요, 내 살인데 어찌하여 왕을 왕궁으로 모셔 오는 일을 마지막에 하려고 하는가?'[14] 그리고 아마사에게는 '그대는 내 뼈요 내 살이다.[15] 내가 그대를 요압 대신 군대 사령관으로 삼겠다. 만약 내가 그대를 군대 사령관으로 임명하지 않는다면, 하나님이 내게 벌 위에 벌을 내리셔도 좋다'라고 알려 주십시오."[16]

다윗이 모든 유다 사람의 마음을 하나같이 자기 쪽으로 기울게 하니 그들이 왕에게 사람을 보내어 말했다.

"왕께서 왕의 모든 신하와 함께 돌아오십시오."

왕이 요단 강까지 돌아왔을 때, 유다 사람들은 왕을 맞이하고 왕이 요단 강을 건너는 것을 도와주기 위해 길갈까지 왔다. 바후림에 있던 베냐민 사람 게라의 아들 시므이는 서둘러 유다 사람들과 함께 내려와 다윗 왕을 맞이했다. 그는 베냐민 사람 1천 명도 데리고 왔다. 사울 집안의 종 시바는 자기 아들 15명과 종 20명을 데리고

---

14. 다윗은 유다 지파 출신이므로, 유다 지파가 북쪽 이스라엘 지파보다 먼저 자신의 귀환을 환영하길 원했다.

15. 아마사는 다윗의 여동생의 아들(대상 2:17)이며 요압의 외사촌이다.

16. 다윗은 모든 백성의 진정한 지지를 받으며 왕위에 복귀하려 했으므로 반역 군대의 사령관까지도 자기 편으로 만들려고 했다. 자신의 명령을 거역하고 압살롬을 죽인 요압에 대해 실망하기도 했을 것.

와서 요단 강을 건너가 왕을 맞이했다. 그들은 왕의 가족이 요단 강을 건너가는 것을 도와주고 왕의 마음을 기쁘게 해주고자 나룻배로 건너갔다. 왕이 요단 강을 건너려 할 때 게라의 아들 시므이가 왕 앞에 나아와 엎드려 절하며 말했다.

"내 주여, 저를 죄인으로 여기지 마십시오. 내 주 왕께서 예루살렘에서 나오시던 날, 이 종이 저지른 죄를 기억하지 마시고 왕의 마음에 두지 마소서. 이 종이 내 죄를 알고 있습니다. 그러하기에 오늘 요셉 집안[17] 중에서 왕의 종인 제가 가장 먼저 내 주 왕을 맞이하려고 내려왔습니다."

스루야의 아들 아비새가 왕께 말했다.

"이렇게 한다고 해서, 주님이 기름 부으신 자를 저주한 시므이가 죽음을 면할 수 있겠습니까?"

그러나 다윗이 말했다.

"스루야의 아들들이여, 너희가 왜 나의 일에 나서느냐? 너희가 오늘 나와 원수가 되려 하느냐? 오늘은 내가 이스라엘의 왕이 되는 날인데 오늘 누가 이스라엘에서 죽임을 당하겠느냐?"

왕이 시므이에게 약속하며 말했다.

"너는 죽지 않을 것이다."

사울의 손자 므비보셋도 다윗 왕을 맞으러 내려왔다. 그는 왕이

---

17. 에브라임 지파와 므낫세 지파. 여기서는 북이스라엘 전체를 의미함.

예루살렘을 떠난 날부터 평안히 돌아오는 날까지 발도 씻지 않고 수염도 깎지 않고 옷도 빨지 않고 있다가 왕을 맞이하려고 예루살렘에서 온 것이었다. 왕이 그에게 물었다.

"므비보셋아, 너는 어찌하여 나와 함께 가지 않았느냐?"

"내 주 왕이시여, 이 종이 다리를 절기 때문에 시바에게 '나를 위해 나귀에 안장을 얹어라. 내가 나귀를 타고 왕을 따라가겠다'고 했는데도, 내 종이 나를 속이고 내 주 왕께 모함을 했습니다. 내 주 왕께서는 하나님이 보내신 천사와도 같으시니 왕께서 좋으신 대로 판단하십시오. 내 아버지의 모든 집안은 내 주 왕 앞에서 죽어 마땅했으나, 왕께서는 이 종을 왕의 식탁에 앉혀 주시기까지 하셨으니, 내게 무슨 의가 있다고 왕께 또 도움을 요청하겠습니까?"

"네가 어찌하여 그 이야기를 또 꺼내느냐? 내가 말한다. 너와 시바가 땅을 나누어 가져라."[18]

"시바에게 땅을 다 주십시오. 내 주 왕께서 평안히 집에 돌아오셨으니 저는 만족합니다."

길르앗 사람 바르실래가 왕을 배웅하려고 로글림에서 내려와 요단에 왔다. 바르실래는 80세로 너무 늙었지만 대단한 부자였다. 그는 왕이 마하나임에 머물러 있을 때, 왕을 돌보아 주었다. 왕이 바르실래에게 말했다.

---

18. 다윗은 자신이 어려울 때 도와주었던 시바의 공을 인정해 주었다.

"나와 함께 강을 건너 예루살렘으로 가시지요. 내가 당신을 돌봐 주겠습니다."

"제가 몇 년이나 더 살겠다고 왕과 함께 예루살렘으로 올라가겠습니까? 제 나이가 이제 팔십입니다. 제가 선악을 판단할 수 있겠습니까? 먹고 마신 음식의 맛을 알 수 있겠습니까? 남자와 여자의 노랫소리를 알아들을 수 있겠습니까? 이 종이 왜 내 주 왕께 계속 짐이나 되겠습니까? 이 종이 왕과 함께 요단 강을 건너가려는 것뿐인데, 왕께서 어찌하여 이런 상을 베푸시려 하십니까? 이 종을 다시 돌아가게 해주시면, 내가 사는 성에서 내 부모의 무덤 옆에서 죽으려 합니다. 하지만 여기에 있는 왕의 종 내 아들[19] 김함은 내 주 왕과 함께 건너갈 것입니다. 왕께서 좋으실 대로 그를 사용하십시오."

"내가 김함을 데리고 가겠소. 그대가 원하는 것을 내가 김함에게 해주고, 그대가 원하는 것도 내가 다 그대에게 해주겠소."

모든 백성은 요단 강을 건너갔다. 왕도 강을 건너가 바르실래에게 입맞추고 그에게 축복하니 바르실래가 자기 집으로 돌아갔다. 왕이 길갈로 갈 때 김함도 함께 갔다. 유다의 모든 백성과 이스라엘 백성의 절반이 왕이 건너가는 것을 도와주었다.

19. 왕상 2:7 참조.

온 이스라엘 백성이 왕에게 나아와 말했다.

"우리 형제 유다 백성이 우리와 의논도 없이, 왕과 왕의 가족들과 왕의 모든 신하가 요단 강을 건너가도록 도와주었다는데, 그들이 이럴 수 있는 것입니까?"

모든 유다 백성이 이스라엘 사람들에게 대답했다.

"우리가 그렇게 한 까닭은 왕이 우리와 가까운 친척이기 때문이오. 왜 이 일 때문에 화를 내시오? 우리가 왕으로부터 받아먹은 것이라도 있소? 왕이 우리에게 선물이라도 준 줄 아시오?"

이스라엘 사람들이 유다 사람들에게 대답했다.

"우리는 여러분보다 다윗 왕에게 열 배의 지분이 있는데, 여러분은 우리를 무시하고 우리 왕을 다시 모셔 올 때 어찌하여 우리와 먼저 의논하지 않았소?"

그러나 유다 사람들의 말이 이스라엘 사람들의 말보다 더 강경했다. 그때 베냐민 지파 사람 비그리의 아들 세바라는 불량배가 나팔을 불며 말했다.

"우리는 다윗에게 요구할 지분이 없고 이새의 아들에게서 얻을 유업이 없다. 이스라엘 백성들아, 모두 자기 집으로 돌아가자!"

모든 이스라엘 백성이 다윗을 떠나 비그리의 아들 세바를 따라가 버렸다. 그러나 유다 사람들은 요단 강에서 예루살렘에 이를 때까지 자기 왕의 곁에 줄곧 붙어 갔다.

♪ 하나님, 주는 나의 하나님이시니 내가 주님을 간절히 찾습니다. 물이 없어 메마르고 황폐한 땅처럼 내 영혼이 주님을 갈망하며 내 육체가 주님을 열망합니다. 내가 주님의 능력과 영광을 보려고 이렇게 거룩한 곳에서 주를 바라봅니다.

주님의 자비가 생명보다 나으므로, 내 입술이 주님을 찬양합니다. 나는 내 평생에 주님을 찬양하고 주님의 이름을 부르며 내 손을 들겠습니다. 내 영혼이 골수와 기름진 고기를 먹듯이 만족하겠고, 내 입이 입술로 주님을 기쁘게 찬양하겠습니다.

내가 잠자리에 들어서도 주님을 기억하며, 밤을 지새울 때에도 주님을 묵상합니다. 이는 주께서 나를 도우셔서, 내가 주님의 날개 그늘에서 즐거이 노래하기 때문입니다. 내 영혼이 주님을 뒤따르니 주님이 오른손으로 나를 붙드십니다. 그러나 내 생명을 죽이려고 찾는 자들은 땅 깊은 곳으로 들어가고 칼 잡은 무리에게 넘겨져 여우밥이 될 것입니다.

왕은 하나님으로 즐거워하며, 거짓말하는 자의 입이 막힐 때 하나님께 맹세한 자들은 모두 영광을 얻을 것입니다. ♫

다윗은 예루살렘 왕궁으로 돌아왔다. 왕은 왕궁을 지키라고 남겨 두었던 후궁 열 명을 잡아다가 별실에 가두고 보초를 두었다. 그는 그들에게 먹을 것만 주고 그들과 잠자리를 함께 하지 않았으므로, 그 여자들은 죽을 때까지 과부나 다름없이 갇혀 살았다.

왕이 아마사에게 말했다.

"유다 사람들을 삼 일 안으로 내게 소집하라. 너도 함께 오너라."

아마사는 유다 사람들을 소집하러 갔다. 그러나 그는 왕이 정한 기한을 넘기고 말았다. 다윗이 아비새에게 말했다.

"이제는 비그리의 아들 세바가 압살롬보다 더 위험하니, 그가 요새화된 성을 찾아 우리 눈을 피하기 전에 내 부하들을 데리고 가서 세바를 추격하라."

요압의 부하들과 그렛 사람과 블렛 사람, 그리고 모든 군인들이 아비새를 따라 예루살렘 밖으로 나가 비그리의 아들 세바를 추격했다. 그들이 기브온에 있는 큰 바위 옆에 이르렀을 때, 아마사가 그들 앞에 나타났다. 요압은 군복을 입고 있었고 허리에는 칼집 안에 칼이 있는 띠를 차고 있었는데, 그가 앞으로 나아갈 때 칼이 빠져 나와 있었다. 요압이 아마사에게 말했다.

"형님, 평안하시오?"

요압은 입을 맞추려고 오른손으로 아마사의 수염을 잡았다. 아마사는 요압의 손에 있는 칼을 주의하지 않았다. 요압이 칼로 아마사의 배를 찌르자 아마사의 창자가 땅 위에 쏟아졌다. 아마사가 죽었으므로 요압이 칼로 아마사를 다시 찌를 필요가 없었다. 요압과 그의 동생 아비새는 계속해서 비그리의 아들 세바를 추격했다. 요압의 젊은 부하 한 사람이 아마사의 시체 곁에 서서 말했다.

"요압 편에 있는 사람과 다윗 편에 있는 사람은 요압을 따르라!"

아마사가 피투성이가 된 채 길 한가운데에 쓰러져 있어, 지나가는 사람마다 그 시체를 보려고 멈춰 서는 것을 요압의 부하가 보고 아마사의 시체를 길에서 끌어다가 들에 놓아두고 옷으로 덮었다. 아마사의 시체가 길에서 치워지자, 모든 사람이 비그리의 아들 세바를 추격하려고 요압을 따라갔다.

세바는 이스라엘 모든 지파 가운데로 이리저리 다니다가 벧마아가의 아벨과 베림 모든 지역까지 갔다. 그곳 사람들이 모여 와서 세바의 뒤를 따랐다. 요압의 군대가 벧마아가의 아벨로 가서 그곳을 포위하고 성벽 옆에 흙을 쌓아 올려 성벽만큼 세웠다. 요압의 모든 군인들이 성벽을 무너뜨리기 위해 성벽 아래를 부수기 시작했다. 그런데 어떤 지혜로운 여자가 성에서 외쳤다.

"내 말을 들어보시오! 내 말을 들어보시오. 요압이 이리로 가까이 오면 내가 그에게 할 말이 있다고 요압에게 전하여 주십시오."

요압이 그 여자에게 가까이 가니 그 여자가 물었다.

"요압 장군이신가요?"

"그렇소."

"이 여종의 말을 들어 주세요."

"듣고 있소."

"옛날 속담에 '물어볼 것이 있으면 아벨로 가서 물어보라'고 하여 사람들이 문제를 해결했습니다. 저는 평화롭고 충성스러운 이스라엘 백성 중 한 사람입니다. 그런데 장군께서는 이스라엘에서 어머니 같이 중요한 성 하나를 멸망시키려 하고 있습니다. 왜 주님의 유업을 멸망시키려 합니까?"

"아니오, 아니오. 나는 멸망시키거나 파괴하려는 것이 아니오. 이 일은 그렇지 않소. 에브라임 산악 지방 출신 비그리의 아들 세바라는 사람이 다윗 왕을 대항하여 반역을 일으켰기 때문이오. 그 사람만 넘겨주면 내가 이 성을 떠나겠소."

"기필코 그 사람의 머리를 성 밖으로 장군님께 던져 드리겠습니다."

그 여자가 성의 모든 백성에게 지혜롭게 말하자, 그들은 비그리의 아들 세바의 목을 잘라 성 밖 요압에게 던져 주었다. 요압이 나팔을 불자 군인들은 그 성을 떠나 모두 집으로 돌아갔고, 요압은 왕이 있는 예루살렘으로 돌아갔다.

요압은 다시 이스라엘 모든 군대의 총사령관이 되었다. 여호야다의 아들 브나야는 그렛 사람과 블렛 사람을 지휘했다. 아도람은 강제 노동하는 사람들을 감독했으며, 아힐룻의 아들 여호사밧은 역사 기록관이 되었다. 스와는 서기관이 되고, 사독과 아비아달은 제사장이 되었다. 야일 사람 이라는 다윗의 장관이 되었다.

"압살롬의 젊은 종들은 압살롬의 명령대로 암논을 죽였다"(삼하 13:29)

암논은 다말을 진정으로 사랑하지 않고 이기적으로 정욕을 채운 후 다말을 버린 강간범이었다. 그런데 다윗은 암논의 죄를 문책하지 않고 모르는 척 2년 동안 방치했다. 하나님은 죄인이 회개할 때 용서하시지만 그 죄에 대하여는 율법에 따라 죄인을 징계하여 자신의 공의가 만족스럽게 세워지길 원하시므로, 죄인은 죄를 회개하고 징계받으며 회개의 열매를 맺는 삶을 살아 회개의 진정성을 입증해야 한다.

압살롬은, 암논이 자기 여동생을 강간한 것에 대한 원한을 하나님께 맡기는 믿음이 없었고, 원수를 스스로 갚는 악을 저질렀다. 그는 젊은 종들에게 공개적으로 암논을 죽이라고 명령하여 모든 사람이 알 수 있게 자기 형 암논을 죽인 극악한 살인자였다. 이때에도 다윗은 압살롬의 죄를 문책하지 않았다.

압살롬이 왕자들을 모두 초대할 때 암논도 초대했으나 암논은 가지 않겠다고 통보한 듯하다. 그래서 압살롬은 아버지 다윗에게 암논을 잔치 자리에 보내달라고 부탁했고 다윗은 압살롬의 끈질긴 요청 때문에 암논을 압살롬에게 가게 하여 암논의 죽음에 책임을 지게 되었다. 암논과 압살롬의 사건은 다윗의 죄에 대한 하나님의 징계가 나단 예언자의 예언(삼하 12:9-12)대로 집행되는 과정이었음을 보여 준다.

"내가 장군을 왕에게 보내려고 사람을 보내 장군에게 와달라고 했었소. 왕에게 가서 '저를 그술에서 왜 불렀습니까? 내가 차라리 그곳에 있는 것이 더 좋았을 것입니다. 이제 내가 왕을 만나 뵐 테니 만약 내게 죄가 있다면, 왕이 저를 죽이십시오'라고 말씀드려 주십시오"(삼하 14:32)

예루살렘으로 돌아온 압살롬으로 하여금 회개하고 자숙하는 삶을 살도록 하기 위해 다윗은 그를 외면했고 압살롬은 2년 동안 아버지 다윗의 얼굴을 못 보게 되었다. 그러나 그는 살인죄를 회개하지 않고 오히려 도망가서 살았던 그술에서의 삶이 더 좋았다고 말하면서 이스라엘 땅으로 돌아오게 해준 요압을 원망했다. 이것은 하나님이 이스라엘 백성을 이집트에서 구원했지만, 그들은 구원받은 광야의 삶이 힘들다고 오히려 이집트에서의 삶이 더 좋았다고 말하면서 이집트로 돌아가려 한 것과 같다. 압살롬은 자신이 죄인이었음을 회개하지 않은 상태에서 왕권에 의해 특별사면 받았으므로 죄가 성장하여 마침내 아버지 다윗 왕을 배반하고 반역을 일으키다가 처참하게 죽는다.

❉❉❉❉❉

"나팔 소리가 울리면 압살롬이 헤브론에서 왕이 되었다고 외쳐라"(삼하 15:10)

다윗이 압살롬의 음모를 전혀 몰랐을 리가 없는데 아무 대비도 하지 않았다는 것은 이해하기 어렵다. 아마도 다윗은 자기의 통치 능력을 과신하고 자기를 옹호하는 신하들이 충분히 대책을 마련하고 있으려니 하고 방심했을 수도 있고, 압살롬이 30세 정도 되었지만 아직 어리다고 여겨 그의 불온한 행위를 묵과했는지도 모른다. 분명한 것은 이것이 인간의 생각을 넘어 다윗을 처벌하시려는 주님의 섭리로 진행된 역사라는 점이다.

❉❉❉❉❉

"모든 이스라엘 백성이 다윗을 떠나 비그리의 아들 세바를 따라가 버렸다. 그러나 유다 사람들은 요단 강에서 예루살렘에 이를 때까지 자기 왕의 곁에 줄곧 붙어 갔다"(삼하 20:2)

압살롬의 왕위 찬탈은 다윗에 대한 이스라엘 백성의 신뢰를 약화시켰고, 마침내 이스라엘 백성은 압살롬의 반역에 동조하여 압살롬을 왕으로 옹립했다. 압살롬이 죽자 세바는 이스라엘 백성의 민심을 이용하여 다윗에게 대항하는 북왕국을 세우려 했지만 실패하고 다윗의 통치 아래 통합된다. 그러나 북이스라엘은 솔로몬 이후 다시 새로운 나라로 건국된다.

다윗은 유다 땅 베들레헴 출신이고, 사울의 박해를 피해 유다 지방 여러 곳으로 도망 다닐 때, 유다 사람들은 다윗을 숨겨 주고 도와주었으므로, 다윗은 아말렉을 쳐부수고 빼앗은 전리품을 유다 사람들에게 선물로 나누어 주며 은혜에 보답한 적이 있다. 다윗은 자신의 지지기반인 유다 사람들과의 결속을 강화시켰고, 유다 출신 신하들이 다윗 왕조를 유지하는 중심 세력이 된다(왕상 1:9 참조).

압살롬과 야곱과 탕자 비교

압살롬 (삼하 13:1-15:23)	야곱 (창 27:1-35:27)	탕자 (눅 15:11-32)
형 암논을 죽이고 아버지의 집을 떠나 그술 나라로 도망갔다.	아버지를 속이고 형 에서의 장자권을 빼앗아 밧단아람으로 도망갔다.	상속 재산을 미리 챙겨 아버지의 집을 떠나 먼 나라로 가버렸다.
그술 왕이었던 외할아버지 집에서 편하게 지냈다.	라반의 속임수와 중노동으로 20년간 고생했다.	사업 실패와 흉년의 역경 속에서 고통스럽게 지냈다.
회개하지 않았다(훗날 "내게 죄가 있으면 왕이 나를 죽이십시오" 라고 왕에게 말하라고 요압에게 자신 있게 말했다).	회개했다.	회개했다("내 아버지에게는 양식이 풍족한 품꾼이 얼마나 많은가! 나는 여기서 주려 죽는구나. 내가 일어나 아버지께 가서 '아버지 내가 하늘과 아버지께 죄를 지었사오니 지금부터는 아버지의 아들이라 일컬음을 감당하지 못하겠나이다. 나를 품꾼의 하나로 보소서' 하리라").
아버지께 돌아갈 마음이 없었으나, 요압이 요청하여 아버지께 돌아왔다.	스스로 아버지께 돌아갔다.	스스로 아버지께 돌아갔다("하나님과 아버지께 죄를 지어 더 이상 아버지의 아들이라 불릴 자격이 없습니다"라고 고백했다).
다윗은 돌아온 압살롬을 외면했으므로, 압살롬은 아버지의 얼굴을 보지 못하고 자기 집으로 갔다.	형 에서는 야곱을 죽이려고 400명을 이끌고 왔다. 야곱은 진정으로 회개하고 에서에게 많은 재물을 주며 진심으로 용서를 구했고, 서로 화해했다.	아버지는 아들에게 가장 좋은 옷을 입히고 손에 가락지를 끼우고 발에 신을 신겼다. 그리고 잔치를 베풀었다. 사람들은 살진 송아지를 잡아서 먹고 노래하며 춤췄다.
압살롬은 '내가 그술에 있는 것이 더 좋았을 것이다'라고 생각하며 요압과 다윗을 원망했고, 마침내 아버지를 반역했다.		

7

시련과
시험

다윗 시대에 3년 동안 흉년이 들었다. 다윗은 주께 기도했고 주께서 대답해 주셨다.

"사울과 그의 집안이 기브온 사람들을 죽였기 때문이다."

왕은 기브온 사람들을 불러 그들에게 물었다. 기브온 사람들은 이스라엘 백성이 아니고 아모리 사람 중에서 살아남은 자들이었다. 전에 이스라엘 사람들은 그들을 해치지 않기로 약속했지만, 사울은 이스라엘과 유다 백성을 위하는 열심이 지나쳐 그들을 죽였다.[1] 다윗이 기브온 사람들에게 물었다.

"내가 너희를 위해 어떻게 하면 좋겠느냐? 내가 어떻게 속죄해야 너희가 주님의 백성을 축복하겠느냐?"

1. BC 1406년 여호수아가 가나안을 정복할 때 이스라엘과 기브온 사람들이 맺은 약속(수 9:15, 19-20, 26-27)을 사울은 무시하고 배타적 민족주의에 사로잡혀 죄없는 기브온 사람들을 전멸시키려는 죄를 지었다.

"우리와 사울, 우리와 사울 집안 사이의 문제는 금이나 은으로 해결될 수 있는 문제가 아니고, 생명으로 보상될 문제입니다. 그런데 우리는 이스라엘 사람을 죽일 권한이 없습니다."

"그렇다면 내가 너희에게 무엇을 해주어야 할지 말해 보아라."

"사울은 우리를 이스라엘 온 땅에서 살아남지 못하도록 진멸시키려는 음모를 꾸몄습니다. 그러니 사울의 일곱 아들을 우리에게 넘겨 주십시오. 그러면 우리가 주께서 선택하신 사울의 고향 기브아에서 그들을 주님 앞에서 목매달겠습니다."

"내가 그들을 넘겨 주겠다."

왕은 아야의 딸 리스바와 사울 사이에서 태어난 두 아들 알모니와 므비보셋을 붙잡고, 사울의 딸 메랍과 므홀랏 사람 바르실래의 아들 아드리엘 사이에서 태어난 다섯 아들을 붙잡아 기브온 사람들에게 넘겨 주었다. 그러나 왕은 요나단의 아들 므비보셋만은 보호해 주었다. 므비보셋은 사울의 손자이지만, 다윗이 주님의 이름으로 사울의 아들 요나단에게 그의 후손을 보호해 주겠다고 약속했기 때문이다.

기브온 사람들은 산에서 그들을 주님 앞에 목매달아 놓으니 일곱이 다 함께 죽었다. 그들은 추수를 시작할 무렵, 곧 보리 추수 시작 때 죽임을 당했다. 아야의 딸 리스바는 베로 만든 천을 가져다가 바위 위에 펴서, 추수가 시작될 때부터 비가 내릴 때까지 낮에는 하늘의 새가 자기 아들들의 시체를 건드리지 못하게 막았고, 밤이 되면 들짐승이 시체를 건드리지 못하게 막았다.

다윗은 사울의 후궁이었던 아야의 딸 리스바가 행한 일을 보고받고, 사울의 뼈와 그의 아들 요나단의 뼈를 길르앗 야베스 사람들에게서 찾아왔다. 전에 블레셋 사람들이 길보아에서 사울을 죽인 후 그 시체를 벧산 광장에 매달았을 때, 길르앗 야베스 사람들이 몰래 그 시체를 가져온 적이 있었다. 다윗이 사울의 뼈와 그의 아들 요나단의 뼈를 가지고 오자, 사람들은 달려 죽은 자들의 뼈를 거두어들여 사울과 그의 아들 요나단의 뼈와 함께 베냐민 땅 셀라에 있는 사울의 아버지 기스의 무덤에 장사 지냈다. 왕이 명령한 것을 백성들이 다 지키자 하나님이 그 땅을 위한 기도를 들어주셨다.

블레셋과의 전쟁에서 승리하다 (삼하 21:15-22; 대상 20:4-8)

블레셋과 이스라엘 사이에 또다시 전쟁이 일어나자 다윗은 부하들을 거느리고 블레셋 사람들과 싸우러 나갔다. 다윗이 지쳐 있을 때, 거인족의 자손 중 이스비브놉이라는 사람이 300세겔[약 4.2킬로그램] 되는 놋쇠 창을 들고 허리에 새 칼을 차고 다윗을 죽이려 했다. 그러나 스루야의 아들 아비새가 그 블레셋 사람을 죽이고 다윗의 목숨을 구했다. 그때 다윗의 부하들이 다윗에게 한 가지 다짐을 받으려 했다.

"왕께서는 다시는 우리와 함께 싸움터에 나오지 마십시오. 왕이 돌아가시면 이스라엘의 등불이 꺼지는 것과 같습니다."

그 후 곱에서 다시 블레셋과 전쟁이 있었다. 후사 사람 십브개가 거인족의 자손 중 하나인 삽을 죽였다. 그래서 블레셋 사람들은 항복했다. 그 뒤 곱에서 또다시 블레셋과 전쟁이 있었다. 베들레헴 사람 야레오르김의 아들 엘하난이 가드 사람 골리앗의 동생 라흐미를 죽였다. 라흐미의 창 자루는 베틀채만큼 컸다.

가드에서 또다시 전쟁이 일어났다. 거기에는 굉장히 큰 거인이 있었다. 그 사람의 손가락은 한 손에 여섯 개씩 있었고, 발가락도 한 쪽에 여섯 개씩 있었다. 그 사람의 손가락과 발가락은 모두 24개였다. 그도 역시 거인족의 자손이었다. 그는 이스라엘을 조롱하며 맞서 싸우다가 다윗의 형 삼마의 아들 요나단에 의해 죽었다. 이들 네 사람은 모두 가드에 사는 거인족의 자손이었으나 다윗과 그의 부하들에 의해 죽었다.

주님의 종 다윗의 시 (삼하 22:1-51; 시 18)

다윗은 주께서 자신을 사울과 다른 모든 원수들에게서 구해 주셨을 때 이 노래로 주께 기도드렸다.

♪ 주님은 나의 반석이요, 나의 요새시며, 나를 구원하시는 분이십니다. 나의 하나님은 내가 피할 바위며, 나의 방패시요, 나를 구원하는 뿔이십니다. 주님은 나의 망대며, 나의 피난처요, 나의 구원자이십니다. 주님이 나를 폭력에서 구해 주셨습니다. 내가 찬양받으

실 주께 부르짖었더니, 주께서 나를 원수들로부터 구해 주셨습니다.

죽음의 파도가 나를 에워싸고 멸망의 급류가 덮쳤으며 죽음의 밧줄이 나를 두르고 죽음의 덫이 내 앞에 있을 때, 내가 고통 중에 주님을 부르고 나의 하나님께 부르짖었더니, 주께서 성막에서 내 소리를 들으셨습니다. 나의 부르짖음을 들어 노하시니, 땅이 움직이고 흔들리며 하늘의 기초가 흔들렸습니다. 주님의 코에서 연기가 나오고 입에서 타는 불이 나와 숯덩이가 그 불에 피어올랐습니다. 주께서 하늘을 가르고 내려오시니, 그의 발 아래에는 검은 구름이 깔려 있습니다.

주께서 날개 달린 생물, 곧 그룹을 타고 날아다니며 바람의 날개를 타고 다니셨습니다. 어둠과 안개와 구름으로 장막을 삼으셨습니다. 주님 앞에서는 빛나는 광채로 숯덩이가 이글이글 피어올랐습니다. 주님이 하늘에서 천둥을 치시고 가장 높으신 분께서 소리를 높이셨습니다. 주께서 화살을 쏘아 원수들을 물리치고 번개로 그들을 두려움에 떨게 하셨습니다.

주께서 강하게 말씀하시고 코에서는 바람이 불어 나오니, 바다 밑이 드러나고 땅의 기초가 드러났습니다. 주님이 하늘에서 내려와 나를 붙드시고 깊은 물에서 건지셨습니다. 내가 이길 수 없는 강한 원수들로부터 주님이 나를 구원하시고, 나를 미워하는 자에게서 나를 구원하셨습니다. 내가 역경 가운데 있을 때 그들이 나를 공격했으나, 주께서 나의 안식처가 되어 주셨습니다. 주께서 나를 기쁘게 여기며 피난처로 이끌어 구해 주셨습니다.

주께서 나의 의로운 행위대로 상을 주셨고, 내 손이 깨끗하다고 하여 보상해 주셨습니다. 나는 주님의 길을 따랐고 하나님을 떠나지 않았습니다. 주님의 율법을 모두 지켰고, 주님의 규례를 어기지 않았으며, 주님 앞에서 흠없이 살면서 악을 행하지 않았습니다. 주께서 나의 의로운 행위대로 상을 주셨고, 주님 보시기에 흠이 없으므로 내게 보상해 주셨습니다.

주님, 주님은 자비로운 사람에게 자비를 베풀고 선한 사람에게 선을 베푸시며, 깨끗한 사람에게 깨끗함을 보이고 악한 사람에게는 그의 악함을 되갚으시며, 겸손한 사람을 구원하고 교만한 사람을 낮추십니다.

주여, 주님은 나의 등불이시기에 나의 어둠을 밝히십니다. 주님이 도와주셔서 나는 원수를 칠 수 있었고, 하나님이 도와주셔서 나는 성벽을 뛰어넘을 수 있었습니다.

하나님의 길은 완전하고, 주님의 말씀은 진실하며, 주님은 주님을 믿는 모든 사람의 방패이십니다. 누가 신이신가? 주님밖에 없으며, 누가 바위인가? 우리 하나님뿐이십니다.

하나님은 나의 든든한 요새이시며, 내 길을 곧고 평탄하게 하십니다. 하나님은 내 발을 사슴 발 같이 만드셔서 높은 곳에 서게 하셨고, 내 손을 훈련시켜 싸울 수 있게 하셨고, 놋쇠 활도 당길 수 있게 하셨습니다. 주님은 내게 구원의 방패를 주셨습니다. 주님의 인자하심이 나를 위대한 사람으로 만드셨으며, 내게 좀더 나은 길을 주셔서 내 발이 미끄러지지 않게 하셨습니다.

나는 원수를 뒤쫓아 물리쳤고 그들이 멸망할 때까지 물러나지 않았습니다. 그들을 부수고 멸망시켜 다시는 일어서지 못하게 했고, 그들은 내 발 아래 엎어졌습니다. 주님은 전쟁터에서 내게 힘을 주셨습니다. 내 원수들을 쓰러지게 하셨습니다. 원수들이 내 앞에서 등을 돌려 달아나게 하셨고, 내가 나를 미워하는 사람들을 물리쳐 이기게 해주셨습니다. 원수들은 도움을 구했으나 아무도 그들을 구하러 오지 않았습니다. 주님을 불렀지만 주님은 그들에게 대답하지 않으셨습니다. 나는 원수들을 흙먼지처럼 무너뜨렸고 길바닥의 진흙처럼 짓밟았습니다. 주님은 내 백성이 나를 공격할 때도 나를 구해 주시고 보호해 주셨습니다. 나를 다른 민족들의 지도자로 삼아 주셔서 내가 알지 못하는 백성이 나를 섬기고, 이방인들이 내게 복종하되 나에 대한 이야기만 듣고도 내게 복종했습니다. 그들은 모두 두려워하며 피난처에서 떨고 있습니다.

주님은 살아 계시니, 나의 반석 되시는 분을 찬양하여라. 내 구원의 반석이신 하나님을 찬양하여라. 하나님은 내가 원수를 이기게 해주셨고, 백성들이 나에게 복종하게 해주셨도다. 나를 원수에게서 구해 주셨고, 나를 미워하는 사람들에게서 높이 드셨으며, 폭력을 휘두르는 사람들에게서 나를 건지셨도다.

그러므로 주여, 내가 여러 민족 가운데서 주께 감사드리며 주님의 이름을 찬양합니다. 주님은 자신이 세우신 왕에게 큰 승리를 주셨고, 자신이 기름 부으신 다윗과 그의 자손을 영원히 사랑하셨습니다. 🎵

인구조사와 전염병 (삼하 24:1-25; 대상 21:1-28)

주께서 또다시 이스라엘에게 진노하셔서 그들을 치시려고 다윗에게 말씀하셨다.

"가서, 이스라엘과 유다의 인구를 조사하여라."

이에 사탄이 이스라엘을 괴롭히려고 일어나 다윗을 충동질하여 이스라엘 백성의 수를 세어 보게 했다. 다윗이 요압과 군대 지휘관들에게 말했다.

"가서, 단에서 브엘세바까지 이스라엘 모든 지파 가운데로 다니며 백성의 인구를 조사하여 내게 보고하여라."

요압이 왕에게 말했다.

"왕의 주 하나님이 자기 백성을 백 배나 더 많게 하신 것을 내 주 왕이 눈으로 보고 있습니다. 내 주 왕이시여, 모든 이스라엘 백성이 왕의 종이 아닙니까? 그런데 왕께서는 어찌하여 이런 일을 하려 하십니까? 왜 이스라엘이 범죄하게 하십니까?"

그러나 왕의 말이 요압과 군대 지휘관들보다 강해, 그들은 이스라엘 백성의 인구를 조사하러 나갔다. 그들은 요단 강을 건너 갓 골짜기 가운데 있는 아로엘 성의 오른쪽 곧 야셀에 진을 쳤고, 길르앗과

닷딤홋시 땅으로 갔다. 그다음으로 다냐안을 거쳐 시돈 근방으로 갔고, 두로 요새와 히위 사람과 가나안 사람의 모든 성으로 갔다. 마지막으로 그들은 유다의 네게브에 있는 브엘세바로 갔다. 그들은 이스라엘 모든 땅을 두루 다니며 인구조사를 한 뒤 9개월 20일 만에 예루살렘으로 돌아왔다. 요압이 백성의 수를 왕에게 보고했다. 이스라엘에는 칼을 빼는 군인이 모두 80만 명이 있었고, 유다에는 50만 명이 있었다. 그러나 요압은 왕의 명령을 못마땅하게 여겨 레위와 베냐민 지파의 수는 계산하지 않았다. 하나님도 이 일을 못마땅하게 생각하셔서 이스라엘에게 벌을 내리셨다. 인구 조사가 다 끝나자, 다윗은 자기가 잘못했다는 생각이 들었다. 다윗이 주께 말씀드렸다.

"제가 큰 죄를 지었습니다. 주여, 제가 너무나 어리석은 짓을 했으니 이 종의 죄를 제발 없애 주소서."

다윗이 아침에 일어났을 때 주께서 다윗의 예언자 갓에게 말씀하셨다.

"너는 다윗에게 가서 전해라. '주께서 말씀하셨다. 내가 네게 세 가지 벌을 보여 줄 테니 그중 하나를 택하여라. 네가 고른 대로 벌을 내리겠다.'"

갓이 다윗에게 가서 말했다.

"왕의 땅에 3년[2] 동안 가뭄이 들게 하는 것이 좋겠습니까? 아니

2. 삼하 24:13에는 7년이라 기록됨.

면 왕을 뒤쫓아 오는 적들을 피해 3개월간 도망다니시는 것이 좋겠습니까? 그것도 아니면 3일 동안 왕의 땅에 전염병이 퍼지는 것이 좋겠습니까?' 잘 생각해 보시고 저를 보내신 주께 제가 대답할 말씀을 정해 주십시오."

"고통스럽구나. 주님은 너무나 자비로우신 분이시니 주님의 손에 맡기겠다. 사람의 손에 맡기지 않겠다."

주님은 그날 아침부터 정한 날까지 이스라엘에 전염병을 돌게 하셨다. 단에서 브엘세바까지 7만 명이 죽었다. 하나님이 천사를 보내 예루살렘을 치게 하셨다. 천사가 팔을 들어 예루살렘을 치려는 순간, 주께서 재앙을 내리신 것을 후회하여, 백성에게 벌을 주고 있는 천사에게 말씀하셨다.

"이제는 되었다. 네 손을 거두어라."

그때 주님의 천사는 여부스 사람 오르난[3]의 타작마당 옆에 서 있었다. 다윗이 눈을 들어 보니, 주님의 천사가 하늘과 땅 사이에 서서 칼을 빼어 손에 들고 예루살렘을 겨누고 있었다. 다윗과 장로들이 그 천사를 보고 얼굴을 땅에 대고 엎드렸다. 그들은 슬픔을 나타내는 베옷을 입고 있었다. 다윗이 주께 말씀드렸다.

"백성의 인구를 조사하라고 명령한 사람은 제가 아닙니까? 제가 죄를 지었고 제가 악을 행했습니다. 이 양떼들이 무슨 잘못을 했습

---

3. 여부스 말로는 아라우나 (삼하 24:18).

니까? 나의 주 하나님, 나와 내 아버지의 집안에만 벌을 주고 주의 백성에게는 재앙이 없게 하소서."

그러자 주님의 천사가 갓을 통해 다윗에게 명령했다.

"여부스 사람 오르난의 타작마당⁴에 가서 주님께 제단을 쌓아라."

다윗은 주께서 갓을 통해 명령하신 대로 움직였다. 오르난이 밀을 타작하다가 돌아서서 보니 천사가 있어 네 아들과 함께 몸을 숨겼다. 오르난이 보니, 다윗 왕이 신하들과 함께 자기에게 오고 있어, 밖으로 나가 얼굴을 땅에 대고 절하며 물었다.

"어찌하여 내 주 왕께서 이 종에게 오십니까?"

"주께 제단을 쌓으려 하니 이 타작마당을 내게 팔아라. 그러면 백성에게 닥친 이 재앙이 그칠 것이다. 값은 넉넉히 계산해 주겠다."

"내 주 왕의 마음에 드시는 곳이라면 어느 곳에서나 제사를 드리십시오. 번제로 드릴 소도 있고 또 땔감나무로 쓸 타작판자와 소의 멍에도 있으며, 곡식 제물로 쓸 밀도 드리겠습니다. 왕이시여, 오르난이 이 모든 것을 왕께 드리겠습니다. 왕의 주 하나님이 왕을 기쁘게 받아 주실 것입니다."

"아니다. 내가 제 값을 주고 사겠다. 네 것을 가져다가 값없이 주께 번제를 드리지는 않겠다."

---

4. 아브라함이 이삭을 제물로 바쳤던 모리아산이며, 나중에 솔로몬이 이곳에 예루살렘 성전을 건축한다(대하 3:1 참조).

다윗은 타작마당과 소를 은 50세겔[약 600그램][5]을 주고 샀다. 다윗은 그곳에서 주께 제단을 쌓고 번제와 화목제를 드렸다. 다윗이 주께 부르짖자 주께서 그 땅을 위한 기도를 들으시고 하늘로부터 번제단 위에 불을 내리셔서 그의 기도에 응답해 주셨다. 주께서 천사에게 명령하시니 그가 칼을 다시 칼집에 꽂았고 이스라엘에서 재앙이 그쳤다. 다윗은 주께서 여부스 사람 오르난의 타작마당에서 자기에게 응답하시는 것을 보고 그곳에서 제사드렸다.

성전 건축 준비 (대상 21:29-22:5)

그때 주님의 성막과 번제단은 기브온 언덕에 있었다. 그 성막은 모세가 광야에서 만든 것이다. 그러나 다윗은 주님의 천사의 칼이 무서워 그 앞으로 가서 하나님께 여쭈어 볼 수 없었다. 다윗이 말했다.

"이곳은 주 하나님의 성전이고, 이스라엘을 위한 번제단이다."

다윗이 이스라엘 땅에 사는 외국인들을 불러 모을 것을 명령하고 석수들을 뽑아 하나님의 성전을 짓는 데 필요한 돌을 다듬게 했다. 다윗은 문짝에 쓸 못과 돌쩌귀를 만드는 데 필요한 쇠를 무척 많이 준비했다. 놋쇠는 무게를 달 수 없을 만큼 많이 준비했다. 백향목은 셀 수 없이 많이 준비했다. 그 백향목은 시돈과 두로 사람들이 다윗에게 가져온 것이다. 다윗이 말했다.

5. 대상 21:25에는 금 600세겔로 기록됨.

"주님을 위해 지을 성전은 세상에 이름을 떨칠 수 있을 정도로 웅장해야 한다. 그런데 내 아들 솔로몬은 아직 어리고 연약하니, 내가 성전 건축 준비를 해놓겠다."

그래서 다윗은 죽기 전에 필요한 것을 많이 준비했다.

"다윗 시대에 3년 동안 흉년이 들었다. 다윗은 주께 기도했고 주께서 대답해 주셨다. '사울과 그의 집안이 기브온 사람들을 죽였기 때문이다'"
(삼하 21:1)

기브온 사람들은 아모리족이다. 이스라엘 자손이 여호수아의 지휘 아래 가나안 땅에 들어왔을 때 가나안의 여러 부족들이 저항했으나, 기브온 사람들은 아주 먼 곳에 사는 것처럼 가장하며 저항하지 않고 이스라엘 백성을 축복했으므로 여호수아는 그들을 살려 주기로 약속을 맺었다. 그런데 여호수아가 그들과 계약을 맺은 지 사흘 만에 그들이 이스라엘 백성의 환심을 사기 위해 속임수를 썼다는 사실을 알게 되었다. 여호수아는 약속대로 그들을 살려두되 이스라엘의 종으로 삼았다(수 9:3-27).

그러나 사울은 여호수아의 약속을 무시하고 그들을 죽이고 진멸시키려 했다. 사울의 이러한 행위는 여호수아가 하나님 앞에서 약속하고 이스라엘 백성이 400년 동안 지켜 온 약속을 배신하는 불의한 범죄였다. 억울하게 살해된 기브온 사람들의 피가 정의의 하나님께 보상을 호소했으므로, 하나님은 그 호소를 들으시고 이스라엘 백성이 평안하고 보상할 능력이 생겼을 때 이스라엘을 징계하셨다.

"주께서 또다시 이스라엘에게 진노하셔서 그들을 치시려고 다윗에게 말씀하셨다. '가서, 이스라엘과 유다의 인구를 조사하여라.' 이에 사탄이 이스라엘을 괴롭히려고 일어나 다윗을 충동질하여 이스라엘 백성의 수를 세어 보게 했다"(삼하 24:1; 대상 21:1)

하나님은 자신의 의로운 목적을 이루시려고 사탄까지도 이용하시며(욥 1:9-12; 왕상 22:20-22; 겔 14:9 참조) 사탄이 다윗을 시험하도록 허락하셨고, 다윗은 그런 사탄의 유혹에 빠져 죄를 지었다. 다윗은 자신의 통치 공로로 백성이 평안을 누린 결과 백성의 인구가 크게 증가하여 국력이 증가되었을 거라 생각하여 자신의 업적을 자랑하려고 했다. 이스라엘 백성의 안전은 하나님의 보호하심에 달렸는데 다윗은 이방인의 왕처럼 자신의 군사력을 과시하려 했고, 자기 왕국이 얼마나 광대한지, 자기 군대가 얼마나 강력한지 확인해 보려는 헛된 영광 추구의 교만에 빠져 인구조사를 실시했다. 인구조사 자체는 죄가 아니지만(민 1:2; 26:1) 그 동기가 잘못되었고 인구조사를 할 때 하나님에게 바쳐야 할 속전(출 30:11-16)도 바쳐지지 않았다.

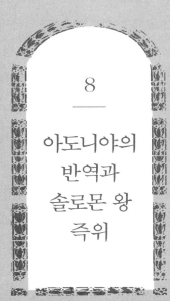

8

아도니야의
반역과
솔로몬 왕
즉위

다윗 왕이 나이가 많고 늙어 이불을 덮어 줘도 몸이 따뜻해지지 않았다. 신하들이 그에게 말했다.

"우리 주 왕을 위하여 젊은 여자를 데려와 시녀가 되게 하고 왕께 시중을 들게 하겠습니다. 그 여자가 왕의 품에 누우면, 왕의 몸이 따뜻해질 것입니다."

신하들은 이스라엘 온 땅을 누비며 예쁜 처녀를 찾아다니다 수넴 여인 아비삭을 찾아 왕에게 데려왔다. 그녀는 매우 예쁜 처녀였다. 그 여자는 왕의 시녀가 되어 왕을 섬겼으나, 왕은 그 여자와 잠자리를 함께 하지 않았다.

다윗과 학깃 사이에서 태어난 아들 아도니야는 "내가 왕이 될 거야"라고 하면서 스스로를 높였다.[1] 그는 자신을 위해 전차와 말과 호위병 50명을 갖추었다. 그런데도 그의 아버지는 한 번도 "네가 왜 그처럼 행세하고 다니느냐?"라고 묻거나 책망하지 않았다.[2] 그는 압살롬 바로 밑의 동생이었으며 매우 준수했다. 그는 스루야의 아들 요압과 제사장 아비아달과 의논하곤 했으므로, 그들은 아도니야를 도왔다. 그러나 제사장 사독, 여호야다의 아들 브나야, 예언자 나단, 시므이, 레이, 그리고 다윗의 경호부대는 아도니야 편을 들지 않았다.

아도니야가 엔로겔 샘 옆에 있는 소헬렛 바위 옆에서 양과 소와 살진 숫송아지를 잡아 제사를 드리고서 자기의 모든 형제 곧 왕자들과 유다 출신 왕의 신하들도 초대했다. 그러나 예언자 나단, 브나야, 그리고 자기 아버지의 경호부대와 자기 동생 솔로몬은 초대하지 않았다.[3] 나단이 솔로몬의 어머니 밧세바에게 말했다.

"이미 학깃의 아들 아도니야가 왕이 되었는데, 우리 주 다윗께서는 모르고 계십니다. 이것을 듣지 못했습니까? 이제 왕비님과 왕비님의 아들 솔로몬의 목숨을 구하려면 제 말대로 하십시오. 지금 즉시 다윗 왕에게 가서 '내 주 왕이여, 왕은 이 여종에게 네 아들 솔로몬이 왕의 뒤를 이어 왕이 될 것이며, 그가 왕의 보좌에 앉을 거라고 약속하지 않으셨습니까? 그런데 어찌하여 아도니야가 왕이 되었습니까?'라고 말씀하십시오. 왕비께서 왕에게 말씀하실 때, 저

---

1. 당시 아도니야는 35세쯤 되었다.
2. 다윗은 자식을 맹목적으로 사랑했고 훈계로 양육하지 않아, 아도니야는 하나님에 대한 자신의 의무를 소홀히 하고 다윗에게 반역하게 되었다.
3. 아도니야가 솔로몬을 초청하지 않은 이유는 솔로몬이 왕위를 계승할 자임을 알고 있었기 때문이다.

도 들어가서 왕비께서 하신 말씀이 사실이라고 말씀드리겠습니다."

밧세바는 왕을 만나러 왕의 침실로 들어갔다. 왕이 너무 늙어 수넴 여인 아비삭이 시중을 들고 있었다. 밧세바가 엎드려 왕께 절했다. 왕이 물었다.

"무슨 일이 있소?"

"내 주여, 왕께서 왕의 주 하나님의 이름으로 이 여종에게 맹세하기를 '네 아들 솔로몬이 내 뒤를 이어 왕이 되어 내 보좌에 앉을 것이다'라고 약속하셨습니다. 그런데 지금 아도니야가 왕이 되었는데 내 주 왕께서는 어찌 모르고 계십니까? 그가 소와 살진 숫송아지와 양을 많이 잡고 모든 왕자들과 제사장 아비아달과 왕의 군대 사령관 요압을 초대했으나, 왕의 종 솔로몬은 초대하지 않았습니다. 내 주 왕이시여, 모든 이스라엘 백성이 왕을 지켜보고 있으니 누가 내 주 왕의 뒤를 이어 보좌에 앉을 사람인지 왕께서 공포하시기 바랍니다. 그렇게 하지 않으면 내 주 왕께서 조상들과 함께 누울 때, 저와 제 아들 솔로몬은 죄인으로 여겨질 것입니다."

밧세바가 왕에게 말하고 있을 때 예언자 나단이 들어왔다. 신하들이 왕에게 말했다.

"예언자 나단이 왔습니다."

나단은 왕 앞에 들어와 코가 땅에 닿도록 엎드려 절했다. 나단이 말했다.

"내 주 왕이시여, 왕께서 '아도니야가 내 뒤를 이어 왕이 되어 내 보좌에 앉을 것이다'라고 말씀하셨습니까? 그가 오늘 내려가 소와 살진 숫송아지와 양을 많이 잡고 모든 왕자들과 군대 사령관과 제사장 아비아달을 초대했습니다. 지금 그들은 그 앞에서 먹고 마시며 '아도니야 왕 만세!'라고 외치고 있습니다. 그러나 그는 왕의 종인 저와 제사장 사독과 여호야다의 아들 브나야와 왕의 종 솔로몬은 초대하지 않았습니다. 내 주 왕께서 이 일을 시키셨다면 다음에 내 주 왕의 보좌에 앉을 사람이 누구인지를 왕의 신하인 저에게 무슨 연유로 알려 주지 않으셨습니까?"

"밧세바를 부르시오."

밧세바가 왕 앞에 와서 섰다. 왕이 맹세하며 말했다.

"내 생명을 온갖 환난에서 구해 주신 주님 앞에서 맹세한다. 내가 이스라엘의 주 하나님의 이름으로 당신에게 약속했던 것, 곧 당신의 아들 솔로몬이 내 뒤를 이어 왕이 되고 나 대신 보좌에 앉을 거라고 약속했던 것을 오늘 시행하겠소."

밧세바가 왕 앞에 엎드려 절하며 말했다.

"내 주 다윗 왕이시여, 만수무강하소서."

"제사장 사독과 예언자 나단과 여호야다의 아들 브나야를 내 앞에 불러라."

그들이 왕 앞에 오자 왕이 말했다.

"너희는 내 신하들을 데리고 내 아들 솔로몬을 내가 타던 노새에 태워 기혼 샘으로 내려가거라. 그곳에서 제사장 사독과 예언자

나단은 솔로몬에게 기름을 부어 이스라엘의 왕으로 세워라. 그리고 나팔을 불며 '솔로몬 왕 만세!'를 외쳐라. 그런 다음 솔로몬을 따라 돌아오너라. 솔로몬이 와서 내 보좌에 앉아 나 대신 왕이 될 것이다. 내가 솔로몬을 이스라엘과 유다를 다스리는 왕으로 세울 것을 명령한다."

여호야다의 아들 브나야가 왕께 대답했다.

"아멘. 내 주 왕의 주 하나님도 그렇게 말씀하실 것입니다. 주님이 내 주 왕과 함께 계셨듯, 솔로몬과도 함께 계실 것입니다. 솔로몬의 보좌가 내 주 다윗의 보좌보다 더 위대하게 되길 바랍니다."

제사장 사독, 예언자 나단, 여호야다의 아들 브나야,[4] 그렛 사람들과 블렛 사람들이 솔로몬을 다윗 왕의 노새에 태워 기혼 샘으로 내려갔다. 제사장 사독은 성막에서 기름을 담은 뿔을 가져와 솔로몬에게 부었다. 사람들이 뿔나팔을 불고 모든 백성이 '솔로몬 왕 만세!' 하고 외쳤다. 온 백성이 솔로몬을 따라 올라와 피리를 불고 소리를 지르며 기뻐했고, 그들이 외치는 소리에 땅이 갈라질 듯했다.

아도니야와 그와 함께 있던 모든 손님들이 그 소리를 듣고 음식 먹기를 그쳤다. 요압이 뿔나팔 소리를 듣고 말했다.

"성 안이 왜 저렇게 소란한가?"

4. 다윗의 경호대장. 요압이 처형된 후 군대 사령관이 된다(왕상 2:35).

요압이 말을 마치기도 전에 제사장 아비아달의 아들 요나단이 왔다. 아도니야가 말했다.

"어서 오게. 그대는 용사이니 좋은 소식을 가져왔겠지."

"아닙니다. 우리 주 다윗 왕은 솔로몬을 왕으로 세웠습니다. 왕은 솔로몬을 제사장 사독과 예언자 나단과 여호야다의 아들 브나야와 그렛 사람들과 블렛 사람들과 함께 보냈습니다. 그들은 솔로몬을 왕의 노새에 태웠으며, 제사장 사독과 예언자 나단이 기혼 샘에서 솔로몬에게 기름을 부어 그를 왕으로 세웠습니다. 그들이 그곳에서 기뻐하며 올라오는 바람에 성은 떠나갈 듯합니다. 여러분이 들은 소리가 바로 그 소리입니다.

이제 솔로몬이 왕의 보좌에 앉았고, 왕의 신하들도 우리 주 다윗 왕을 축복하며 '왕의 하나님이 왕의 이름보다 솔로몬을 더 유명하게 만드시고, 왕의 보좌보다 솔로몬의 보좌를 더 위대하게 하시기 바랍니다'라고 말하고 있습니다. 다윗 왕도 침대에서 주께 절하며 '이스라엘의 주 하나님을 찬양하여라. 주께서 오늘 내 보좌 위에 앉을 자를 주시고 내 눈으로 보게 하셨다'라고 말했습니다."

그러자 아도니야의 손님들이 다 두려워하면서 일어나 각자 자기 길로 가버렸다. 아도니야도 솔로몬이 두려워 자리에서 일어나 제단으로 가서 제단 뿔을 잡았다. 누군가 솔로몬에게 보고했다.

"아도니야가 솔로몬 왕을 두려워하여 제단 뿔을 잡고 있습니다. 그는 '솔로몬 왕에게 가서 그의 종인 나를 칼로 죽이지 않겠다고 맹세하게 해달라고 해주시오'라고 말했습니다."

솔로몬이 대답했다.

"그가 믿을 만한 사람이라면 그의 머리카락 하나라도 땅에 떨어지지 않을 것이다. 그러나 만약 그에게서 악한 행위가 발견되면 그는 죽을 것이다."

솔로몬 왕은 사람을 보내 제단 위에서 그를 끌어내렸다.[5] 그가 와서 솔로몬에게 절했다. 솔로몬이 그에게 집으로 가라고 말했다.

5. 출 21:14 참조.

다윗의 메시아 예언

"주님의 영이 내 안에서 말씀하시니 그분의 말씀이 내 혀에 있다"(삼하 23:2)라고 고백한 다윗의 생애와 사상은 그리스도에 관한 지식을 풍부하게 담고 있어, 예수님의 사역과 제자들의 초대교회 활동에 결정적인 공헌을 했다.

1. 예수님이 다윗의 생애와 시편을 인용하며 자신이 그리스도임을 증거하시다.

- 예수님은 자신이 안식일의 주인이고 성전보다 크신 분임을 다윗의 놉 이야기(삼상 21:1-6)를 인용하여 증거하셨다(마12:3-8)
- 예수께서 말씀하셨다. "그렇다. '어린아기와 젖먹이들의 입에서 나오는 찬미를 온전하게 하셨나이다'(시 8:2)함을 너희가 읽어 본 일이 없느냐"(마 21:16)
- '엘리 엘리 라마 사박다니'(시 22:1, "내 하나님이여, 내 하나님이여, 어찌하여 나를 버리셨나이까")(마 27:46; 막 15:34)
- '내 떡을 먹는 자가 내게 발꿈치를 들었다' 한 성경(시 41:9, "내가 신뢰하여 내 떡을 나눠 먹던 나의 가까운 친구도 나를 대적하여 그의 발꿈치를 들었나이다")을 응하게 하려 함이로라(요 13:18)
- 예수께서 모든 일이 이미 이루어진 줄 아시고 성경(시 69:21)을 응하게 하려 하사 이르시되 내가 목마르다 하시니(요 19:28)
- 이 일이 일어난 것은 그 뼈가 하나도 꺾이지 아니하리라 한 성경(시 34:20)을 응하게 하려 함이라(요 19:36).
- 그러면 다윗이 성령에 감동되어 어찌 그리스도를 주라 칭하여 말하되 '주께서 내 주께 이르시되 내가 네 원수를 네 발 아래에 둘 때까지 내 우편에 앉아 있으라 하셨도다'(시 110:1) 하였느냐. 다윗이 그리스도를 주라 칭하였은즉 어찌 그의 자손이 되겠느냐(마 22:43-45)
- 내가 아무도 못한 일을 그들 중에서 하지 아니하였더라면 그들에게 죄가 없었으려니와 지금은 그들이 나와 내 아버지를 보았고 또 미워하였도다. 그러나 이는 그들의 율법에 기록된바 그들이 이유 없이 나를 미워하였다(시 35:19; 69:4) 한 말을 응하게 하려 함이라(요 15:24-25)
- 예수께서 이르시되 너희가 성경에 '건축자들이 버린 돌이 모퉁이의 머릿돌이 되었나니 이것은 주로 말미암아 된 것이요 우리 눈에 기이하도다'(시 118:22) 함을

읽어 본 일이 없느냐(마 21:42)

- 너는 내가 내 아버지께 구하여 지금 열 두 군단보다 더 되는 천사들을 보내시게 할 수 없는 줄로 아느냐. 내가 만일 그렇게 하면 이런 일이 있으리라 한 성경(시 41:9)이 어떻게 이루어지겠느냐 하시더라(마 26:53-54)
- 지나가는 자들은 자기 머리를 흔들며 예수를 모욕하여 이르되 '성전을 헐고 사흘에 짓는 자여, 네가 만일 하나님의 아들이어든 자기를 구원하고 십자가에서 내려오라'(마 27:39-40) (시 22:7-8, "나를 보는 자는 다 나를 비웃으며 입술을 삐죽거리고 머리를 흔들며 말하되 '그가 여호와께 의탁하니 구원하실걸, 그를 기뻐하시니 건지실걸' 하나이다")
- 내가 너희와 함께 있을 때에 너희에게 말한바 곧 모세의 율법과 선지자의 글과 시편에 나를 가리켜 기록된 모든 것이 이루어져야 하리라 한 말이 이것이라 하시고 이에 그들의 마음을 열어 성경을 깨닫게 하시고(눅 24:44-45)

2. 제자들이 다윗의 생애와 시편을 인용하며 예수가 그리스도이심을 증거하다.

- 베드로가 그 형제들 가운데서 일어서서 이르되 형제들아 성령이 다윗의 입을 통하여 예수 잡는 자들의 길잡이가 된 유다를 가리켜 미리 말씀하신 성경이 응하였으니 마땅하도다……시편에 기록하였으되 그의 거처를 황폐하게 하시며 거기 거하는 자가 없게 하소서(시 69:25) 하였고 또 일렀으되 그의 직분을 타인이 취하게 하소서(시 109:8) 하였도다(행 1:16, 20)
- 베드로가 열한 사도와 함께 서서 소리를 높여 이르되……다윗이 그를 가리켜 이르되 내가 항상 내 앞에 계신 주를 뵈었음이여 나로 요동하지 않게 하기 위하여 그가 내 우편에 계시도다. 그러므로 내 마음이 기뻐하였고 내 혀도 즐거워하였으며 육체도 희망에 거하리니 이는 내 영혼을 음부에 버리지 아니하시며 주의 거룩한 자로 썩음을 당하지 않게 하실 것임이로다. 주께서 생명의 길을 내게 보이셨으니 주 앞에서 내게 기쁨이 충만하게 하시리로다(시 16:8-11) 하였으므로 형제들아 내가 조상 다윗에 대하여 담대히 말할 수 있노니 다윗이 죽어 장사되어 그 묘가 오늘까지 우리 중에 있도다. 그는 선지자라 하나님이 이미 맹세하사 그 자손 중에서 한 사람을 그 위에 앉게 하리라 하심을 알고 미리 본 고로 그리스도의 부활을 말하되 그가 음부에 버림이 되지 않고 그의 육신이 썩음을 당하지 아니하시리라 하더니 이 예수를 하나님이 살리신지라 우리가 다 이 일에 증인이로다. 하나님이 오른손으로 예수를 높이시매 그가 약속하신 성령을 아버지께 받아서 너희가 보고 듣는 이것을 부어 주셨느니라. 다윗은 하늘에 올라가지

못하였으나 친히 말하여 이르되 주께서 내 주에게 말씀하시기를 내가 네 원수로 네 발등상이 되게 하기까지 너는 내 우편에 앉아 있으라 하셨도다(시 110:1) 하였으니 그런즉 이스라엘 온 집은 확실히 알지니 너희가 십자가에 못 박은 이 예수를 하나님이 주와 그리스도가 되게 하셨느니라 하니라(행 2:14, 25-36)

• 하나님이 모든 선지자의 입을 통하여 자기의 그리스도께서 고난받으실 일을 미리 알게 하신 것(시 22; 69; 사 53)을 이와 같이 이루셨느니라(행 3:18)

• 하나님이 영원 전부터 거룩한 선지자들의 입을 통하여 말씀(시 110:1)하신바 만물을 회복하실 때까지는 하늘이 마땅히 그를 받아 두리라(행 3:21)

• 이 예수는 너희 건축자들의 버린 돌로서 집 모퉁이의 머릿돌이 되었느니라(시 118:22) (행 4:11)

• 또 주의 종 우리 조상 다윗의 입을 통하여 성령으로 말씀하시기를 어찌하여 열방이 분노하며 족속들이 허사를 경영하였는고 세상의 군왕들이 나서며 관리들이 함께 모여 주와 그의 그리스도를 대적하도다(시 2:1-2) 하신 이로소이다 (행 4:25-26)

• 다윗을 왕으로 세우시고 증언하여 이르시되 내가 이새의 아들 다윗을 만나니 내 마음에 맞는 사람이라. 내 뜻을 다 이루리라 하시더니 하나님이 약속하신 대로 이 사람의 후손에서 이스라엘을 위하여 구주를 세우셨으니 곧 예수라 (행 13:22-23)

• 예루살렘에 사는 자들과 그들 관리들이 예수와 및 안식일마다 외우는바 선지자들의 말을 알지 못하므로 예수를 정죄하여 선지자들의 말(시 22; 69:21; 118:22; 사 53)을 응하게 하였도다(행 13:27)

• 우리도 조상들에게 주신 약속을 너희에게 전파하노니 곧 하나님이 예수를 일으키사 우리 자녀들에게 이 약속을 이루게 하셨다 함이라. 시편 둘째 편에 기록한 바와 같이 너는 내 아들이라 오늘 너를 낳았다 하셨고 또 하나님께서 죽은 자 가운데서 그를 일으키사 다시 썩음을 당하지 않게 하실 것을 가르쳐 이르시되 내가 다윗의 거룩하고 미쁜 은사를 너희에게 주리라 하셨으며 또 다른 시편(시 16:10)에 일렀으되 주의 거룩한 자로 썩음을 당하지 않게 하시리라 하셨느니라. 다윗은 당시에 하나님의 뜻을 따라 섬기다가 잠들어 그 조상들과 함께 묻혀 썩음을 당하였으되 하나님께서 살리신 이는 썩음을 당하지 아니하였나니(행 13:32-37)

• 선지자들의 말씀이 이와 일치하도다. 기록된바 이 후에 내가 돌아와서 다윗의 무너진 장막을 다시 지으며 또 그 허물어진 것을 다시 지어 일으키리니(행

15:15-16)
- 아브라함과 다윗의 자손 예수 그리스도의 계보라(마 1:1)
- 그의 아들에 관하여 말하면 육신으로는 다윗의 혈통에서 나셨고(롬 1:3)
- 제자들이 성경 말씀에 주의 전을 사모하는 열심이 나를 삼키리라(시 69:9) 한 것을 기억하더라(요 2:17)
- '내가 주의 이름을 내 형제들에게 선포하고 내가 주를 교회 중에서 찬송하리라' (시 22:22) 하셨으며(히 2:12)

9

성전
건축
준비

다윗이 솔로몬에게 성전 건축을 명령하다 (대상 22:6-19)

그 후 다윗은 자기 아들 솔로몬을 불러 이스라엘의 주 하나님을 위해 성전을 지으라고 명령했다.

"내 아들아, 나는 나의 주 하나님의 이름을 위하여 성전을 짓고 싶었지만, 주께서 말씀하시길 '네가 많은 전쟁을 하는 동안 너무나 많은 사람을 죽였으니, 너는 내 이름을 위해 성전을 짓지 못한다. 그러나 네게 한 아들이 태어날 것인데, 그는 안식을 누릴 사람이다. 내가 그를 사방의 모든 원수로부터 안식하게 하겠다. 그 이름을 솔로몬이라 하거라. 그가 사는 동안, 내가 이스라엘에 평화와 안정을 주겠다. 그가 내 이름을 위하여 성전을 지을 것이다. 그는 내 아들이 되고 나는 그의 아버지가 되어, 그 나라 왕위를 이스라엘 위에 굳게 세워 영원히 이어지게 하겠다'고 하셨다.

이제 내 아들아, 주께서 너와 함께 계시니, 하나님이 너에 관하여

성전 건축 준비 275

말씀하신 대로 너는 네 주 하나님의 성전을 성공적으로 건축하게 될 것이다. 주께서 네게 분별력과 총명을 주셔서 이스라엘을 통치하게 하시고, 네 주 하나님의 율법을 잘 지킬 수 있게 하시기 바란다. 주께서 모세를 통해 이스라엘에게 주신 규례와 율법을 네가 잘 지켜 행하면 성공할 것이다.

강하고 담대하여라. 두려워하거나 용기를 잃지 마라. 보아라, 내가 온갖 어려움을 무릅쓰고 주님의 성전을 짓는 데 필요한 금 10만 달란트[약 340킬로그램]와 은 100만 달란트[약 3.4톤], 그리고 무게를 달 수 없을 만큼 많은 구리와 쇠를 준비해 놓았다. 나무와 돌도 준비해 놓았지만 이 외에 네가 더해야 할 것들도 있다. 네게는 일꾼이 많고, 조각가와 석공과 목수가 있고, 무슨 일이나 잘하는 기술자들이 많이 있다. 금과 은과 구리와 쇠가 셀 수 없이 많으니 일어나 건축하라. 주님이 너와 함께하실 것이다."

다윗이 이스라엘의 모든 지도자에게 자기 아들 솔로몬을 도우라고 명령했다.

"너희 주 하나님이 함께 계셔서 너희를 주위로부터 안식하게 하지 않으셨느냐? 이는 주님이 이 땅 주민을 내게 넘겨주어 이 땅이 주님과 그의 백성에게 굴복하게 하셨기 때문이다. 이제 너희는 마음과 뜻을 다해 주 너희 하나님을 찾아라. 일어나 주 하나님의 성전을 건축하고, 주의 언약궤와 하나님의 성전 기물을 주님의 이름을 위해 지어진 성전에 들여놓아라."

다윗이 나이 많아 늙게 되자 자기 아들 솔로몬을 이스라엘의 왕으로 세우고, 이스라엘의 지도자들과 제사장들과 레위인들을 다 불러 모았다. 30세 이상 된 레위인의 수를 세어 보니 남자가 모두 3만 8천 명이었다. 그 가운데 2만 4천 명은 주님의 성전 일을 맡고, 6천 명은 사무관과 재판관의 일을 맡고, 4천 명은 문지기가 되고, 4천 명은 다윗이 찬양하는 데 쓰려고 만든 악기로 주님을 찬양하는 일을 맡았다.

다윗은 레위인을 레위의 아들 게르손과 고핫과 므라리 가문에 따라 반열로 나누었다.

게르손 가문에는 라단과 시므이가 있었다. 라단의 아들은 맏아들 여히엘과 그 아래로 세담과 요엘 세 사람이고, 시므이의 아들은 슬로밋과 하시엘과 하란 세 사람인데, 이들은 라단 가문의 지도자다.[1] 시므이의 아들이 또 있는데 야핫과 시사[2]와 여우스와 브리아, 이렇게 네 사람이다. 야핫은 맏아들이고, 시사가 둘째 아들이다. 여우스와 브리아는 자손이 많지 않아서 한 집안으로 묶어 관리되었다.

고핫의 아들은 아므람과 이스할과 헤브론과 웃시엘, 이렇게 네 사람이다. 아므람의 아들은 아론과 모세다. 아론은 구별되어 가장 거룩한 제물을 거룩하게 했고, 그와 그의 아들은 영원히 주님 앞에

---

1. 라단 가문의 지도자는 여섯 명이다.
2. 원문은 '시나'.

서 분향하고, 주님을 섬기며, 영원히 주님 이름으로 축복했다.[3] 하나님의 사람 모세의 아들은 레위 지파에 기록되었다. 모세의 아들은 게르솜과 엘리에셀이다. 게르솜의 맏아들은 스브엘이다. 엘리에셀의 맏아들은 르하뱌이다. 엘리에셀은 다른 아들이 없었으나 르하뱌는 아들이 무척 많았다. 이스할의 맏아들은 슬로밋이다. 헤브론의 맏아들은 여리야이고, 둘째 아들은 아마랴, 셋째 아들은 야하시엘, 넷째 아들은 여가므암이다. 웃시엘의 맏아들은 미가이고, 둘째 아들은 잇시야이다.

므라리의 아들은 마흘리와 무시이며, 마흘리의 아들은 엘르아살과 기스이다. 엘르아살은 아들 없이 딸만 두고 죽었다. 엘르아살의 딸은 사촌인 기스의 아들과 결혼했다. 무시의 아들은 마흘리와 에델과 여레못 세 사람이다.

이들이 가문별로 기록된 레위 자손이며 각 가문의 지도자다. 20세 이상의 사람은 모두 이름이 올라 있고, 주님의 성전에서 섬기는 일을 했다. 다윗이 말했다.

"이스라엘의 주 하나님은 자기 백성을 평안하게 하고 영원히 예루살렘에 계시므로, 레위인들이 다시는 성막을 옮기거나 주님을 섬기는 데 필요한 물건들을 옮길 필요가 없다."

다윗의 마지막 지시에 따라 20세 이상 된 레위인의 수가 조사되

---

3. 분향단에서 하나님께 향을 피워 올리는 것, 제사의식 집행, 하나님의 이름으로 백성을 위해 축복하는 것은 제사장의 3대 직무다.

었다. 레위인의 직무는 아론 자손을 도와 주님의 성전 관련 일을 하는 것인데, 성전 뜰과 방을 관리하고, 모든 거룩한 물건을 깨끗이 하고, 하나님의 성전에서 섬기는 일을 하고, 진설병과 곡식 제물로 쓸 고운 밀가루와 무교전병을 관리하는 일과 굽고 반죽하는 일과 온갖 물건의 부피나 크기를 재는 일을 맡았다. 또한 레위인들은 날마다 아침 저녁으로 주님 앞에 서서 감사드리고 찬양하는 일을 했고, 안식일과 초하루와 절기마다 주께 번제를 드렸다. 그들은 규례에 정해진 수대로 날마다 주님 앞에서 섬겼고, 성막과 성소를 감시하고 주님의 성전에서 그들의 형제 아론 자손을 섬기는 일을 했다.

제사장 조직 (대상 24:1-31)

아론의 자손은 다음과 같이 나뉜다. 아론의 아들은 나답과 아비후와 엘르아살과 이다말이다. 나답과 아비후는 그들의 아버지보다 먼저 죽었고, 그들에게는 아들이 없었으므로 엘르아살과 이다말이 제사장이 되었다. 다윗은 엘르아살의 자손 사독과 이다말의 자손 아히멜렉에게 제사장 직무를 나누어 맡겼다. 이다말의 가문보다 엘르아살의 가문에 지도자가 더 많았다. 엘르아살의 가문에는 지도자가 16명이 있었고, 이다말의 가문에는 8명이 있었는데, 제비를 뽑아 공평하게 사람들을 선정했다. 이는 성소의 일을 관리하는 자와 하나님의 제사장 일을 관리하는 자가 에르아살의 자손 중에도 있고 이다말의 자손 중에도 있었기 때문이다.

레위인 중에서 느다넬의 아들 스마야 서기관이 왕과 지도자들과 제사장 사독과 아비아달의 아들 아히멜렉과 제사장들과 레위인의 각 가문의 지도자들 앞에서 엘르아살 자손 중 한 집을 뽑고 이다말 자손 중에서 한 집을 뽑아 그 이름을 적었다.

처음으로 뽑힌 사람은 여호야립이고, 둘째는 여다야, 셋째는 하림, 넷째는 스오림, 다섯째는 말기야, 여섯째는 미야민, 일곱째는 학고스, 여덟째는 아비야, 아홉째는 예수아, 열째는 스가냐, 열한째는 엘리아십, 열두째는 야김, 열셋째는 훕바, 열넷째는 예세브압, 열다섯째는 빌가, 열여섯째는 임멜, 열일곱째는 헤실, 열여덟째는 합비세스, 열아홉째는 브다히야, 스무째는 여헤스겔, 스물한째는 야긴, 스물두째는 가물, 스물셋째는 들라야, 스물넷째는 마아시야이다. 이들은 이스라엘의 주 하나님이 그들의 조상 아론에게 주신 규례대로 주님의 성전에 들어가 직무를 수행했다.

나머지 레위 자손은 이러하다. 아므람의 아들 수바엘과 수바엘의 아들은 예드야, 르하뱌의 맏아들 잇시야와 이스할 가문의 슬로못과 슬로못의 아들 야핫, 헤브론의 맏아들 여리야와 둘째 아마랴, 셋째 야하시엘, 넷째 여가므암, 웃시엘의 아들 미가, 미가의 아들 사밀, 미가의 동생 잇시야, 잇시야의 아들 스가랴, 므라리의 아들 마흘리와 무시, 야아시야의 아들 브노와 또 다른 아들 소함과 삭굴과 이브리, 마흘리의 아들 엘르아살(엘르아살은 아들이 없었다), 기스의 아들 여라므엘, 무시의 아들 마흘리와 에델과 여리못이다. 이들이 가문별로 기록된 레위인이다. 그들도 그들의 형제 아론 자손처럼 다윗 왕과 사독과 아히멜렉과 제사장과 레위인의 각 가문의 지도자들 앞에서 제비를 뽑았다. 맏아들의 집안이나 막내아들의 집안이나 똑같이 제비를 뽑았다.

찬양대 조직 (대상 25:1-31)

다윗과 군대 사령관들이 아삽과 헤만과 여두둔의 아들을 뽑아 수금과 비파와 심블즈로 신령한 노래를 부르도록 그들의 일을 구별했다. 이런 일을 맡은 사람은 다음과 같다.

아삽의 아들 삭굴과 요셉과 느다냐와 아사렐라는 왕의 지시에 따라 아삽의 지휘대로 신령한 노래를 불렀다.

여두둔의 아들인 그달리야와 스리와 여사야와 시므이와 하사뱌와 맛디디야, 이렇게 여섯 사람은 아버지 여두둔의 지휘대로 수금으로 신령한 노래를 부르며 하나님께 감사와 찬양을 드렸다.

헤만의 아들은 북기야, 맛다냐, 웃시엘, 스브엘, 여리못, 하나냐, 하나니, 엘리아다, 깃달디, 로암디에셀, 요스브가사, 말로디, 호딜, 마하시옷이다. 이들은 모두 다윗의 예언자 헤만의 아들이다. 하나님은 헤만에게 그를 높여 주겠다고 약속하셨고, 헤만에게 아들 열넷 과 딸 셋을 주셨다. 이들은 모두 왕의 지시에 따라 아버지의 지휘대로 주님의 성전에서 심블즈와 비파와 수금으로 노래하며 하나님의 성전을 섬겼다. 이들과 이들의 형제로서 주님의 노래를 배워 능숙한 사람들이 모두 288명이다.

작은 자나 큰 자나 능숙한 자나 배우는 자나 직무를 맡을 때에는 모두 똑같이 제비를 뽑았다. 첫째로 제비 뽑힌 자는 아삽 가문의 요셉과 그의 형제와 아들 열두 명이다. 둘째는 그달리야와 그의 형제와 아들 열두 명, 셋째는 삭굴과 그의 형제와 아들 열두 명, 넷째는 이스리와 그의 형제와 아들 열두 명, 다섯째는 느다냐와 그의 형제와 아들 열두 명, 여섯째는 북기야와 그의 형제와 아들 열두 명, 일곱째는 여사렐라와 그의 형제와 아들 열두 명, 여덟째는 여사야와 그의 형제와 아들 열두 명, 아홉째는 맛다냐와 그의 형제와 아들 열두 명, 열째는 시므이와 그의 형제와 아들 열두 명, 열한째는 아사렐과 그의 형제와 아들 열두 명, 열두째는 하사뱌와 그의 형제와 아들 열두 명, 열셋째는 수바엘과 그의 형제와 아들 열두 명, 열넷째는 맛디디야와 그의 형제와 아들 열두 명, 열다섯째는 여레못과 그의 형제와 아들 열두 명, 열여섯째는 하나냐와 그의 형제와 아들 열두 명, 열일곱째는 요스브가사와 그의 형제와 아들 열두 명, 열여덟째는 하나니와 그의 형제와 아들 열두 명, 열아홉째는 말로디와 그의 형제와 아들 열두 명, 스무째는 엘리아다와 그의 형제와 아들 열두 명, 스물한째는 호딜과 그의 형제와 아들 열두 명, 스물두째는 깃달디와 그의 형제와 아들 열두 명, 스물셋째는 마하시옷과 그의 형제와 아들 열두 명, 스물넷째는 로암디에셀과 그의 형제와 아들 열두 명이 뽑혔다.

문지기는 다음과 같이 나뉜다. 고라 가문에서는 아삽의 자손 고레의 아들 므셀레먀와 그의 아들들이다. 므셀레먀의 아들 중 맏아들은 스가랴, 둘째는 여디야엘, 셋째는 스바댜, 넷째는 야드니엘, 다섯째는 엘람, 여섯째는 여호하난, 일곱째는 엘여호에내이다.

오벧에돔과 그의 아들들도 있었다. 오벧에돔의 맏아들은 스마야, 둘째는 여호사밧, 셋째는 요아, 넷째는 사갈, 다섯째는 느다넬, 여섯째는 암미엘, 일곱째는 잇사갈, 여덟째는 브울래대이다. 이들은 하나님이 오벧에돔을 복 주셔서 주신 아들들이다. 오벧에돔의 아들 스마야도 아들들이 있었는데, 그들은 유능한 사람들이어서 각 집안의 지도자가 되었다. 스마야의 아들은 오드니와 르바엘과 오벳과 엘사밧과 엘리후와 스마갸이다. 엘리후와 스마갸는 유능한 사람이다. 이들은 모두 오벧에돔의 아들이다. 그들과 그들의 형제와 아들들은 맡은 일을 잘하는 유능한 사람들이다. 오벧에돔의 자손은 모두 62명이다.

므셀레먀의 형제와 아들 열여덟 명은 모두 유능한 사람들이다.

므라리의 자손 호사의 아들들 가운데는 시므리가 우두머리다. 그는 맏아들은 아니었으나, 그의 아버지가 그를 우두머리로 삼았다. 그의 둘째 아들은 힐기야, 셋째 아들은 드발리야, 넷째는 스가랴이다. 호사의 아들과 친척은 모두 열세 명이다. 이들이 각 가문별 우두머리이자 문지기가 된 자들이고, 그들의 형제들과 마찬가지로 성전에서 섬기는 일을 맡았다. 그들은 큰자나 작은자나 똑같이 제비를 뽑아 각 가문이 지킬 문을 정했다. 셀레먀는 제비를 뽑아 동문을 지키게 되었고, 그의 아들 스가랴는 슬기로운 참모로서 제비를 뽑아 북문을, 오벧에돔은 남문을, 그의 아들들은 창고를, 숩빔과 호사는 서문과 올라가는 큰 길가에 있는 '살래겟 문'을 교대로 지키게 되었다. 동문은 레위인 여섯 명이 지켰고, 북문은 매일 네 명, 남문도 매일 네 명, 창고에 각각 두 명씩, 서쪽 뜰에 두 명, 뜰로 가는 길에 네 명이 지켰다. 이것이 고라와 므라리 가문의 문지기 업무였다. 레위인 중 아히야는 하나님의 성전 창고와 성물 창고를 맡았다. 라단의 자손 곧 라단에 속하는 게르손의 자손은 다음과 같다. 게르손 사람 라단 가문의 우두머리는 여히엘리이고, 여히엘리의 아들은 스담과 그의 동생 요엘인데, 이들은 아므람 자손과 이스할 자손과 헤브론 자손과 웃시엘 자손과 함께 주의 성전 창고를 맡았다.

모세의 아들 게르솜의 자손 스브엘은 창고의 감독이다. 그의 형제 가운데 엘리에셀의 아들은 르하뱌이고, 르하뱌의 아들은 여사야, 여사야의 아들은 요람, 요람의 아들은 시그리, 시그리의 아들은 슬로못이다. 슬로못과 그의 형제는 성전에 바친 모든 것, 곧 다윗 왕과 각 가문의 지도자와 천부장과 백부장과 지휘관들이 성전에 바친 모든 것을 관리했다. 그들은 또 주님의 성전을 고치는 데 쓰라고 전리품도 바쳤다. 슬로못과 그의 형제는 성물을 관리했는데, 그 가운데 어떤 것은 예언자 사무엘과 기스의 아들 사울과 넬의 아들 아브넬과 스루야의 아들 요압이 바친 것도 있었다.

이스할 가문의 그나냐와 그의 아들들은 이스라엘의 사무관과 재판관으로 성전 밖에서 일했다.

헤브론 가문의 하사뱌와 그의 유능한 형제 1,700명은 요단 강 서쪽 건너편의 이스라엘을 관리하는 주님의 모든 일과 왕을 섬기는 일을 맡았다. 헤브론 가문에서는 문중의 족보에 따라 여리야가 헤브론의 지도자가 되었다. 다윗이 왕으로 있은 지 40년째 되던 해에 길르앗 땅 야셀에서 헤브론 가문에 유능한 사람들이 발견되었다. 여리야의 형제 2,700명은 유능한 사람들이며 각 집안의 지도자들이다. 다윗 왕은 그들에게 르우벤과 갓과 동쪽 므낫세 반 지파를 관리하게 하여 하나님의 모든 일과 왕의 일을 맡게 했다.

군대 지휘관 조직 (대상 27:1-15)

이스라엘 자손은 각 가문의 지도자와 천부장과 백부장과 사무관들이 그들의 인원수에 따라 반을 나누고 각 반별 2만 4천 명이 1년 동안 매월 교대로 왕을 섬기는 일을 했다.

첫째 달에 일할 제1반은 삽디엘의 아들 야소브암이 맡았고, 반 인원은 2만 4천 명이었다. 그는 베레스의 자손이며 첫째 달에 일할 모든 군대 지휘관의 우두머리다.

둘째 달에 일할 제2반은 아호아 사람 도대가 맡았고, 미글롯이 부지휘관이다. 도대의 반 인원은 2만 4천 명이었다.

셋째 달에 일할 제3반은 제사장 여호야다의 아들 브나야가 맡았고, 반 인원은 2만 4천 명이었다. 브나야는 '30인 용사' 가운데 한 사람으로서 그 30인 용사를 지휘했다. 그의 아들 암미사밧이 그의 반에 있었다.

넷째 달에 일할 제4반은 요압의 동생 아사헬이 맡았고, 그의 아들 스바댜가 부지휘관이 되었다. 반 인원은 2만 4천 명이었다.

다섯째 달에 일할 제5반은 이스라 사람 삼훗이 맡았고, 반 인원은 2만 4천 명이었다.

여섯째 달에 일할 제6반은 드고아 사람 익게스의 아들 이라가 맡았고, 반 인원은 2만 4천 명이었다.

일곱째 달에 일할 제7반은 에브라임 자손인 발론 사람 헬레스가 맡았고, 반 인원은 2만 4천 명이었다.

여덟째 달에 일할 제8반은 세라 가문의 후사 사람 십브개가 맡았고, 반 인원은 2만 4천 명이었다.

아홉째 달에 일할 제9반은 베냐민 땅 아나돗 사람 아비에셀이 맡았고, 반 인원은 2만 4천 명이었다.

열째 달에 일할 제10반은 세라 가문의 느도바 사람 마하래가 맡았고, 반 인원은 2만 4천 명이었다.

열한째 달에 일할 제11반은 에브라임 자손 비라돈 사람 브나야가 맡았고, 반 인원은 2만 4천 명이었다.

열두째 달에 일할 제12반은 옷니엘 가문의 느도바 사람 헬대가 맡았고, 반 인원은 2만 4천 명이었다.

이스라엘 각 지파의 지도자는 이러하다. 르우벤 지파의 지도자는 시그리의 아들 엘리에셀이고, 시므온 지파의 지도자는 마아가의 아들 스바댜이다. 레위 지파의 지도자는 그무엘의 아들 하사뱌이고, 아론 자손의 지도자는 사독이다. 유다 지파의 지도자는 다윗의 형 엘리후이고, 잇사갈 지파의 지도자는 미가엘의 아들 오므리이다. 스불론 지파의 지도자는 오바댜의 아들 이스마야이고, 납달리 지파의 지도자는 아스리엘의 아들 여레못이다. 에브라임 지파의 지도자는 아사시야의 아들 호세아이고, 서쪽 므낫세 반 지파의 지도자는 브다야의 아들 요엘이다. 길르앗의 므낫세 반 지파의 지도자는 스가랴의 아들 잇도이고, 베냐민 지파의 지도자는 아브넬의 아들 야아시엘이다. 단 지파의 지도자는 여로함의 아들 아사렐이다. 이들이 이스라엘 각 지파의 지도자다. 주님은 이스라엘 백성을 하늘의 별처럼 많게 해주시겠다고 약속하셨으므로, 다윗은 20세 이하의 사람들의 수는 세지 않았다.

스루야의 아들 요압이 인구조사를 시작했지만, 백성의 수를 헤아린 일로 하나님이 이스라엘에게 노하셨기 때문에 끝마치지 못했다. 그래서 다윗 왕의 통치를 적은 역사책에는 백성의 수가 적혀 있지 않다.

왕의 창고는 아디엘의 아들 아스마윗이 맡았고, 들과 성과 마을과 요새에 있는 창고는 웃시야의 아들 요나단이 맡았다.

토지 경작과 밭일을 하는 사람들은 글룹의 아들 에스리가 맡았고, 포도밭은 라마 사람 시므이가, 포도밭에서 나는 포도주 저장 업무는 스밤 사람 삽디가, 서쪽 평야의 올리브 나무와 뽕나무는 게델 사람 바알하난이, 기름 창고는 요아스가, 샤론 평야에서 키우는 소 떼는 샤론 사람 시드래가, 골짜기의 소떼는 아들래의 아들 사밧이, 낙타는 이스마엘 사람 오빌이, 나귀는 메로놋 사람 예드야가, 양떼는 하갈 사람 야시스가 맡았다. 이들이 다윗 왕의 재산을 관리하는 사람들이다.

다윗의 삼촌 요나단은 고문으로서 슬기로운 율법 선생이다. 학모니의 아들 여히엘은 왕자들을 보살폈고, 아히도벨은 왕의 고문이며, 아렉 사람 후새는 왕의 친구다. 여호야다와 아비아달은 아히도벨의 뒤를 이어 왕의 고문이 되었다. 여호야다는 브나야의 아들이다. 요압은 왕의 군대 사령관이다.

다윗이 전국 지도자 총회를 개최하고 솔로몬에게 성전 건축을 지시하다 (대상 28:1-21)

다윗이 이스라엘의 모든 지도자를 예루살렘으로 불러 모았다. 부름 받은 사람은 각 지파의 우두머리들과 왕을 섬기는 각 반장과 천부장과 백부장, 왕과 왕자의 모든 재산과 가축 관리 책임자, 왕궁 관리자와 경호관들과 용감한 군인들이다. 다윗 왕이 일어나 말했다.

"내 형제들과 내 백성이여, 내 말을 들으라. 나는 주님의 언약궤를 놓아둘 성전, 곧 우리 하나님의 발이 쉴 성전을 지을 준비를 해왔다. 그러나 하나님은 내게 '너는 전쟁을 하여 많은 사람을 죽였으니 내 이름을 위한 성전을 지을 수 없다'고 말씀하셨다.

이스라엘의 주 하나님은 내 아버지의 온 가문 중에서 나를 뽑아 영원히 이스라엘의 왕이 되게 하셨다. 주님은 유다 지파를 지도적인 지파로 뽑으시고, 유다 지파 가운데서 내 아버지의 집안을 뽑으셨으며, 내 아버지의 아들 가운데 나를 이스라엘 전체의 왕으로 기꺼이 세우셨다. 주께서는 내게 많은 아들을 주시고, 그 많은 아들 가운데 내 아들 솔로몬을 뽑아 주님의 나라 이스라엘의 왕위에 앉혀 다스리게 하셨다. 주께서 내게 말씀하시길 '네 아들 솔로몬이 내 성전과 내 성전 뜰을 지을 것이니, 내가 그를 내 아들로 선택하고, 내가 그의 아버지가 되어 줄 것이다. 그가 지금처럼 내 율법과 명령을 잘 지키면, 나는 그의 나라를 영원히 견고하게 세워 주겠다'라고 하셨다.

그러므로 주님의 공동체인 온 이스라엘이 보는 앞에서, 그리고 하나님이 들으시는 앞에서 너희 주 하나님의 모든 명령을 지키고 추구하여라. 그리하면 너희는 이 좋은 땅을 차지할 수 있을 것이고, 너희의 자손에게 이 땅을 영원히 유업으로 넘겨줄 수 있을 것이다.

내 아들 솔로몬아, 네 아버지의 하나님을 알고 마음과 뜻을 다해 기쁨으로 섬겨라. 주님은 모든 마음을 살피고 모든 생각을 아시므로, 네가 그를 찾으면 그가 너를 만나 주시겠지만, 네가 그를 버리면 그도 너를 영원히 버리실 것이다. 솔로몬아, 주께서 성전 건물을 짓게 하려고 너를 선택하셨으니 힘을 내어 행하여라."

다윗은 자기 아들 솔로몬에게 성전 현관, 본관, 창고, 윗방, 안방, 속죄소의 설계도를 주었다. 또한 성령께서 그에게 가르쳐 준 모든 것, 즉 주의 성전 뜰과 주의 성전 안의 모든 방과 하나님의 성전 창고와 성물 창고의 설계도를 주었다. 다윗은 솔로몬에게 제사장과 레위인의 직무에 대해, 또 주님의 성전에서 해야 할 모든 일에 대해, 그리고 예배 때 쓰는 모든 물건에 대해 설명해 주었다. 다윗은 예배 때 쓰이는 물건을 만들 때 금이나 은이 얼마만큼씩 들어가는지, 금 등잔대와 금 등잔에 금이 얼마씩 들어가며, 은 등잔대와 은 등잔에 은이 얼마씩 들어가는지도 설명해 주었다. 등잔대나 등잔은 어디에 쓰느냐에 따라 무게나 모양이 달랐다. 다윗은 또 진설병을 놓을 상에는 금이 얼마씩 들어가며 은이 얼마씩 들어가는지도 설명해 주었다. 갈고리와 접시와 주전자에는 순금이 얼마씩 들어가며, 금잔에는 금이 얼마씩 들어가며, 은잔에는 은이 얼마씩 들어가는지도 설명해 주었다. 향단에 순금이 얼마나 들어가는지도 설명해 주었다. 그리고 금수레의 설계도도 주었다. 그것은 그룹이 날개를 펴서 주님의 언약궤를 덮고 있는 모습이다.

다윗이 말했다.

"이 모든 설계도는 주께서 친히 손으로 써서 내게 알려 주셨다."[4]

다윗이 자기 아들 솔로몬에게 또 말했다.

"강하고 담대하게 이 일을 해라. 두려워하거나 용기를 잃지 마라. 주 하나님 곧 나의 하나님이 주님의 성전 건축 공사가 모두 끝날 때까지 너와 함께 계셔서, 너를 떠나지 아니하시고 너를 버리지 아니하실 것이다. 보라, 제사장과 레위인들도 하나님의 성전의 모든 일을 위해 있고, 모든 일에 지혜로운 자들이 자원하는 마음으로 너와 함께할 것이며, 지도자들과 온 백성이 네 모든 명령에 복종할 것이다."

다윗이 성전 건축 준비를 완료하고 솔로몬 왕 즉위식을 거행하다 (대상 29:1-25)

다윗 왕이 모든 회중에게 말했다.

"하나님이 유일하게 선택하신 내 아들 솔로몬은 아직 어리고[5] 연약하지만, 이 일은 중요하다. 이 성전은 사람을 위한 것이 아니라 하나님을 위한 것이기 때문이다. 나는 모든 힘을 다해 하나님의 성전 건축을 준비했다. 금으로 만들 물건을 위해 금을 준비했고, 은으로 만들 물건을 위해 은을 준비했으며, 구리로 만들 물건을 위해 구리를 준비했다. 쇠로 만들 물건을 위해 쇠를 준비했고, 나무로 만들 물건을 위해 나무를 준비했고, 박아 끼울 마노와 보석과 색깔이 있는 돌과 각종 진귀한 돌과 많은 대리석도 준비했다. 내가 내 하나님의 성전을 사모하므로, 성전을 위해 준비한 이 모든 것뿐만 아니라 내가 가지고 있던 은과 금도 내 하나님의 성전을 위해 바쳤다. 곧 오빌

4. 하나님은 BC 1445년에 세운 장막 성전 시대를 끝내고 예루살렘 성전 시대를 여셨다.
5. 당시 솔로몬의 나이는 19세쯤 되었다.

의 금 3천 달란트와 순은 7천 달란트를 성전의 벽에 입힐 것이고, 금과 은으로 온갖 금기구와 은기구도 만들어 성전에서 쓸 물건을 만들 것이다. 오늘 누가 기쁜 마음으로 주님께 자신의 것을 바치겠느냐?"

그러자 각 가문의 지도자와 이스라엘 각 지파의 지도자와 천부장과 백부장과 왕의 일을 맡은 지도자들이 자원하여 값진 것을 하나님의 성전을 위해 바쳤으니, 금 5천 달란트와 금 1만 다릭[약 1.3톤]⁶과 은 1만 달란트, 구리 1만 8천 달란트, 쇠 10만 달란트다. 또 보물을 가진 사람은 저마다 게르손 가문의 여히엘의 손에 맡겨 주님의 성전 창고에 바쳤다. 그들은 온전히 기쁜 마음으로 주께 예물을 바쳤으므로 백성들이 기뻐하고 다윗 왕도 크게 기뻐했다. 다윗이 모든 회중 앞에서 주를 찬양하며 말했다.

♪ 우리 조상 이스라엘의 주 하나님, 주님을 영원부터 영원까지 찬양합니다. 주님, 주님은 위대하고 능력이 많으시며, 영광과 승리와 위엄이 주님의 것입니다. 하늘과 땅의 모든 것이 주님의 것이고 나라도 주님의 것이니, 주님은 높으셔서 만물의 머리이십니다. 부와 존귀도 주님에게서 나오며, 모든 것을 주님이 다스리십니다. 힘과 능력이 주님의 손에 있으니 주님의 손은 누구든지 위대하고 강하게 하실 수 있습니다.

---

6. '다릭'은 페르시아의 다리오 1세 통치 시대(BC 522~485) 이후 사용되었던 화폐 단위로 역대기 기자가 역대기를 기록할 당시의 화폐 단위로 환산했다.

우리 하나님, 이제 우리가 주께 감사드리며 주님의 영화로운 이름을 찬양합니다. 나와 내 백성이 무엇이기에 이렇게 많은 것을 바칠 수 있는 힘을 주셨습니까? 모든 것이 주께로부터 나왔으니 주께서 주신 것을 우리가 주께 돌려드렸을 뿐입니다. 우리는 우리의 모든 조상처럼 주 앞에서 나그네와 외국인이고, 우리가 땅에서 사는 날은 그림자 같아서 아무런 희망이 없습니다.

우리 주 하나님, 우리가 주님의 거룩한 이름을 위해 성전을 지으려고 준비한 이 모든 풍부한 것은 주께로부터 나왔으니, 모두 다 주님의 것입니다.

나의 하나님, 주께서 사람의 마음을 시험하셔서 정직한 자를 기뻐하시는 줄을 압니다. 저는 정직한 마음으로 이 모든 것을 즐거이 주께 바쳤습니다. 여기에 모인 주님의 백성도 즐거이 주께 바치는 모습을 보니 제가 기쁩니다.

우리 조상 아브라함과 이삭과 이스라엘의 주 하나님, 주께서 주의 백성이 이것을 영원히 명심하게 하시고 그들의 마음이 언제나 주를 향하도록 하소서. 제 아들 솔로몬에게 온전한 마음을 주셔서 주님의 명령과 율법과 규례를 지켜 이 모든 것을 실행하게 하시고, 제가 준비한 것으로 성전을 건축하게 하소서." ♬

다윗이 온 회중에게 말했다.

"주 너희 하나님을 찬양하여라."

온 회중은 그들 조상의 주 하나님을 찬양하고 머리를 숙여 주님께 경배하고 왕께 경배했다. 이튿날, 그들은 주께 제사드렸다. 번제물로 수소 1천 마리와 숫양 1천 마리와 어린 숫양 1천 마리를 바치고, 부어 드리는 전제물도 바치고, 모든 이스라엘 백성을 위해 많은 제물을 바쳤다. 그날 백성은 크게 기뻐하며 주님 앞에서 먹고 마셨다. 그리고 다윗의 아들 솔로몬에게 기름을 부어 다시 왕으로 삼고 주님의 주권자로 세웠으며, 사독에게도 기름을 부어 제사장으로 세웠다.

솔로몬이 자기 아버지 다윗의 뒤를 이어 주께서 주신 왕위에 앉았다. 그리고 형통하였으니 모든 이스라엘 백성이 그에게 순종했다. 모든 지도자와 용사와 다윗 왕의 모든 아들이 솔로몬 왕에게 충성을 맹세했다. 주께서 솔로몬을 모든 이스라엘 백성이 보는 앞에서 크게 높여 주셨고, 그 전의 다른 어떤 이스라엘 왕에게도 없던 왕의 위엄을 그에게 주셨다.

10
—
다윗 왕의
죽음

다음은 다윗이 남긴 마지막 말이다.

"이새의 아들 다윗이 말한다. 하나님이 높여 주신 사람, 야곱의 하나님이 기름 부으신 자, 이스라엘에서 노래 잘하는 사람이 말한다.

주님의 영이 내 안에서 말씀하시니 그분의 말씀이 내 혀에 있다. 이스라엘의 하나님이 말씀하시고 이스라엘의 반석이신 분이 내게 말씀하시길 '사람을 공의로 다스리는 자 곧 하나님을 경외하며 다스리는 자는 아침 햇빛과 같고, 구름 없는 아침과 같고, 비 온 뒤의 햇살로 땅에서 돋는 새 풀과도 같다'고 하셨다. 진실로 내 집이 하나님 앞에서 그와 같지 아니한가? 그분은 나와 더불어 영원한 언약을 맺으시고, 언제나 준비해 주시고 견고하게 하셨으니, 어찌 내 모든 구원과 내 모든 소원을 이루지 아니하시랴! 그러나 사악한 자는 손으로 잡을 수 없는 가시와 같아서 모두 버림받을 것이고, 쇠막대나 창

자루를 사용해야 만질 수 있으니 그들은 즉시 불에 태워질 것이다."

다윗은 죽을 날이 가까워오자 자기 아들 솔로몬에게 명령했다.

"나는 이제 세상 모든 사람이 가는 길로 간다. 너는 굳세어 대장부가 되고, 네 주 하나님의 명령을 지켜 그 도를 행하고, 모세의 율법에 기록된 대로 그분의 규례와 명령과 법규와 증거를 지켜라. 그리하면 네가 무엇을 하든지, 어디로 가든지 성공할 것이다. 주께서 내게 말씀하시길 '네 자손이 마음을 다하고 목숨을 다해 신실하게 내 앞에서 행하면, 이스라엘 왕위에 오를 사람이 네게서 끊어지지 않을 것이다'라고 약속하셨으니, 그분은 그 약속을 이루실 것이다.

스루야의 아들 요압이 내게 한 일, 곧 이스라엘 군대의 두 사령관인 넬의 아들 아브넬과 예델의 아들 아마사를 평화로운 때에 죽여 전쟁의 피를 흘린 것을 네가 알고 있겠지만, 그가 전쟁의 피를 자신의 허리에 띤 띠와 발에 신은 신발에 묻혔으니, 너는 지혜롭게 행동하여 백발이 된 그가 평안히 스올로 내려가지 못하게 하여라.

그러나 길르앗 사람 바르실래의 아들에게는 네가 자비를 베풀어, 그들이 네 상에서 함께 먹게 하여라. 내가 네 형 압살롬을 피해 도망갈 때 그들은 내게 나아와 나를 도와주었기 때문이다.

바후림 출신의 베냐민 사람인 게라의 아들 시므이가 너와 함께 있으니, 그는 내가 마하나임으로 갈 때 악독한 말로 나를 저주했다.

그러나 그가 나를 맞이하러 요단 강까지 내려왔으므로, 나는 주님 앞에서 그에게 '내가 너를 칼로 죽이지 않겠다'고 약속했다. 그러나 그를 죄 없는 사람으로 여기지는 마라. 너는 지혜로운 사람이니 그를 어떻게 처리해야 할지 알겠지만, 그의 백발이 피에 젖어 스올로 내려가게 하여라."[1]

다윗의 죽음 (BC 970, 삼하 5:4b-5; 대상 29:26-30; 왕상 2:10-11)

이새의 아들 다윗은 이스라엘 전국을 40년 동안 다스렸다. 헤브론에서 7년 6개월 동안 다스렸고, 예루살렘에서 33년 동안 다스렸다. 그는 부와 영광을 누리며 오랫동안 살다가 나이가 많아 백발이 되어 죽었고, 그의 조상들과 함께 다윗 성에 묻혔다. 그의 아들 솔로몬이 뒤를 이어 왕이 되었다.

다윗 왕이 행한 모든 일은 처음부터 끝까지 예언자 사무엘의 기록과 예언자 나단의 기록과 예언자 갓의 기록에 적혀 있다. 거기에는 그의 통치와 그의 권세가 기록되어 있고, 그 자신과 이스라엘과 주변 나라가 겪었던 그 시대의 역사가 기록되어 있다.

---

1. 요압과 시므이를 제거하라는 다윗의 의도는 악을 행하고도 형통하게 된 사람을 없앰으로써 국가 기강을 바로 세우려는 것과 그 두 사람 때문에 솔로몬이 피해를 당하지 않게 하려는 것으로 추정된다. 이후 솔로몬은 아도니야와 요압과 시므이를 처형하고(왕상 2:25, 34, 46) 아비아달을 제사장직에서 파면시킨다(왕상 2:27).

부록

연대표

BC

1105 사무엘 출생

1080 사울 출생

1075 이스라엘이 아벡 전투에서 블레셋에게 패배함
사무엘의 사사 사역 시작(30세)

1050 사울 왕 즉위

1045 이스보셋 출생

1040 다윗 출생

1025 다윗이 왕으로 기름 부음 받음(15세)

1020 골리앗을 죽임(다윗 20세)
1017 사무엘 사망(88세)
1015 므비보셋 출생
1012 다윗의 시글락 통치(28세)
1010 사울 사망(70세)
다윗이 유다 왕으로 즉위(30세)

302

BC

1005 이스보셋 왕 즉위(40세)

1003 다윗이 통일왕국의 왕이 되다(37세)
    예루살렘 정복

992 밧세바 사건(다윗 48세)

990 솔로몬 출생

988 암논이 다말을 강간하다

986 압살롬이 그술로 도망하다

983 압살롬이 예루살렘으로 돌아오다

977 압살롬의 반란(압살롬 약 32세, 다윗 63세)

971 아도니야의 반역
    솔로몬이 왕으로 기름 부음 받음(19세)

970 솔로몬 왕 즉위(20세)
    다윗 사망(70세)

색인표

참고 문헌

성경

The Holy Bible, King James Version, America Bible Societies, 1952.
The Holy Bible, Revised Standard Version ,America Bible Societies, 1952.
SEPTUAGINTA, Deutsche Bibelgesellschaft, 1979.
The Holy Bible, New International Version, Zondervan, 2002.
현대인의 성경, 생명의말씀사, 1986.
톰슨주석 성경, 기독지혜사, 1990.
표준새번역개정판 성경, 대한성서공회, 2001.
쉬운 성경, 아가페출판사, 2003.
개역개정판 성경, 대한성서공회, 2005.
우리말 성경, 두란노서원, 2009.

성경 외

국외서

James D. Newsome, *A Synoptic Harmony of Samuel, Kings, and William Chronicles with related passages from Psalms, Isaiah, Jeremiah, and Ezra*, Baker Book House Company, 1986.
William Day Crockett, *A Harmony of Samuel, Kings and Chronicles*, Baker Book House, 1975.

국내서

김서택 저,《사무엘상 강해집, 순종하는 자의 형통 불순종하는 자의 파멸》,
　　도서출판 솔로몬, 2007.
──────,《사무엘하 강해집, 다윗의 영광》, 도서출판 솔로몬, 2007.
김일승 저,《사무엘상》, 아가페출판사, 2011.
──────,《사무엘하》, 아가페출판사, 2011.
김정훈 저,《시편묵상》, 기독교문서선교회, 2012.
김지찬 저,《거룩하신 여호와 앞에 누가 능히 서리요: 내러티브 해석학으로 본
　　사무엘서》, 생명의 말씀사, 2009.
김회권 저,《하나님 나라 신학으로 읽는 사무엘상》, 복 있는 사람, 2009.
──────,《하나님 나라 신학으로 읽는 사무엘하》, 복 있는 사람, 2009.
마틴 로이드 존스 저, 강봉재 역,《회개》, 복 있는 사람, 2006.
본 회퍼 저, 에드윈 로버트슨 편, 최재훈 역,《본 회퍼의 삶과 시편 묵상》, 솔리
　　피데 출판사, 2009.
──────, 최진경 역,《시편 이해》, 홍성사, 2007.
송병현 저,《엑스포지멘터리 사무엘하》, 국제제자훈련원, 2011.
C. S. 루이스 저, 이종태 역,《시편 사색》, 홍성사, 2004.
《옥스퍼드 원어성경대전》, 제자원, 2003.
옥한흠 저,《하나님의 마음에 든 사람, 다윗》, 국제제자훈련원, 1992.
유진 피터슨 저, 이종태 역,《다윗: 현실에 뿌리박은 영성》, IVP, 2009.
정진석 저,《믿음으로 위기를 극복한 성왕 다윗》, 가톨릭출판사, 2008.
조성욱 저,《시편으로 고백하는 하나님 사랑》, 홍성사, 2008.
찰스 스윈돌 저, 곽철호 역,《다윗》, 생명의 말씀사, 1999.
하용조 저,《연대기 성경》, 두란노서원, 2009.
허성갑 저,《히브리어-한글직역 대조 구약성경》, 말씀의 집, 2009.

다윗 실록

2013. 7. 12. 초판 1쇄 인쇄
2013. 7. 19. 초판 1쇄 발행
엮은이 고영길

펴낸이 정애주 **편집팀** 송승호 한미영 김기민 김준표 정한나 박혜민
디자인팀 김진성 박세정 조주영 **제작팀** 윤태웅 임승철 김의연
마케팅팀 차길환 국효숙 박상신 오형탁 곽현우 송민영 **경영지원팀** 오민택 마명진 윤진숙 염보미

펴낸곳 주식회사 홍성사 **등록번호** 제1-499호 1977. 8. 1.
주소 (121-897) 서울시 마포구 합정동 369-43
전화 02) 333-5161 **팩스** 02) 333-5165
홈페이지 www.hsbooks.com **이메일** hsbooks@hsbooks.com
트위터 twitter.com/hongsungsa **페이스북** facebook.com/hongsungsa
양화진책방 02) 333-5163